Ullstein

ÜBER DAS BUCH:

Sepp Herberger ist und war Legende. Der Gewinn der Fußballweltmeisterschaft von 1954 hat ihn ebenso unvergeßlich gemacht wie seine vielen, mit den Jahren nie aus der Mode gekommenen Fußballweisheiten. Doch wer war der Mann, den man heute vornehmlich mit Sätzen wie »Der Ball ist rund« oder »Ein Spiel dauert neunzig Minuten« identifiziert? Wie schaffte es ein Arbeitersohn aus Mannheim, zur Vaterfigur des deutschen Fußballs aufzusteigen und mit dem »Wunder von Bern« der noch jungen Bundesrepublik zu einem neuen Selbstbewußtsein zu verhelfen? Lothar Mikos und Harry Nutt verfolgen seinen Lebensweg, zeigen die Licht- und Schattenseiten des Mannes und des Mythos Sepp Herberger. Es entsteht das Porträt eines wahrhaft »Fußballbesessenen«.

DIE AUTOREN:

Lothar Mikos, Jahrgang 1954, ist Professor an der Hochschule für Film und Fernsehen an der Universität Potsdam-Babelsberg. Lieblingsvereine: SV Obernkirchen, Borussia Dortmund, AC Florenz.

Harry Nutt, Jahrgang 1959, ist Kulturredakteur bei der taz in Berlin. Lieblingsvereine: der frühe FC Bayern, Arminia Bielefeld.

Eckhard Henscheid, Jahrgang 1941, arbeitet als freier Schriftsteller in Frankfurt am Main. Letztes Buch· *:0:9 für Stroh*. Lieblingsverein: mittlerweile SV Heddernheim.

Lothar Mikos/Harry Nutt

Als der Ball noch rund war

Sepp Herberger – ein deutsches Fußballeben

Mit einem Nachwort von
Eckhard Henscheid

Ullstein

Ullstein Buchverlage GmbH & Co. KG,
Berlin
Taschenbuchnummer: 35772

Ungekürzte Ausgabe
Mit 32 Abbildungen
Juni 1998

Umschlaggestaltung:
Hansbernd Lindemann
Foto:
Ullstein Bilderdienst

Printed in Germany 1998
Gesamtherstellung:
Ebner Ulm
ISBN 3 548 35772 5

Gedruckt auf alterungsbeständigem
Papier mit chlorfrei gebleichtem Zellstoff

Die Deutsche Bibliothek –
CIP-Einheitsaufnahme

Mikos, Lothar
Als der Ball noch rund war :
Sepp Herberger – ein deutsches Fußballeben/
Lothar Mikos / Harry Nutt.
Mit einem Nachw. von Eckhard Henscheid.
– Berlin : Ullstein, 1998
(Ullstein-Buch ; Nr. 35772)
ISBN 3-548-35772-5

Inhalt

Einleitung
Die drei Geschichten des Sepp Herberger

Kurz vor seinem Tod, im Frühjahr 1977, beschlich die große Legende des deutschen Sports, den charismatischen Fußballehrer Josef Herberger, eine Spur von Kulturpessimismus. »Mit dem Fußball«, sinnierte der 80jährige, »geht es wahrscheinlich dem Ende zu.« So habe es auch im alten Rom angefangen. »Die Zeichen des Verfalls sind nicht zu übersehen.« Dem schlauen Mann aus Hohensachsen war nicht entgangen, daß die moderne Fußballbranche nur noch wenig mit jenen Tagen zu tun hatte, als er und die »Männer« um seinen verlängerten Arm, Fritz Walter, 1954 im Wankdorf-Stadion zu Bern der jungen Bundesrepublik das Fundament gelegt hatten.

Daß es seiner Meinung nach mit dem Fußball dem Ende zuging, hatte wenig mit sportlichen Erfolgen zu tun. Das Bundesligageschäft blühte, und Maier, Beckenbauer, Netzer, Müller und Co. waren 1972 in München Europameister geworden. Man sagte der Mannschaft des Herberger-Nachfolgers Helmut Schön nach, sie habe den besten deutschen Fußball aller Zeiten gespielt. Trotz einiger Kritik hatte sich Herberger in der Nachfolgeregelung durchgesetzt und auch hier ein glückliches Händchen bewiesen. Gegen einen Künstler-Fußballer wie Günther Netzer dürfte auch Sepp Herberger nichts einzuwenden gehabt haben. Er stand seinem Spielmacher, dem sensiblen Fritz Walter, der Herberger fast 20 Jahre als Vasall in treuer Folgsamkeit gedient und seinen Ideen auf dem Platz Gestalt verliehen hatte, an Spielkunst nicht nach. Zwei Jahre nach dem Gewinn der Europameisterschaft konnte von Untergangsstimmung ebenfalls nicht die Rede sein. Zwanzig Jahre nach dem glorreichen Sieg von Bern war Deutschland, abermals in München, mit einer auf einigen Posten veränderten Mannschaft, ohne Günther Netzer, Fußball-Weltmeister geworden. Zur

Mannschaft gehörte eine Reihe von kühlen Zweckfußballern, die das Fußballgeschäft immer nur als eine Art Schlaraffenland innerhalb des Modells Deutschland wahrgenommen hatten. Der Münchner Paul Breitner kokettierte zwar damit, vom Maoismus inspiriert zu sein, und seine Haarpracht wirkte reichlich revoluzzerhaft, aber statt für das kleine rote Büchlein des großen alten Mannes aus China interessierte er sich mehr für die schwarzen Zahlen im Buch seiner Hausbank. Das Zeitalter vom Fußballer als Jungunternehmer war angebrochen. Daher rührte die Gefahr, die Herberger gewittert hatte. Er vermutete, der Fußball seiner Schule – zu dem unabdingbar gehörte, ein Glaubensbekenntnis zu Tugenden wie Bescheidenheit und Disziplin abzulegen – würde endgültig einem hemmungslosen Materialismus geopfert werden. Es schien so, als sollte Herberger recht behalten. Bestechungsskandale erschütterten die maßgeblich durch ihn ins Leben gerufene Bundesliga, und in den späten 70er und den 80er Jahren wurde aus dem ästhetischen Gesamtkunstwerk der Spielmacher-Ära eine Art Zweckrationalismus mit Ball. Das hatte zwar nichts mit dem Untergang Roms zu tun, aber Herbergers Welt entsprach es nicht mehr. Der »Bundessepp«, der fast 70 Jahre das Prinzip Fußball gelebt hatte, trat ab. Sepp Herberger starb am 28. April 1977 an den Folgen eines Herzinfarkts. Wenige Stunden zuvor hatte er sich im Fernsehen das Länderspiel Deutschland – Nordirland angesehen. Die Legende Herberger war freilich längst geboren. Nach seinem Tod legte die Bundespost einen Sonderstempel auf, ein Zeichen der Anerkennung, das bis dahin nur Konrad Adenauer zuteil geworden war. Straßen wurden nach ihm benannt, eine Stiftung und ein Verein zur Wahrung seines Andenkens wachen über das Erbe des fußballverrückten Mannes aus Hohensachsen. Seither beginnt kaum eine Fußballübertragung, bei der sich ein Sportreporter nicht eines Herberger-Zitats bedient.

Wer wie wir, Jahrgang 1954 und 1959, weder mit dem Krieg noch einer Kulturrevolution als prägendem historischem Ereignis konfrontiert wurde, der hat mit seinen Altersgenossen nach anderen Zäsuren Ausschau gehalten, die einen Generationszusammenhang herstellen können. Zwei Dinge kamen dafür zuallererst in Frage. Das eine war für viele, die in den 60er Jahren ihre Jugend verbracht haben, die Popmusik. Das andere war der Sport, insbesondere der Fußball, dessen Protagonisten wie Popstars gefeiert wurden.

So zum Beispiel Reinhard Libuda, der seinen Beinamen »Stan« nach dem britischen Fußballidol Stanley Mathews erhalten hatte. Durch ein Libuda-Tor war Borussia Dortmund 1966 erster deutscher Europapokal-Sieger geworden. Eine andere Ikone des Fußballgedächtnisses war natürlich das Tor von Wembley. Drin oder Linie, das ist zu jeder Neuauflage des Spiels England gegen Deutschland wieder die Frage. Der Ball muß in vollem Umfang die Linie überschritten haben, hieß der erste Lehrsatz, den unsereiner aus dem Effeff beherrschte. Der Schiedsrichter Gottfried Dienst aus der Schweiz, der Neutrale, hatte sich vom russischen Linienrichter beirren lassen. Drin sagte der, das war's. Es half kein Protestieren. Wir Kinder übten uns darin, faire Verlierer zu sein. Es ging ja bald wieder weiter, 1970 in der sengenden Hitze von Mexiko, Halbfinale gegen Italien. 1:1 nach 90 Minuten, ausgerechnet Schnellinger, der in Italien sein Geld verdiente, hatte die Verlängerung ermöglicht. 3:4, Jahrhundertspiel. Und so fort.

Natürlich war Rückschau zu halten, dafür sorgten schon die WM-Alben, die unsere Eltern durch uns genötigt wurden anzuschaffen. Und da war dann zu lesen, daß wir ein »Goldenes Zeitalter« im Fußball hatten, 1954, das »Wunder von Bern«, Herbergers Finesse und der stramme Schuß von »Boß« Rahn, unhaltbar ins Eck. »Halten Sie mich für verrückt, halten Sie mich mir übergeschnappt, Deutschland ist Weltmeister«, skandierte der Reporter Herbert Zimmermann und: »Toni, du bist ein Fußballgott.« Derlei Emphasen und jene, die sie hervorgebracht hatten, integrierten wir in unseren Fußballolymp, der bis dahin nur von »uns Uwe«, Sigi Held und »Emma« bevölkert war.

Mit einer Biographie über Sepp Herberger wollten wir jener Begeisterung Rechnung tragen, die kaum ein anderes gesellschaftliches Ereignis hervorzubringen vermag. Wie war es dem knorrigen Alten mit dem gutmütigen Gesicht gelungen, einem ganzen Land eine haltbare Identifikationsmarke zu geben? Anhand der Besessenheit des berühmtesten Trainers glaubten wir, Erklärungen für die allgemeine Fußballbegeisterung finden zu können. Kinder brauchen Märchen, Staatsbürger Vorbilder. Das emphatische Ereignis von 1954 hatte in Herberger seinen kühlen Regler. Mit Erstaunen stellten wir fest, daß die Geschichte Herbergers bislang nur unzureichend erzählt worden war. Das Bild von einer jubelnden Mannschaft mit ihrem *spiritus rector* im zerknitterten Trenchcoat auf den Schultern hatte sich bei vielen Deutschen ins Gedächtnis geprägt, auch bei jenen, die das Spiel weder am Radio noch am Fernseher miterlebt hatten. Selbst nach Jahrzehnten werden die Ausschnitte immer wieder im Fernsehen gezeigt, und Sportjournalisten werden nicht müde, von den taktischen Heldentaten des Fußballehrers und seiner Erfüllungsgehilfen zu berichten. Die Reportage Herbert Zimmermanns vom Endspiel 1954 ist ein fester Bestandteil des akustischen Erinnerungsvermögens der Deutschen. Hatte die Allgegenwart bewegender Bilder und emphatischer Töne das Bedürfnis nach einer zusammenhängenden Erzählung einfach vergessen lassen? Das Profil des Fußball-Ahnen Herberger stand mehr oder weniger klar umrissen vor uns. Wir näherten uns seiner Person mit großer Sympathie, denn eine Fußballstory muß ja auch eine sentimentalische sein. Es käme darauf an, einige Seitenblicke, Nah- und Ferneinstellungen, auf die Lebensgeschichte eines Mannes zu werfen, der nicht durch den Fußball berühmt geworden ist, sondern umgekehrt den Fußball in Deutschland zu seiner anhaltend großen Beliebtheit beflügelt hat. Weder vor noch nach ihm gab es jemanden im deutschen Sport mit solch charismatischer Ausstrahlung. Als schlauer Fuchs galt er als Philosoph in einer Zeit, als noch nicht jeder kleine Handwerksmeister sich eine eigene Firmenphilosophie zurechtlegte. Seine Tautologien, »Der Ball ist rund« oder »Ein Spiel dauert 90 Minuten« gehören ebenso zum allgemeinen Zitatenschatz wie die Handvoll Schiller- und Goethe-Zitate. Wie war es dem Mann aus proletarischen Verhältnissen gelungen, weit über den Bereich des Fußballs hinaus so große gesellschaftliche Aufmerksamkeit zu erlangen?

Bei unseren Recherchen stießen wir auf einige erstaunliche Ergebnisse. Das hatte zunächst einmal gar nichts mit Sepp Herberger zu tun. Einige unserer Grundannahmen über Fußball erwiesen sich als falsch. Wir hatten Fußball immer als Sport der kleinen Leute begriffen, als eine gewitzte, ein großes Maß an Intelligenz verlangende Möglichkeit zum sozialen Aufstieg oder zum bloßen Zeitvertreib, um die Sorgen des Alltags abzuschütteln. Das ist ja die Vorstellung vom Ruhrgebietsfußball, die durch zahlreiche Sozialstudien unterstützt wird. Unter den Fördertürmen kickten Bergmannskinder bis zum Anbruch der Dunkelheit in Straßenschuhen und hofften darauf, so berühmt zu werden wie Szepan und Kuzorra. So erzählt man sich die Fußballgeschichte am liebsten, als eine Alltagskultur von unten, die Schweiß und Tränen selbstbewußt zelebriert. Dem war ganz und gar nicht so. Fußball bahnte sich seinen Weg zum beliebtesten Sport der Deutschen vom Mittelstand aus. Er war zunächst einmal eine Angelegenheit von Gymnasiasten, Studenten, technischen und kaufmännischen Angestellten. Letztere besonders deshalb, weil sie Kontakte zu englischen Geschäftspartnern unterhielten. Arbeiter hingegen standen im Abseits, weil sie weder Geld noch Freizeit hatten, dem Ball nachzujagen. Der Fußball in Deutschland war nicht in den Unterschichten entstanden, sondern ebenso wie mondäne Pferderennen ein England-Import durch die besseren Kreise. Sportliche Betätigung war überhaupt eine Möglichkeit der sozialen Unterscheidung. Man mußte es sich leisten können, Sport zu treiben.

Falsche Vorstellungen hatten wir auch über die Grundlage, auf der seit Ende des vergangenen Jahrhunderts in Deutschland gespielt wurde. Wir waren davon ausgegangen, daß sich der Fußball analog zu anderen Sportarten vom Amateursport zum Profisport entwickelt hatte. Die Stars der guten alten Zeiten, so dachten wir, waren aus purer Bewegungsfreude und vielleicht hier und da für eine kleine Prämie angetreten. Im normalen Leben gingen sie einem ordentlichen Beruf nach und waren Helden zum Anfassen. Ganz so, wie es Walter Jens ja über die Eimsbütteler Tage geschrieben hatte: »Als ich zur Schule ging, war alles ganz einfach: Das Identifikationsobjekt hieß TV Eimsbüttel; die Heroen, zu denen ich aufsah, waren Gemüsehändler (Nationalspieler Hans Rhode, ein- und ausgehend im elterlichen Geschäft), Eisverkäufer (Herbert Panse, Nationalspieler auch er, beim Füllen der Tüten: Sonntag geht der HSV baden), Lehrer (wie Otto Lüdeke, der die Ehre hatte, in einer sogenannten Akademiker-Mannschaft spielen zu dürfen)... Mechaniker, Maurer und Dreher... Die Stars, mit einem Satz, waren Menschen, die man in der Straßenbahn ansprechen konnte.« Wahrscheinlich fuhren sie tatsächlich Straßenbahn, aber die guten alten Zeiten des Fußballs kannten längst ihre Belohnungspraktiken. Sach- und Geldprämien sowie Spesenzahlungen waren für gute Spieler eine Selbstverständlichkeit. Hinter den besseren Mannschaften standen Geschäftsleute, die ihre Mannschaft großzügig unterstützten, obwohl der Profifußball verpönt war. Schon sehr früh wurde in den Verbänden um die Einführung des Berufsfußballs gestritten. Der Kampf um und gegen den bezahlten Fußball wurde teilweise offen, über lange Jahre aber auch mit einer eigenartigen Doppelmoral verdeckt ausgetragen. Das Ende des Fußballs, das Herberger kurz vor seinem Tod fürchtete, hatte schon sehr früh begonnen.

Je länger unsere Recherchen zu Herbergers Lebensgeschichte dauerten, desto mehr gingen wir dazu über, unser Herberger-Bild zu korrigieren. Wir hatten ihn uns als listigen, herzensguten, ein wenig biederen Zeitgenossen gedacht, der mit Fleiß und Beharrlichkeit sein großes Werk Nationalmannschaft schuf. So hatte er sich selbst inszeniert, als einen, der nach seinen großen Triumphen bescheiden geblieben war. Ein Mann disziplinierter Tugendhaftigkeit mit einem Sinn fürs Feine. Auf Länderspielreisen ging er mit seinen jungen Spielern ins Theater, und er liebte Blumen. Die verunsicherte Republik der 50er Jahre wollte keinen exzentrischen Helden, sondern einen, den sie sich auch als Nachbarn vorstellen konnte. Über viele Jahre hinweg spielte Herberger mit Nachbarn Skat, und jeder sollte wissen, daß er es gerne tat. Er frönte keinen luxuriösen Freizeitbeschäftigungen. Einer wie er blieb am liebsten daheim, um Briefmarken zu sammeln und zu archivieren.

Wir hatten uns vorgenommen, anhand seiner Geschichte der

Frage nachzugehen, warum bis heute eine so große Faszination vom Gewinn der Weltmeisterschaft von 1954 ausgeht, der mehr als mythisches Zeichen denn als historisches Ereignis aus der Nachkriegszeit bis in unsere Tage hineinragt. Nun stießen wir aber nicht auf die eine, geradlinig zu erzählende Geschichte Herbergers, sondern auf mindestens drei, bisweilen sehr widersprüchliche Erzählungen. Die erste Geschichte ist die einer Besessenheit. Herberger entdeckte den totalen Fußball, so hatte ihn kurz vor seinem Tod der ungarische Trainer Gyula Lorant gerühmt. Nur wenige haben sich so vollständig auf den Fußball eingelassen wie Herberger. Seine Empathie kannte so gut wie keine Grenzen. Sein Ruhm basiert nicht auf Wissen und Kompetenz, sondern auf der vollständigen Hingabe an seinen Sport und die Leute, die ihn betreiben. Die zweite Geschichte erzählt vom steilen Aufstieg eines kleinen Jungen mit rachitisch bedingten O-Beinen, seinem Weg als Spieler in die Nationalmannschaft sowie die Entwicklung vom Reichs- zum Bundestrainer. Bereits der junge Sepp Herberger hatte begriffen, daß Fußballspielen für ihn die einzige Chance bot, soziale Sicherheit und gesellschaftliche Anerkennung zu erlangen. Mit List und Kalkül war es ihm gelungen, die Kontrolle über seine Lebensbedingungen, auch durch sehr unterschiedliche politische Systeme hindurch, zu behalten. Die dritte Geschichte ist nicht zuletzt eine Geschichte des deutschen Fußballs. In der Lebensgeschichte Sepp Herbergers spiegelt sich die wechselvolle, von politischen Katastrophen nicht freie und nicht freizusprechende Geschichte des fast einhundert Jahre alten Deutschen Fußball-Bundes.

In der sportinteressierten Öffentlichkeit ist man längst dazu übergegangen, Herberger als eine Art Naturereignis aus einer anderen Zeit zu betrachten. Die Verwendung seines Namens als Legende entlastet vom Rückblick auf die Geschichte. Herberger hat dem Sport seiner Zeit einen Stempel aufgedrückt, aber mehr noch war er ein Produkt seiner Zeit. Die drei Geschichten des Josef Herberger erzählen auf sehr unterschiedliche Art und Weise von der Symbolfigur des deutschen Sports und ihrer Entstehung. Wir haben es nicht als unsere Aufgabe angesehen, allen Wegen und Seitenpfaden der Lebensgeschichte Herbergers nachzugehen. Im Mittelpunkt unserer Recherchen steht der Versuch, einen Beitrag zur Dechiffrierung eines Mythos der 50er Jahre zu leisten.

Fußball als Obsession

Jede Erfolgsgeschichte ist bis zu einem gewissen Maß die Geschichte einer Besessenheit. Ohne Fleiß kein Preis, sagt das Sprichwort, aber mit bloßer Pflichterfüllung ist es selten getan. Es ist nicht schwer, in Herbergers Biographie die Spuren seiner Fußballbesessenheit ausfindig zu machen. Viele, die unter seiner Leitung in der deutschen Nationalmannschaft gespielt haben, berichten von einer bisweilen zu krankhafter Genauigkeit tendierenden Sorgfalt, mit der er einen Lehrgang oder ein Spiel vorbereitete.

Fußballverrückt war schon der kleine Seppl Herberger gewesen, der im Alter von 10 Jahren Zaungast bei einem Endspiel um die deutsche Fußballmeisterschaft war. Er hatte damals vor seiner Haustür in Mannheim genügend Vorbilder, an denen er sich orientieren konnte, und später machte er die beeindruckende Erfahrung, diese Vorbilder zu erreichen und sie sogar zu übertreffen. Für den älter werdenden Josef Herberger trat anstelle der Leidenschaft, so gut wie möglich zu spielen, der Gedanke an einen anderen, besseren Fußball. Zur Aktion kam die Idee. Herberger hatte das Glück, zeitlich an der Schwelle zu stehen, an der sich der Fußball von einer improvisierten Freizeitbeschäftigung in ein modernes Sportsystem verwandelte. Für die bessergestellten Schichten war Fußball ja eine Demonstration der Zweckfreiheit. Leute wie Herberger führten eine starke Zweckbindung in den Fußball ein. Mit seinem Einfallsreichtum und seiner Neugierde sowie einer unermüdlichen Beharrlichkeit, Hypothesen aufzustellen, sie durchzuspielen, zu verwerfen, um neue aufzustellen, trug er letztlich entscheidend zur Durchsetzung dieses Sportsystems bei. Herberger schien die Menschen seiner Umgebung – die meisten waren ja selbst in das Fußballspiel vernarrt – zu elektrisieren. Das unterschied den jungen Reichstrainer Herberger von seinem Vorgänger Otto Nerz, der nicht minder von seinen Vorstellungen vom Fußball besessen war, aber viele der jungen Männer nicht wie gewünscht mitreißen konnte. Nerz hatte stets mit Autorität durchsetzen müssen, was Herberger mit bloßer Begeisterungsfähigkeit im Handumdrehen erreichte. Nerz war distanziert und oberlehrerhaft. Herberger gab seinen Spielern das Gefühl, ein Kamerad zu sein, nie aus den Augen verlierend, daß er ihr Feldwebel war. Besessen war er nicht einfach davon, elf Spielern beizubringen, wie sie möglichst oft den Ball im gegnerischen Tor unterbringen können. Sie sollten es planvoll tun, nach Systemen, die er ihnen vorgab, mal zweckmäßig, mal fintenreich, auf jeden Fall immer mit einem Höchstmaß an Überraschungen und Effizienz. Dazu war körperliche Ertüchtigung eine Voraussetzung, aber sie war nicht das Ziel. Von Herbergers Besessenheit ging nichts Rauschhaftes aus, er war fasziniert von der Kälte des Systems. Er verlangte nicht die Erfüllung eines Trainingspensums, er brachte die Spieler ohne äußeren Druck dazu, es zu übertreffen. Er selbst lebte, und sei es auch unter Zuhilfenahme von pädagogischen Taschenspielertricks, eine Idee vom absoluten Fußball vor. Die Konzentration all seiner Kräfte auf die Belange des Fußballs ging weit über ein Maß des Zweckmäßigen hinaus. Wie ein Mungo, so hat es einmal der Herberger-Assistent und spätere Bundesliga-Trainer Dettmar Cramer genannt, saß er seinen Auserwählten im Nacken. Er inspizierte ihre Lebensgewohnheiten, was sie aßen, wann sie ins Bett gingen und mit wem, um besser bewerten zu können, ob sie in seinem Fußballsystem eine tragende Rolle übernehmen könnten. Selbst die Gegner der deutschen Mannschaft waren vor seinen Auskundschaftern nicht sicher. Viele Beispiele der Herbergerschen Fußballobsession liegen offen zutage, weil Spieler, Freunde und Zeitgenossen seinen bedingungslosen Fußballwahn als Beleg für seine Glaubwürdigkeit anführen. Wo Wahn zum guten Werk führt, ist man geneigt, auf psychopathologische Beschreibungsformen zu verzichten. Insbesondere galt für die Nachkriegszeit die Annahme, daß die völlige Hingabe an eine politikfremde Sache von dem Verdacht befreite, schuldhaft in die politische Katastrophe, der man gerade entkommen war, verstrickt zu sein.

Die Insignie der Herbergerschen Obsession war das berühmte Notizbuch. Darin eingetragen zu sein bedeutete den begabten Fußballspielern im Lande, in die Vorhalle des Himmels Aufnahme gefunden zu haben. Herberger pflegte seinen Ruf, nichts zu vergessen. In Einladungsschreiben an die Spieler zu Lehrgängen oder Länderspielen schrieb er gern handschriftlich einige persönliche Notizen, die dem Empfänger das Gefühl gaben, im Plan des Meisters eine hervorgehobene Rolle zu spielen. Daß er versuchte, allen dieses Gefühl zu vermitteln, verriet er ihnen nicht. Er vergaß keinen Geburtstag, und seine eigenen feierte er häufig im großen Spielerkreis. Sein beachtliches Erinnerungsvermögen fußte zu großen Teilen auf ebenjenem Aufschreibsystem, das als das Notizbuch des Trainers berühmt wurde. Oder hatte es mehr eine psychologische denn systematische Funktion? »Werner kein Verteidiger!«, steht darin. »Was nun? Und wer?« Das Grübeln eines Mannes, der nicht davon ablassen konnte, Spieler wie Magnetsteinchen auf einer metallenen Tafel hin und her zu schieben. »Erkenntnisse, Bestätigungen der Trainingsspiele am 7. 3. 56 gegen die Saar in Homburg«, heißt es fein säuberlich in Schreibmaschine auf ein Notizblatt geschrieben. Dann folgen einsilbige Bewertungen. »Herkenrath = abstoßschwach! Erhardt = konditionsschwach! Derwall = kein Nationalspieler! Fehlt jede Schnelligkeit im Handeln und im Laufen! Ö. Meyer = kein Nationalspieler! Schade! Er ist ein so prächtiger Bursche!« Herbergers Datensammlung, die, in 361 Leitzordnern abgeheftet von der »Sepp – Herberger-Stiftung«, wie ein Gralsschatz gehütet und nur ausgesuchten Interessenten zugänglich gemacht wird, scheint auch das Produkt eines unablässigen Sammel- und Mitteilungszwangs zu sein. Noch 1974, zehn Jahre nach seinem Rücktritt, schreibt er an den Rand eines Zeitungsausschnitts: »Halblinks: Netzer – oder?«, um weiter unten zum Ergebnis zu kommen: ». . . nein, Overath.« In der Weltmeister-Mannschaft von Helmut Schön spielte schließlich der Kölner Overath anstelle von

Günther Netzer. Das Notizbuch enthält Spuren eines zwanghaften Charakters, der davon getrieben war, junge Männer wie Marionetten nach seinen Anweisungen auf dem Fußballplatz Spielzüge ausführen zu lassen. Diese Zwanghaftigkeit war Ergebnis eines dominierenden Drangs, die Lebensbedingungen bis ins Detail, so gut es geht, zu kontrollieren. Um zu verstehen, woraus dieser Drang resultierte, muß man einen Blick auf die Herkunft und den Lebensentwurf des Bundestrainers werfen.

Herberger – ein Bildungsroman

»Ich konnte meine Sprüch' mache«, brachte es Sepp Herberger einmal als knappe Bilanz am Ende seiner langen und großen Trainerkarriere auf den Punkt. Aus solch kryptischer Selbsteinschätzung spricht nur bei flüchtigem Zuhören Bescheidenheit. Es dringt ein verschmitzter Stolz durch, stets ein mit allen Wassern gewaschener Rhetoriker gewesen zu sein, der andere an der Nase herumführen konnte.

Es waren ja nicht bloß Fußballsachverstand und -taktik, die Herberger zu einer Ikone der Bundesrepublik gemacht haben. Seine Begabung, geistreich klingende Fußballsätze zu kreieren, trug Herberger den Ruf eines Fußballphilosophen auch bei denen ein, die von der für sie illegitimen Kultur des Sports nichts wußten oder wissen wollten. Weit davon entfernt, ein Intellektueller sein zu wollen, genoß und pflegte Herberger sichtlich den Ruf des weisen Fußballehrers. Neben seiner Bauernschläue kokettierte Herberger wiederholt mit seinem eigenwilligen Umgang des Bildungsvorrats. »Mao hat ein Buch über Taktik geschrieben«, ließ Herberger einmal Journalisten wissen, um rasch hinzuzufügen, »das hat nichts mit meiner politischen Einstellung zu tun, wenn ich Mao lese.« Herberger legte Wert darauf, nicht klug, sondern clever zu sein. Vor dem Hintergrund seiner sozialen Herkunft war es für ihn ein großer Triumph, als eine Art Volksweiser angesehen zu werden. Die Biographie Herbergers ist ein Bildungsroman, die Geschichte eines grandiosen sozialen Aufstiegs.

Als Sohn eines Tagelöhners aus dem Mannheimer Industrieviertel Waldhof hatte er nur geringe Bildungschancen. Nach dem Tod seines Vaters mußte er bereits als Zwölfjähriger mit zum Unterhalt der Familie beitragen. Damit schwanden die ohnehin geringen Aussichten auf Schul- oder Berufsausbildung. Der junge Sepp Herberger mußte sich sehr früh damit abfinden, seinen Lebensunterhalt als Hilfsarbeiter zu verdienen. Sein fraglos vorhandenes Fußballtalent und eine gehörige Portion Ehrgeiz ermöglichten es ihm aber schließlich, dem vorgezeichneten Weg eines mehr oder weniger trostlosen Arbeitslebens zu entkommen.

Anfang der 20er Jahre wurde man mit Fußballspielen zwar nicht reich, aber man erwarb Ansehen und kam auch in materiellen Dingen nicht zu kurz. Daß die Honoratioren der Stadt einem jungen Hilfsarbeiter auf die Schulter klopften, war zu dieser Zeit nur in wenigen Sportarten denkbar. Die Möglichkeit, über den Sport einen sozialen Aufstieg zu realisieren, findet sich in vielen Sportlerbiographien als die entscheidende Triebfeder zu außerordentlichen Leistungen. Herbergers Geschichte ist da keine Ausnahme. Gleich mehrfach hat er es verstanden, die sich bietenden Chancen konsequent zu nutzen. Dazu war zunächst einmal ein gewisses Anpassungsvermögen erforderlich, das Herberger als Nachzügler einer kinderreichen Familie von Anfang an erlernen mußte. Trotz der schwierigen familiären Verhältnisse scheint die Familie für ihn jenes Urbild eines Gemeinschaftssinns gewesen zu sein, das die Fußballmannschaft seiner Prägung später bestimmte. Durch den frühen Tod des Vaters hatte der Begriff Gemeinschaft für ihn einen ganz konkreten, existentiellen Sinn bekommen: Der Rest der Familie war um so mehr aufeinander angewiesen. Wie Herberger den Kreis der Nationalspieler sah und in der Art und Weise, wie er ihn führte, schien nicht zuletzt ein Wunschbild seiner Kindertage auf. Die Mannschaft war, so gesehen, eine Erinnerung an den früh erlebten sozialen Kokon.

Zu Herbergers hervorstechenden Eigenschaften gehörten Ehrgeiz und Durchsetzungsvermögen. Beides waren für ihn Voraussetzungen, um im Alltag über die Runden zu kommen.

Er war zuverlässig, pünktlich, bescheiden und in alltäglichen Dingen gut organisiert. Herberger war in jeder Hinsicht ausgestattet mit den Eigenschaften des »innengeleiteten Charakters«, ein, nach dem amerikanischen Kultursoziologen David Riesman, gebotsgebundener Mensch. In einem Milieu wie dem des Mannheimer Arbeiterviertels, in dem Herberger aufgewachsen war, wußte man früh, wann man den Mund aufmachen und wann man ihn halten mußte. Herberger hatte einige wichtige Voraussetzungen für seine Karriere nicht in der Schule, sondern auf der Straße erlernt. Es gehört zu den hervorstechenden Merkmalen in Herbergers Biographie, daß er sich selbst in schwierigen politischen Situationen im unübersichtlichen Netz von Hierarchien und Kompetenzen erstaunlich selbstbewußt und behende zu bewegen wußte. In seiner Mannheimer Zeit hatte er gelernt, daß nichts schiefgehen konnte, solange er über Fußball sprach. Das war sein Terrain, und das machte ihn für andere ungefährlich. Er beanspruchte auch mit fortschreitender Karriere weder politische noch sportpolitische Führungspositionen. Dennoch scheute er nicht davor zurück, Verantwortung zu übernehmen, und besaß ein zuverlässiges Sensorium für den richtigen Zeitpunkt. Abwarten, um im entscheidenden Augenblick einen richtigen Entschluß zu fassen, war nicht nur eine Fähigkeit, die er als Fußballtrainer beherrschte. Sie kam ihm auch wiederholt an den Schnittstellen seiner Karriere zugute. Mehr als vier Jahre lang hatte Herberger die Assistentenrolle hinter Reichstrainer Otto Nerz akzeptiert. Als sich ihm in einer sportlich wie politisch schwierigen Situation eine Chance bot, zögerte er keinen Augenblick, die Herausforderung anzunehmen. Als Reichstrainer war er 1936, wie es zunächst schien, auf dem Höhepunkt seiner Laufbahn angelangt.

Wie ein roter Faden zieht sich durch Herbergers Lebensgeschichte ein ausgeprägtes Kontroll- und Steuerungsbedürfnis. Das gilt für den penibel organisierenden Trainer wie für den geschickten Netzwerker Herberger, der sich in unterschiedlichen Machtsystemen Anerkennung und Gehör verschaffte. Er wußte Beziehungen zu knüpfen, um sie manchmal erst nach Jahren einzusetzen. Eine Scheu gegenüber unbekannten Machtsphären kannte er nicht. Im Zweifelsfall war er der naive Sportlehrer. Die Nazis hatten nach 1933 ein Machtsystem etabliert, das Aufsteigern wie Herberger fraglos entgegenkam.

Auffällig ist Herbergers Bemühen, die ärmlichen Bedingungen seiner Herkunft so gut wie möglich zu verbergen. Obwohl er bis ins hohe Alter Presse- und Medienleuten Rede und Antwort stehen mußte, hat er nur wenig von seiner Kindheit und Jugend gesprochen. Sie müssen für sein Selbstbild immer ein Makel gewesen sein. Das Unternehmen, am Ende seines langen Fußballebens seine Memoiren zu veröffentlichen, blieb ein Torso von Aufzeichnungen und ungeordneten Erinnerungsfetzen. Es gelang ihm nicht mehr, die Geschichte seiner Camouflage ins Werk zu setzen. Dafür blieb sein Notizbuch ein bis über seinen Tod hinaus gehütetes Geheimnis. Trotz des stenohaften Aufzeichnungssystems war Herberger sich immer dessen bewußt, daß alles nicht nur für sich, sondern auch für die Nachwelt notiert war. Das Notizbuch war zu Lebzeiten ein Machtsymbol, aber Herberger wußte, daß es nach seinem Tod eine Reliquie werden würde. Seine Frau Eva wachte später mit Argusaugen über die Aufzeichnungen ihres Seppl, und nach ihrem Tod übernahm der DFB diese Rolle. Herberger, der es wie kein anderer verstand, die Klaviatur der Beziehungen zu spielen, war auch ein Manipulator seiner eigenen Lebensgeschichte. Obwohl er seine Notizen wiederholt durchgesehen und von unliebsamen Widersprüchen gereinigt hat, erscheinen eine Reihe veröffentlichter Daten, die seine schulische und berufliche Entwicklung betreffen, ungenau. Das muß erstaunen bei einem Mann, der seine eigene Legendenbildung frühzeitig zu gestalten begann.

So läßt sich nicht verifizieren, daß er vorübergehend das Gymnasium besuchte, und bei näherem Betrachten erweist sich eine Banklehre als Aushilfsarbeit in einer Bank. Sein Diplomzeugnis zum Sportlehrer, in dem die vielzitierte Episode des schwachen Psychologen dokumentiert ist, existiert nur als nachträglich ausgestelltes Duplikat. Herberger hat einiges darangesetzt, sein Leben als Produkt seiner Zielstrebigkeit erscheinen zu lassen, obwohl es zu Beginn von geringem Handlungsspielraum geprägt war. In der Fußballstadt Mannheim blieben dem jungen Herberger soziale Spannungen nicht verborgen. Die sich bisweilen recht feindlich gegenüberstehenden Vereine waren ein vielerorts benutztes Instrument, lokalen Konflikten Ausdruck zu geben. Die Spiele der proletarischen Vereine gegen ihre bürgerlichen Pendants waren exponierte Schaukämpfe sozialer Differenzen. Herberger schien unter diesen Differenzen auch zu leiden. Er hat sich nie zum proletarischen Milieu bekannt, aus dem er stammte, obwohl gerade die Mitgliedschaft in einem Arbeiterverein bekennender Ausdruck der Klassenlage war. In seinem Stadtteil Waldhof hat man es ihm denn auch lange mit großer Bitternis nachgetragen, daß er als junger Spieler vom SV Waldhof zum bürgerlichen Konkurrenten wechselte, dem VfR Mannheim. Die ärmlichen Lebensverhältnisse hinter sich zu lassen war seit seiner Kindheit die entscheidende Antriebsfeder seines sportlichen Ehrgeizes.

Eine andere Geschichte des Fußballs

Josef Herbergers Geburt fällt etwa mit der Geburtsstunde des deutschen Fußballs zusammen. Um die Jahrhundertwende hatten sich zahlreiche Vereine gegründet, die dem in dieser Form in England geprägten Spiel nachgingen. Der Deutsche Fußball-Bund war schließlich am 28. Januar 1900 in Leipzig gegründet worden. Fußball war eben nicht der proletarische Sport, auch wenn ihn bald viele Arbeiter zu ihrer Sache machten. Die Pioniere des bald sehr mächtigen Sportverbands waren standesbewußte, konservative Vertreter einer traditionellen Gesellschaft, die Fußball als ein körperbildendes und erzieherisches Mittel ansahen.

Sepp Herbergers Entwicklung als Fußballer vom Spieler zum Trainer läßt sich als exemplarische Geschichte des deutschen Fußballs lesen. Sie ist gekennzeichnet von einer auffälligen Doppelmoral. Trotz früher Bestrebungen, Fußball auf professioneller Basis zu betreiben, setzt sich im DFB die Vorstellung von einem ehernen Amateurismus durch. Der Fußballspieler soll nicht durch die drohenden Einflüsse des Materialismus verweichlicht werden. Tatsächlich aber werden Prämien gezahlt und Privilegien zugestanden. Der junge Herberger wird selbst in einen Spesenskandal verstrickt, was ein vorzeitiges Ende seiner Nationalspielerkarriere zu Folge hat. Das muß für den ehrgeizigen Herberger eine schmerzliche Erfahrung gewesen sein. Herberger hat sich dazu nie ausführlich geäußert.

Die Begleitumstände dieses Spesenvergehens sind heute nicht mehr vollständig aufzuklären. Tatsächlich blieb Herberger bis in die 60er Jahre hinein ein strikter Gegner des Berufsfußballs, den er mit seiner bedingungslosen Auffassung vom totalen Fußball ja gerade heraufbeschworen hatte. Der Fußball kam aus einer traditionellen Gesellschaft, aber er war mit Volldampf unterwegs in die Moderne. Eine entscheidende Triebfeder für den gesellschaftlichen Aufstieg des Fußballs war sein uneingeschränktes Ja zur Individualisierung. Das stand häufig im Widerspruch zur Institutionsgeschichte des Fußballs. Mit seinem Abschluß an der »Deutschen Hochschule für Leibesübungen« in Berlin erwarb Herberger die Qualifikation zum Sportlehrer, und durch seine bereits geknüpften Beziehungen zum Reichstrainer Nerz und zum Fußball-Bund war eine Tätigkeit in den Diensten des DFB vorgezeichnet. Als Herberger seinen ersten hauptberuflichen Trainerposten antrat, stand es nicht sonderlich gut um den Fußball. Die Wirtschaftskrise hatte ihre Spuren hinterlassen, und eine gesellschaftspolitische Zäsur zeichnete sich ab. Der Fußballsport und seine Institutionen profitierten umgehend von der Machtübernahme der Nazis. Nach anfänglichen Berührungsängsten erkannte Hitler die enorme Bedeutung des Sports für seinen propagandistischen Plan. Nicht weniger schnell erkannten die Führungskräfte des Fußball-Bundes, daß mit den neuen Machthabern zurechtzukommen war. Die Nazis waren den konservativen Verbandsfunktionären vielleicht nicht in ihrem Habitus sympathisch, deren politischen Grundüberzeugungen schienen sie sich ohne große Mühe anpassen zu können.

Der DFB-Präsident Felix Linnemann liebäugelte sogar damit, Hitlers Reichssportführer zu werden. Andere Fußballfunktionäre standen ihm in seinen ehrgeizigen Karriereplänen nicht nach. Der DFB hat seine eigene Geschichte nie kritisch aufgearbeitet. Nach 1945 ging es darum, rasch wieder in Amt und Funktion zu gelangen. Wenige Jahre später rühmte man sich bereits wieder für die Leistungen beim Aufbau des deutschen Sports. Viele Spuren, die zu einer offenen Auseinandersetzung mit der Institutionsgeschichte des Fußballs führen könnten, sind inzwischen verwischt. Der Gewinn der Weltmeisterschaft durch Herbergers Mannschaft beendete endgültig unliebsame Fragen. Herberger selbst war weitgehend unverdächtig. Obwohl er NSDAP-Mitglied war, wurde er von vielen Zeitzeugen von einer politischen Mittäterschaft freigesprochen. Im Fußball-Bund war man froh, ein so strahlendes Vorbild zu haben.

Unsere Herberger-Biographie leuchtet die abgedunkelten Flächen einer in vielerlei Hinsicht bemerkenswerten Lebensgeschichte aus. Das ist nicht als Skandal-Chronik mißzuverstehen. Die überragende Persönlichkeit des deutschen Fußballs gewinnt an Größe, wenn man sie in ihrer Geradlinigkeit wie in ihren Brüchen, in ihrer Stärke wie in ihren Schwächen zum Vorschein bringt. Die Legende Herberger lebt schon zu lange vom Glauben, der Ball sei rund. Ein Fußball ist aus verschiedenen Lederstücken zusammengenäht. Er rollt, aber er hat keine glatte Oberfläche.

Kapitel 1
Der Bub auf dem Bolzplatz

Das Jahr 1907 war bedeutend in der Fußballgeschichte der Stadt Mannheim. Im Sommer fand auf dem Sportplatz an den Brauereien, der im Besitz der Mannheimer Fußball-Gesellschaft (gegr. 1896) war, das Endspiel um die Deutsche Meisterschaft statt. Viktoria 89 Berlin war aus der Reichshauptstadt angereist, um es im fernen Süden dem Traditionsklub Union 92 Berlin nachzumachen, der 1905 im ersten berlinisch-badischen Endspiel den Karlsruher FV mit 2:0 besiegt hatte. Diesmal waren nicht die Karlsruher bis ins Endspiel vorgedrungen, sondem der Freiburger FC, bei dem der spätere Spielausschuß-Vorsitzende des Deutschen Fußball-Bundes (DFB), Dr. Josef Glaser, im Sturm spielte. Die Freiburger siegten mit 3:1, und Dr. Glaser hatte einen Treffer zum Sieg beigesteuert.

Unter den Zuschauern des Spiels befand sich ein zehnjähriger Bub, der später noch deutsche Fußballgeschichte schreiben sollte: Seppl Herberger. An das Endspiel von 1907 erinnerte sich Herberger auch später noch gern. Das Spiel selbst war natürlich bedeutend, doch vor allem die Umstände, die es einem Bub aus dem Mannheimer Arbeitervorort Waldhof gestatteten, dabeizusein, blieben im Gedächtnis. In den Erzählungen von Sepp Herberger hörte sich das später so an: »Es war nicht das Spiel allein, das unvergeßlich blieb, auch die Umstände, unter denen ich es erlebte. Denn der Besuch schloß ein schweres Risiko ein, denn es gab da um den ganzen Platz eine Umzäunung, und gegen das Überklettern waren oben noch extra Spitzen angebracht. Dazu kam, daß wir erst einen Platzwart überlisten mußten, der gegen Zaungäste erbarmungslos einschritt. Außerdem waren wir in unserem Sonntagsgewand und mußten uns von daheim wegstehlen.« Einen regulären Besuch des Spiels hätte sich das Arbeiterkind Seppl Herberger gar nicht leisten können, denn für solche Vergnügungen fehlte in der Haushaltskasse das nötige Kleingeld. Aber dadurch ließ sich der Bub seine Fußballbegeisterung nicht vermiesen.

Bereits drei Monate vor dem Endspiel, am 11. April 1907, war der Sportverein Waldhof Mannheim 07 in der Gaststätte »Zum Tannenbaum« gegründet worden, der Verein, bei dem der Halbstürmer Sepp Herberger später zum Nationalspieler werden sollte. Die Mitglieder rekrutierten sich im wesentlichen aus zwei Vorläufervereinen, Viktoria Waldhof und der Fußball-Gesellschaft Ramelia. In einer Chronik des Vereins heißt es über die Gründung: »Die Gründer dieses Vereins waren ... durchweg Jugendliche, zum Teil kamen sie gerade frisch von der Schulbank, sie mußten ihrem Hobby Fußball zum Teil im geheimen frönen.« Die Ramelia war bereits 1906 von den Arbeitern der Spiegelfabrik mit Unterstützung der Werksleitung gegründet worden. In der sogenannten Spiegelkolonie, den Werkswohnungen der Spiegelfabrik, lebte damals auch der junge Seppl Herberger, der hier am 28. März 1897 zur Welt gekommen war. Hier erlernte er das Fußballspiel mit den anderen Buben, die das Kiefernwäldchen neben der Kolonie zum Bolzplatz umfunktionierten.

Die Herbergers kamen aus dem Raum Bruchsal, wie der Sprecher des »Vereins zur Pflege des Andenkens von Seppl Herberger« und Herberger-Forscher Karl-Heinz Schwarz-Pich herausgefunden hat. Seppls Vater Josef, ein Tagelöhner, hatte bereits aus erster Ehe zwei Kinder, bevor er, nach dem Tod seiner ersten Frau, Lina Kretzler heiratete. Seppls Mutter Lina stammte aus einer kinderreichen Weberfamilie, sie war das sechste von acht Kindern. Die streng katholische Familie lebte zunächst im nordbadischen Wiesenthal. Dort wurden die beiden Schwestern Anna und Ida geboren. Die Familie sah auf dem Land keine Zukunft, und wie so viele andere auch zog sie in die Stadt, nach Mannheim, die durch die Industrialisierung zahlreiche Arbeiter anzog. Josef Herberger fand Arbeit in der Spiegelfabrik »auf dem Waldhof«, das damals zu Käfertal gehörte und erst 1897 Mannheim eingemeindet wurde. Die Familie zog in eine Werkswohnung in der Spiegelkolonie. Dort kam dann bereits 1888 Seppls jüngste Schwester Berta zur Welt. Es sollten noch neun Jahre ins Land gehen, bis der jüngste Sproß der Familie, der kleine Seppl, das Licht der Welt erblickte. Er war ein Nachzügler. Seine Halbschwester Maria war bereits siebzehn Jahre alt, sein Halbbruder Johann sechzehn. Seppl wurde das »Nesthäkchen«. Die schwersten Zeiten für die Familie waren bereits vorüber, denn die vier großen Kinder mußten, wie das damals in Arbeiterfamilien üblich war, dazuverdienen, und die älteren Schwestern mußten außerdem die Mutter bei der häuslichen Arbeit unterstützen. Dennoch galten die Herbergers in der Kolonie als »ganz arme Leit«.

Die im 17. Jahrhundert gegründete »barocke« Stadt Mannheim war um die Jahrhundertwende ein aufstrebender Industriestandort. Die Bevölkerung wuchs zwischen 1871 und 1914 von knapp 40000 auf über 220000 Einwohner. Der Zuwachs erklärt sich mit dem Zuzug vieler junger Arbeitskräfte vom Land, die nicht nur in die Arbeiterviertel des alten Stadtkerns zogen, sondern auch in die Gemeinden in unmittelbarer Nachbarschaft Mannheims wie Waldhof, die später eingemeindet wurden. Die Industriebetriebe hatten sich vor allem wegen der niedrigeren Grundstückspreise in der zweiten Hälfte des 19.Jahrhunderts in den Vororten angesiedelt. Die erste größere Fabrik, die sich niederließ, war im Jahre 1853 die Spiegelmanufaktur. Waldhof hatte aufgrund der Flugsanddünen in der Nähe des Neckarhafens einen wichtigen Rohstoff für die Glasherstellung zu bieten. Die Fabrik wurde von einem französischen Unternehmen, der »Compagnie des manufactures de glaces et verres de St.-Quirin, Cirrey et Montherme«, errichtet. Es war das erste Unternehmen, das in Deutschland fabrikmäßig Spiegel herstellte. Das bis dato zur Bauerngemeinde Käfertal gehörende Waldhof wurde durch die Spiegelkolonie erst richtig besiedelt. Später kamen die Zellstoffabrik Waldhof, aus der dann die Papierwerke Waldhof-Aschaffenburg hervorgingen, das Chemieunternehmen Boehringer Mannheim, die Meßgerätefirma Bopp und Reuther, die Motorenfabrik von Carl Benz, die dann 1926 mit den Daimler-Werken fusionierte, die Chemischen Werke Weyl sowie weitere kleinere Betriebe hinzu.

Das französische Spiegelunternehmen baute auch eine Werkssiedlung, die Spiegelkolonie, für die französischen Arbeiter, die mit nach Mannheim kamen, und für die deutschen Arbeiter, die eingestellt wurden. Hier wuchs Seppl Herberger auf. Bis in die 70er Jahre des vorigen Jahrhunderts hinein entstanden so insgesamt 19 Wohnblöcke mit 346 Wohnungen für Arbeiter, Beamtenhäuser, eine Schule und ein Kindergarten, eine evangelische und eine katholische Kirche sowie ein Laden, in dem die Werksangehörigen billig einkaufen konnten; auch eine eigene Polizei hatte die Siedlung aufzuweisen. Die Wohnungen waren zwar unterschiedlich groß, hatten aber in der Regel nur zwei Zimmer. Hinzu kamen Keller und Speicher sowie ein Garten hinter dem Haus und ein Stall für die Kleintierhaltung. Die Wohnungen waren für die Arbeiter der Spiegelfabrik mietfrei. Insofern ging es ihnen erheblich besser als vielen anderen Arbeitern, die Miete bezahlen mußten. In den von Lothar Steinbach veröffentlichten Erinnerungen aus einem halben Jahrhundert Mannheim findet sich eine Beschreibung der Wohnverhältnisse in der Spiegelkolonie. Frau Margaret J. berichtete: »In der ›Spiegel‹ war eine große Küch'. Dann war da ein Raum, da war ein Vorhang davor. Das war wie eine Nische, und da war ein zweischläfriges Bett drin, und da haben meine Eltern drin geschlafen. Und wir Mädle, dort mußte man die Zimmer teilen, die Buben durften nicht bei den Mädle schlafen, das war Brauch. Da haben meine Brüder einen Raum gehabt. Und wir Mädle, wir haben alle zusammen in einem Bett schlafen müssen, wir waren ja zu fünft. Aber das waren alles die zweischläfrigen Betten, wissen Sie, wie man sie früher gehabt hat. Kinder hat man drei reinlegen können. Und das war so, daß die Kleinen am Fuß geschlafen haben und die andere Hälfte oben, wo wir doch so viele waren, aber da hat's keinen anderen Ausweg gegeben. So an sich hat man sich nicht beengt gefühlt.« Ähnlich dürfte es bei den Herbergers gewesen sein. Während Seppls Schwestern sich zu viert ein Bett teilen mußten, hatten er und sein Bruder natürlich etwas mehr Platz.

Die Spiegelkolonie und ihre Bewohner galten in Waldhof wegen ihrer Abgesondertheit als etwas Besonderes. Man nannte sie auch »Spiegelindianer«. Das Leben in der Kolonie war geprägt von hohem Anpassungsdruck an die Interessen der Firma. Bei den »Spieglern« sorgte ein firmeneigener Polizist für Ruhe und Ordnung. Gab es einmal Streit zwischen Nachbarn, schritt der Polizist ein, und es wurden Geldbußen verhängt. Im fabrikeigenen Laden wurde den Bewohnern kein Kredit gewährt, man durfte nicht anschreiben lassen. Wer nicht bezahlen konnte, dem wurden die Ausgaben direkt vom Lohn abgezogen. Und der war damals sehr gering. Ein Mannheimer Arbeiter brachte um die Jahrhundertwende im Durchschnitt etwa 20 bis 30 Mark pro Woche nach Hause. Das bedeutete, daß die Frau mit Nebentätigkeiten den Unterhalt für die meist kinderreichen Familien mitverdienen mußte – und die Kinder selbst wurden sehr früh in den Arbeitsprozeß eingegliedert, um zu einer Entlastung des Haushaltsbudgets beizutragen. Ob Herbergers Mutter Lina auch dazuverdiente, und ob und ab wann seine Geschwister arbeiteten, ist leider nicht bekannt. Vermutlich versuchte auch Lina Herberger wie viele andere Arbeiterfrauen damals mit Heimarbeit etwas dazuzuverdienen. In Waldhof wurden Säcke für die Mannheimer Sackfabriken geflickt, Ölpreßdeckel aus Roßhaarschnur für eine Roßhaarspinnerei im benachbarten Neckarau hergestellt und Kaffee und Safran gelesen; der Hafen war ja nicht weit. Die Bewohner der Spiegelkolonie galten als besonders loyal und friedlich. Außerdem wurde ihnen nachgesagt, unempfänglich für die Ideen der Sozialdemokratie zu sein. Es gab natürlich Ausnahmen wie Seppl Herbergers Bruder, der sich der Sozialdemokratie verpflichtet hatte. Die Spiegelkolonie bildete ein eigenständiges kulturelles Milieu, in dem der kleine Seppl Herberger heranwuchs. Zwischen Armut und Anpassung mußte er seinen Weg suchen. Diese frühen Erfahrungen schlugen sich in seinen Charaktereigenschaften nieder und begleiteten ihn sein Leben lang.

Kaum konnte der kleine Seppl laufen, kam er auch schon mit dem Fußball in Berührung. Denn direkt gegenüber der Herbergerschen Wohnung in der Spiegelfabrikstraße 171 lag das Akazienwäldchen, in dem die Buben aus der Spiegelkolonie die ersten Bälle traten. Fußball war damals für die Arbeiterjungen noch ein neuer Sport. Erst ein Jahr vor der Geburt von Herberger war im Jahr 1896 die Mannheimer Fußballgesellschaft (MFG) gegründet worden, die später (1911) im VfR Mannheim aufgehen sollte, einem Sportverein »rein bürgerlicher Prägung«, wie es in einer Klubchronik heißt. In der MFG hatten sich Gymnasiasten und ehemalige Realschüler zusammengefunden. Christiane Eisenberg hat in ihrer Untersuchung zur Sozialstruktur des deutschen Fußballsports gezeigt, daß Fußball in jenen frühen Jahren vor allem eine Freizeitbeschäftigung für Gymnasiasten und Studenten, technische und kaufmännische Angestellte sowie Angehörige freier Berufe war. Weiter heißt es dort: »Arbeiter hingegen standen weitgehend abseits, da sie weder über die notwendige Freizeit verfügten noch genügend Geld für Ausrüstung und Wettkampfreisen aufbringen konnten.« Im Kaiserreich war das Fußballspiel vor allem eine Angelegenheit bürgerlicher Mittelschichten. Zu einem Massenphänomen wurde es erst nach Ende des Ersten Weltkrieges. Dennoch übte die Sportart bereits früh eine Faszination auf die Arbeiter aus. Einerseits entsprach das Verhalten auf dem Fußballplatz, das vor allem von Kampf und Durchsetzungsvermögen geprägt war, einigen Tugenden, die Arbeiter aufzuweisen hatten. Andererseits war recht früh klar, daß der Fußball Anerkennung im sozialen Umfeld versprach und Hoffnungen auf sozialen Aufstieg nährte. Auch Seppl Herberger dürfte davon nicht unberührt geblieben sein.

Die Arbeiterjungen spielten auf der Straße und in Straßenschuhen. Einen Lederball gab es nicht, höchstens einen Gummiball. Manchmal mußten auch aus Lumpen gebastelte Bälle herhalten. Unter den jungen der Spiegelkolonie dürfte es der kleine Herberger nicht leicht gehabt haben. Für ein Kind »ganz armer Leit« war es schwer, Freunde zu finden, zumal wenn es von der Natur nicht besonders gut bedacht worden war. Seppl Herberger war klein von Wuchs – immerhin brachte er es später noch auf stolze 1,64 m –, hatte abstehende Ohren und ausgeprägte O-Beine, die von einer durch Vitamin – D-Mangel in früher Kindheit verursachten Rachitis herrührten. Kurz, der kleine Seppl hatte es nicht leicht in der Spiegelkolonie. Er mußte sich durchbeißen, und er war ein Eigenbrötler. Das zeigte sich auch schon früh in seiner Spielweise. Später war er dann als »Fuddler«, wie es »mannemerisch« heißt, oder »Fummler« verschrien; einer, der sich mit dem Ball am Fuß durchkämpft und nicht abgibt. Ein Zeitgenosse brachte es im mannemerischen Dialekt auf den Punkt, als er über Herberger sagte: »Des is eener, der den Ball net hergibbt.« Gelernt hatte der Seppl das auch in dem Akazienwäldchen vor seiner Haustür, wo es nicht so viele Möglichkeiten zum Paßspiel gab, da alle paar Meter den jungen Spielern wieder ein Baum als quasi-natürlicher, aber leider unbeweglicher Verteidiger in die Quere kam. Auch der Herberger-Forscher Karl-Heinz Schwarz-Pich betont die zentrale Rolle des Fußballs: »Wenn Seppl Herberger das Haus verließ, stand er auf dem Spielfeld. Verabreden brauchte man sich nicht, wenn jemand mit dem Ball kam, wurde gespielt. Herberger ist gewissermaßen am Ball groß geworden.« Wie oft der kleine Seppl hier gegen den Ball trat, darüber liegen leider keine Berichte vor. Die jungen Spieler hatten es nicht leicht, denn der neue Sport war bei Eltern und Lehrern nicht gern gesehen. »Und wenn der Vater einmal dahinterkam, wurden sie mit mancherlei Unannehmlichkeiten konfrontiert, manchmal setzte es zu Hause auch derbe Hiebe«, weiß eine Chronik des SV Waldhof über die Zeit zu berichten.

Über seine Kindheit und Jugend hat sich der spätere Reichs- und Bundestrainer immer ausgeschwiegen, und noch lebende Zeitzeugen mit lebendiger Erinnerung gibt es nicht mehr. Sicher ist nur, daß der Zehnjährige bereits eine große Fußballbegeisterung zeigte, wie der »illegale« Besuch des Endspiels von 1907 zeigt, das zudem noch auf dem fremden Platz des bürgerlichen Vereins stattfand. Der kleine Seppl schlich sich offenbar regelmäßig hinein und sah den Großen beim Spiel zu. Neben dem Endspiel von 1907 hatte er ein Jahr später an gleicher Stelle ein weiteres Schlüsselerlebnis: Er fand seine großen Vorbilder. Später erinnerte er sich: »1908 sah ich auf diesem Wege die beiden Karlsruher Vereine, Phönix Karlsruhe, der 1909 Deutscher Meister wurde, und den Karlsruher FV, der ein Jahr später ebenfalls den Titel gewann, auf dem Höhepunkt ihres Könnens. Vor allem der Karlsruher Innensturm, Förderer,

Fuchs, Hirsch, dem damals ein sagenhafter Ruf vorausging, imponierte mir mit seinen technischen Kunststückchen und bestechenden Kombinationszügen so sehr, daß ich sie heute noch in der Erinnerung nachziehen könnte.« In diesem Innensturm des Karlsruher FV hatte der junge Sepp Herberger seine Vorbilder gefunden, nicht nur persönlich, sondern auch in der Anlage des Spiels. Später, als er bereits ein berühmter Trainer war, verriet er sein Ideal vom Sturmspiel: »Gut eingespielte Paare sind eine der stärksten Waffen des Angriffsspiels gegen jede noch so gut organisierte und erst recht gegen eine massierte Abwehr.« Die vom jungen Seppl Herberger verehrten Spieler Fritz Förderer, Gottfried Fuchs und Julius »Juller« Hirsch spielten auch für die deutsche Nationalmannschaft und schossen zahlreiche Tore. Nach 1933 wurden Fuchs und Hirsch aus allen Listen gestrichen, weil sie Juden waren. Während Fuchs nach Kanada emigrierte, starb Hirsch vermutlich im KZ Auschwitz. Während seiner Jugend verfolgte Herberger die Spiele seiner Lieblingsstürmer und deren Erfolge in der Nationalmannschaft. Sie werden ihm Antrieb gewesen sein. Immerhin wird er später selbst Innenstürmer, gehört dem eingespielten legendären H-Innnensturm des SV Waldhof an und wird in die Nationalelf berufen. Aber dahin war es 1908, als der Zehnjährige seinen Idolen zuschauen durfte, noch ein weiter Weg.

Ab wann Seppl Herberger dem organisierten Fußball im Verein nachging, ist nicht sicher. »Ursprünglich war der junge Josef Herberger einem Turnverein beigetreten«, schreibt Fritz Walter in seinem Buch über den »Chef«, »und hatte es zu beachtlichen Leistungen gebracht. Um den ballbesessenen Jungen bei der Stange zu halten, gründete der Verein sogar eine eigene Fußballabteilung. Mit begrenztem Erfolg. Herberger zog es schon bald zum größeren SV Waldhof, der in jenen Jahren eine vorzügliche Mannschaft hatte.« Die Geschichte, wie Fritz Walter sie erzählt, dürfen wir ruhig der Abteilung Fabel- und Legendenbildung zuordnen. Daß ein Turnverein wegen eines acht- bis zehnjährigen Buben eigens eine Fußballabteilung gründet, dürfte reichlich übertrieben sein. Richtig ist lediglich, daß auch in Turnvereinen Fußball gespielt wurde. Und Herberger spielte zwar später beim SV Waldhof, aber eine gute Mannschaft hatten die Waldhofer erst nach dem Ersten Weltkrieg.

Offenbar begann Herberger bei der Fußball-Gesellschaft Ramelia, wie Karl-Heinz Schwarz-Pich vermutet. Dieser Verein war von Arbeitern der Spiegelfabrik mit Unterstützung der Fabrikleitung gegründet worden. Auf dem Fabrikgelände wurde dann auch eine Fläche für ein Spielfeld zur Verfügung gestellt, auf dem später, nach seiner Gründung 1907, der SV Waldhof, der aus der Ramelia und Viktoria Waldhof hervorging, spielen sollte. Wenn dem so war, wäre der junge Seppl Herberger 1907 automatisch Mitglied des SV Waldhof geworden. Es sei denn, die Mitgliedschaft in der Ramelia wäre für Angehörige von Arbeitern der Spiegelfabrik kostenlos gewesen, die Mitgliedschaft im SV Waldhof jedoch nicht. Der Mitgliedsbeitrag für einen Verein hätte das Budget der Herbergers stark belastet. Wahrscheinlicher ist, daß der kleine Seppl Herberger zunächst weiter unorganisiert im Akazienwäldchen der Spiegelkolonie gekickt hat, bevor er dann Mitglied des SV Waldhof wurde. Angeblich soll das 1911 gewesen sein, als er 14 Jahre alt war. Dafür spricht auch, daß sich die Fußballbegeisterung bei Jungen in der Regel erst um das zehnte Lebensjahr herum entwickelt, wenn aus dem spielerischen Kicken auf dem Bolzplatz eine ernsthaftere sportliche Aktivität wird, bei der auch Vorbildern und Idolen nachgeeifert wird. Sicher ist, daß Sepp Herberger als Sechzehnjähriger bereits in der zweiten Mannschaft des SV Waldhof spielte. Das geht aus Fotografien hervor, auf denen er im Kreise der Mannschaft zu sehen ist. Mit 18 Jahren spielte er dann bereits in der ersten Mannschaft, die aufgrund des Krieges auf junge Talente zurückgreifen mußte. Hier erlebte er auch einen ersten Höhepunkt seiner fußballerischen Karriere. Er stand als Innenstürmer in der Mannschaft des »Arbeitervereins« SV Waldhof, die am 20. Juni 1915 erstmals den VfR Mannheim, den bürgerlichen Konkurrenten im Kampf um die Vorherrschaft im Mannheimer Fußball, besiegte. Dieser legendäre Sieg gelang den Waldhof-Buben sogar noch auf des Gegners Platz. Auf dem Platz also, auf dem der kleine Seppl Herberger acht Jahre zuvor das Endspiel um die deutsche Meisterschaft gesehen hatte.

Zuvor mußte er, wie jedes andere Kind auch, in die Schule gehen. Doch der Schulbesuch ließ die Verbindung zum Fußball nicht abbrechen. Direkt neben der Waldhofschule, einer Volksschule, lag das Spielfeld der Fußball-Gesellschaft Ramelia, das später als das berühmt-berüchtigte »Schlammloch« zum ersten Sportplatz des SV Waldhof wurde. Diesmal hatte Seppl Herberger den Bolzplatz nicht direkt vor der Haus-, sondern vor der Schultür. Von seinem sechsten Lebensjahr an besuchte er die Volksschule, und spätestens von da an werden die Buben auch auf dem Platz neben der Schule gekickt haben. Die Volksschule war damals noch eine recht junge Einrichtung. Das Mannheimer Stadtregiment hatte zu Beginn der 70er Jahre des 19. Jahrhunderts eine einheitliche Volksschule geschaffen, die sogenannte Vierguldenschule. Aber 1892 wurde das Schulgeld ganz abgeschafft. Für die Kinder der Mittelschicht wurde jedoch eine schulgeldpflichtige Bürgerschule eingerichtet. So konnte die soziale Differenzierung aufrechterhalten werden. In den erweiterten Volksschulen wurden die Schüler nicht nur im Lesen, Rechnen und Schreiben unterrichtet, sie hatten auch Werkunterricht. Das war schließlich für die spätere Eingliederung ins Arbeitsleben wichtig. Die Atmosphäre in den Schulen war sittsam und streng. Zahlreiche Regeln bestimmten, was die Schüler durften und wie sie sich zu verhalten hatten. In der »Schulordnung für die erweiterte Volksschule der Hauptstadt Mannheim« heißt es zum Beispiel im § 16: »Gegen die Lehrer haben sich die Schüler stets folgsam, wahrheitsliebend, bescheiden und höflich zu benehmen; dasselbe anständige Verhalten sollen sie auch gegen andere erwachsene Personen beobachten und auf Befragen bereitwillig Auskunft geben.« Über den Volksschüler Josef Herberger liegen zumindest keine Berichte vor, aus denen hervorgeht, daß er gegen einen solchen Paragraphen verstoßen hätte. Er selbst gab über seine Schulzeit später nur lapidar zu Protokoll: »In meiner Klass' war ich net der Brävste, aber der Beste.« Die Aussage paßt natürlich in das Bild des »schlauen Fuchses«, der er als Trainer werden sollte, und sie zeugt von der üblichen romantischen Verklärung der Schulzeit. Später erklärte er Bescheidenheit zu einem wesentlichen Merkmal seines Charakters. Auch die anderen in der Schulordnung genannten Eigenschaften nahm er sich zu Herzen, waren sie doch für junge, aufstrebende Menschen eine bedeutsame Voraussetzung für eine Karriere. Inwieweit der § 19 jener Schulordnung Einfluß auf seine Fußballvorliebe hatte, ist nicht überliefert. Dort heißt es: »Nach Einbruch der Nacht sollen sich Schulkinder nicht mehr zwecklos auf den Straßen und öffentlichen Plätzen umhertreiben.« Nächtliche Übungen auf dem Bolzplatz waren also strengstens untersagt. Acht Jahre ging der junge Sepp Herberger zur Volksschule, die er offenbar 1911 abschloß.

Zwei Jahre vor dem Ende seines Schulbesuchs, am 21. August 1909, starb der Vater Josef Herberger. Der Zwölfjährige war nun mit seiner Mutter allein. Seine viel älteren Geschwister waren bereits aus dem Haus und hatten eigene Familien. Die Mutter Lina war nun auf die Hilfe der erwachsenen Kinder angewiesen. Außerdem mußte sie umziehen, weil in der Spiegelkolonie niemand eine Wohnung haben durfte, der nicht bei der Spiegelfabrik beschäftigt war. Den Herbergers drohte der endgültige Absturz in die Armut. Zwar hatte die Situation der Industriearbeiter seit den 80er Jahren des 19. Jahrhunderts durch die Gesetze zur Sozialversicherung eine Verbesserung erfahren, aber das Sozialversicherungssystem wurde nur langsam ausgebaut. So gab es eine eigenständige Witwen- und Waisenversicherung erst ab 1911. »Aufgrund ihrer ohnehin knappen Budgets gerieten Arbeiterfamilien, in denen durch Krankheit viel Geld verbraucht wurde oder die Ernährer auch nur vorübergehend durch Krankheit oder Arbeitslosigkeit ausfielen, rasch in Not«, heißt es in einer Beschreibung der Lebensverhältnisse Mannheimer Arbeiter um die Jahrhundertwende. Wie groß die Not erst wurde, wenn der Ernährer ganz ausfiel, läßt sich leicht vorstellen, vor allem wenn, wie im Fall der Familie Herberger, auch noch das kostenlose Wohnrecht in der Spiegelkolonie verlorenging.

Etwa ein Jahr nach dem Tod ihres Mannes zog Lina Herberger mit ihrem Sohn Seppl zu ihrer jüngsten Tochter Berta und deren Mann Leo Halter, die ebenfalls in der Spiegelkolonie wohnten. Der Block, in dem die Wohnung lag, ist beim Abriß der Spiegelkolonie 1966 als einziger Wohnblock erhalten geblieben. Das Haus steht inzwischen unter Denkmalschutz. Hier soll eine Seppl-Herberger-Gedenkstätte entstehen.

Die Wohnverhältnisse waren sehr beengt, zumal Berta und Leo auch einen Sohn hatten. Die beiden Familien zogen daher ein Jahr später bereits wieder um. Im Herbst 1912 starb dann Leo Halter. Die beiden Witwen waren nun auf sich allein gestellt. Es folgten weitere Umzüge, bis Lina Herberger mit ihrem Seppl im Oktober 1913 in die Steinstraße am Rande der Spiegelkolonie zog. Ihre Tochter Berta zog ein Jahr später mit ihrem Sohn ebenfalls dort ein. Zu diesem Zeitpunkt ging Seppl Herberger bereits nicht mehr zur Volksschule, sondern trug mit Hilfstätigkeiten zum Lebensunterhalt der Familie bei. Das war vermutlich der Grund, warum er keine Lehre machen konnte. Im Strebelwerk arbeitete er als Hilfsarbeiter, die Firma Bopp & Reuther beschäftigte ihn offenbar als Expedienten. Herberger selbst hat sich dazu nicht geäußert. Über seine Tätigkeiten nach Abschluß der Volksschule liegen daher nur dürftige Informationen vor. Diesen Teil seiner Herkunft verschwieg der spätere Reichs- und Bundestrainer gern. Offenbar hatte er das Gefühl, daß dies nicht zur Biographie eines weltbekannten Trainers passe; ein typisches Verhalten für soziale Aufsteiger, die gerne ihre Vergangenheit verschweigen oder gar verleugnen. So blieben der Besuch des Gymnasiums und die Mechanikerlehre bisher unwidersprochen in den biographischen Daten zum Leben des Sepp Herberger stehen.

Das wirkliche Leben des jungen Herberger sah aber ganz anders aus. Die Erfahrung der Armut und die beengten Wohnverhältnisse in der Spiegelkolonie prägten ihn ebenso wie der Tod des Vaters und drei Jahre später der Tod des Schwagers, der für ihn in der Zwischenzeit zur einzigen männlichen Bezugsperson im Privatleben geworden war. Ein richtiges Zuhause hatte er seit dem Tod des Vaters nicht mehr, da er mit seiner Mutter Lina in den folgenden Jahren mehrfach umzog. Wegen seiner abstehenden Ohren und den O-Beinen hänselten ihn Nachbarskinder und Klassenkameraden. So mußte sich der kleine

Seppl etwas suchen, mit dem er brillieren konnte, und er mußte vor allem eines, sich durchbeißen. Der Fußball bot ihm dazu Gelegenheit, und der »Fuddler« biß sich durch die gegnerische Verteidigung. Das brachte ihm auch Anerkennung der anderen Jungs. Da er schon früh für den Lebensunterhalt der Familie mit sorgen mußte, wußte er schon bald, was es heißt, Verantwortung zu tragen. Die besondere Atmosphäre der Zusammengehörigkeit in der Spiegelkolonie, in der anpassendes Verhalten sozial positiv besetzt war, hinterließ Spuren in seinem Charakterbild, das vor allem von den wechselhaften Jahren zwischen dem Tod seines Vaters im Jahre 1909 und dem Eintritt ins Militär 1916 geprägt wurde.

Seine noch junge Fußballerkarriere erlitt einen Rückschlag, als er Soldat wurde. Der Erste Weltkrieg tobte bereits über ein Jahr, als Sepp Herberger im März 1916 als Rekrut vereidigt wurde. Bereits im folgenden Monat kam er zum Landsturm. Über seinen weiteren Weg beim Militär liegen nur spärliche Informationen vor. Nach Angaben von Schwarz-Pich wechselte er im Juli 1916 zum 1. Ersatzbataillon des 114. Infanterieregiments und im November des gleichen Jahres zu den sogenannten Hundertzehnern, die in Mannheim stationiert waren. Hier diente er zusammen mit einigen Spielerkollegen aus der ersten Mannschaft des SV Waldhof. Zu den Hundertzehnern gehörte auch Karl Höger, der nach dem Krieg nach Mannheim zum SV Waldhof kam und mit Herberger in den 20er Jahren den legendären Innensturm des SV Waldhof bilden sollte. In dieser Zeit entstand ihre Freundschaft, die sich später für den Verein auszahlen sollte. Sie hatten vermutlich erstmals in einer Militärmannschaft zusammen gespielt. Herberger selbst gab später lediglich zu Protokoll, daß während des Krieges »wenig Zeit für Fußball« blieb. Ab Januar 1919 wohnte er dann wieder bei seiner Mutter in der Steinstraße am Rande der Spiegelkolonie.

Im gleichen Jahr begann die erste Nachkriegssaison, die erste Mannschaft des SV Waldhof hatte ihren Sepp Herberger wieder, und mit ihm war Karl Höger zur Mannschaft gestoßen. Zusammen mit dem SV Darmstadt, dem VfB Heidelberg, Viktoria

Aschaffenburg, dem VfR Mannheim, Phönix Mannheim und weiteren vier Mannschaften aus Mannheim wurde der Spielbetrieb im Odenwaldkreis wieder aufgenommen. Am Ende der Runde standen die beiden großen Kontrahenten im Mannheimer Fußball, der »Arbeiterverein« SV Waldhof und der »Bürgerverein« VfR Mannheim, punktgleich an der Spitze. Das erste Entscheidungsspiel um die Odenwaldkreis-Meisterschaft fand in Karlsruhe statt und endete 1:1 nach Verlängerung. Das zweite Entscheidungsspiel sollte für Sepp Herberger bedeutend werden, fand es doch am Tag seines 23. Geburtstags, am 28. März 1920, auf dem Platz von Phönix Mannheim statt. Etwa 12 000 Zuschauer feuerten ihre Mannschaften an und sahen ein grandioses Spiel des legendären H-Innensturms des SV Waldhof mit Karl Höger, Willy Hutter und Josef Herberger. Die VfR-Spieler hatten gegen dieses Trio keine Chance. Das Spiel endete mit einem klaren 4:1-Sieg des SV Waldhof, und das Geburtstagskind Sepp Herberger war über sich hinausgewachsen, hatte in »Hochform« gespielt und drei der vier Waldhof-Tore erzielt. Man war erstmals auf ihn aufmerksam geworden.

Aber es sollte noch besser kommen. Der SV Waldhof war als Odenwaldkreis-Meister weiter im Wettbewerb um die deutsche Meisterschaft vertreten. Als nächster Gegner wartete eine große Mannschaft auf die Waldhofer, der 1. FC Nürnberg, der in den 20er Jahren sechsmal Deutscher Meister werden sollte. In der Saison 1919/20 waren die Nürnberger in 18 Spielen ungeschlagen geblieben und hatten ein Torverhältnis von 115:6 erzielt. In ihren Reihen standen sechs Nationalspieler, darunter die Torwart-Legende Heiner Stuhlfauth, Carl Riegel und einer der besten Mittelläufer der damaligen Zeit, Hans Kalb. Die Waldhofer hatten jedoch in den Nachkriegsjahren eine gute Mannschaft aufgebaut. Sie spielte vor allem technisch brillant. Wichtigste Stützen der Mannschaft waren Torhüter Teddy Lohrmann, ein Heidelberger, der zu jedem Spiel des SV Waldhof anreiste, und der berühmte H-Innensturm mit Karl Höger, Willy Hutter und Josef »Sepp« Herberger. In dieser Zeit wurde auch der Begriff der Waldhof-Schule geprägt.

Das Spiel gegen die Nürnberger ließ die Herzen der Mannheimer Fußballfans höher schlagen. Mehr als 13 000 Zuschauer strömten auf den Sportplatz hinter der Waldhofschule, und sie wollten ihre »Buben« siegen sehen. Die Nürnberger traten mit einer ersatzgeschwächten Mannschaft an, denn Heiner Stuhlfauth und Hans Kalb mußten am gleichen Tag ein Auswahlspiel für Süddeutschland in Hamburg bestreiten. Das Spiel begann dramatisch: Bereits in der zweiten Minute mußte der Nürnberger Verteidiger Dr. Steinlein auf der Linie retten, um die Führung der Waldhofer zu verhindern. In der Folge versuchten die Stürmer Heiner Träg und der Ungar Peter Szabo Mannheims Torhüter zu überwinden, aber Teddy Lohrmann wuchs an diesem Tag über sich hinaus und wehrte eine Torchance nach der anderen ab. Die Nürnberger Stürmer waren schon der Verzweiflung nahe, als die Waldhof-Buben bei einem Konter das Führungstor erzielten. Sepp Herberger erinnerte sich später: »Eine Skutlarek-Flanke kam vor das Nürnberger Tor, und Karl Högers Schuß flitzte direkt unter die Latte.« Doch der Jubel der Mannheimer währte nicht lange, Peter Szabo erzielte den Ausgleich. Die Waldhof-Buben ließen sich jedoch nicht schokken. Gesichert durch den grandiosen Rückhalt, den Teddy Lohrmann ihnen gewährte, lief der H-Innensturm zu großer Form auf. Einer ragte dabei besonders heraus: Sepp Herberger. Er baute das Spiel seiner Elf auf, war nicht nur der »Fuddler«, und krönte seine Leistung mit dem alles entscheidenden Tor zum 2:1-Sieg für den SV Waldhof. Der Siegtreffer resultierte aus einer Gemeinschaftsproduktion des H-Innensturms. Höger und Hutter hatten die Nürnberger Verteidigung auf sich gezogen. Höger führte den Ball, paßte dann zu Hutter, der den freistehenden Herberger sah und ihn anspielte. Herberger zögerte nicht lange, sondern zog ab, und der Ball zappelte im Nürnberger Tor. Danach versuchten die Nürnberger alles, um das Spiel doch noch für sich zu entscheiden, aber der großartige Teddy Lohrmann rettete den Waldhofern den Sieg. In den Worten des Sportreporters Richard Kim, Augenzeuge des Spiels, hört sich das Ende des Spiels sehr dramatisch an: »Da kommt Waldhof noch einmal. Eine Flanke Willmanns wird mit der Hand gestoppt, der Schiedsrichter Munk hat es übersehen. Ein schwacher Schuß Högers wird gehalten. Dann aber: Szabo steht in freier Schußstellung vor dem Waldhoftor, ganz allein, der kleine Szabo vor dem Riesen Lohrmann, der beste Linksaußen Mitteleuropas vor dem Torwart der Zukunft – Peter Szabo schießt aus kurzer Entfernung, knallhart, aber der Riese sinkt vor ihm in die Knie und hält den Ball gerade noch auf der Linie. Dramatisches Ende eines dramatischen Spiels.«

Eine Sensation bahnte sich an, die mit dem Schlußpfiff perfekt war. Der große Favorit aus Nürnberg war geschlagen, der ganze Waldhof fand sich im Freudentaumel wieder. Es war ein großer Tag für die Waldhof-Buben gewesen, vor allem für Sepp Herberger. Er hatte sich mit seiner Leistung für höhere Aufgaben empfohlen, und schon bald sollte der H-Innensturm auch in der Nationalmannschaft sein Können zeigen dürfen. Die Freude nach diesem historischen Sieg gegen den 1. FC Nürnberg wurde jedoch später gedämpft. Die Nürnberger hatten Protest gegen die Wertung des Spiels eingelegt. Über die Gründe dafür ist heute leider nichts mehr bekannt. Dem Protest wurde stattgegeben, das Spiel annulliert, und die Waldhofer um Teddy Lohrmann und Sepp Herberger waren aus dem Rennen um die Deutsche Meisterschaft ausgeschieden. Außerdem ging die Revanche sieben Tage später für die Waldhof-Buben mit 1:6 klar verloren. Die Nürnberger schafften das Kunststück und wurden 1920 erstmals Deutscher Meister. Im Endspiel in Frankfurt bezwangen sie die SpVgg Fürth durch zwei Tore von Luitpold Popp und Peter Szabo mit 2:0. Bis 1927 konnten sie diesen Erfolg noch fünfmal wiederholen, für die Waldhof-Buben reichte es nicht ein einziges Mal bis ins Endspiel. Aber in Süddeutschland erlangte der SV Waldhof als Nürnberg-Bezwinger regionalen Ruhm, und die Taten seiner Spieler sprachen sich herum. Das sollte Folgen haben, auch für Sepp Herberger.

Kapitel 2
Höhen und Tiefen: Heirat, Sperre und drei Länderspiele

In der ersten Hälfte der 20er Jahre ging für den jungen Herberger privates Glück einher mit sportlichen Höhenflügen und Tiefschlägen. Diese Jahre entpuppten sich als ebenso wechselvoll wie seine Kindheit. Sie sollten seinen Charakter weiter prägen und ihm die Türen zeigen, die für seinen weiteren Lebensweg offenstanden. Er sollte erkennen, wie wichtig Freunde sind, besonders die richtigen, denn als Einzelkämpfer und »Fuddler« konnte man zwar auf dem Fußballplatz einige Anerkennung finden, aber im Leben zählten dann doch andere Dinge. Das Durchsetzungsvermögen, das den 1,64 m kleinen, aber kräftigen Sepp Herberger auf dem Spielfeld auszeichnete, mußte er im sonstigen Leben noch erlernen, zumal seine Chancen als Volksschüler, der keine Lehre absolviert hatte, nicht die besten waren.

Nachdem das Jahr 1920 ihm fußballerische Erfolge beschert hatte, stand das Jahr 1921 zunächst im Zeichen privaten Glücks. Am 30. April des Jahres heiratete er Eva Müller aus Weinheim, die bis zu seinem Tod im Jahr 1977 an seiner Seite blieb. Kennengelernt hatte er Eva Müller etwa ein Jahr zuvor. Herbergers späterer Lieblingsschüler Fritz Walter wußte auch daraus eine Legende zu stricken, wenn er in seinem Buch *Der Chef* preisgab, daß sich die beiden auf dem Fußballplatz kennengelernt hätten. In der Fritz-Walter-Version geht die Geschichte so: »Der SV Waldhof Mannheim, der Verein, dem Herberger als junger Spieler angehörte, hatte aus Werbegründen im Anschluß an ein Fußballmatch ein Rugbyspiel ausgetragen. Eva Müller war mit einer Freundin auf den Waldhofplatz gekommen, teils weil ihnen an diesem Sonntag nichts Besseres eingefallen war, teils auch aus sportlichem Interesse. Rugby war schließlich ein ungewohntes Spektakel. Als das Spiel zu Ende war, stand der damals dreiundzwanzigjährige Josef Herberger plötzlich vor den beiden Mädchen und ließ sich durch die Freundin mit Eva Müller bekannt machen. Herberger bewies auch in der Werbung echtes Stürmertalent. Noch für denselben Abend lud er die Eva aus Weinheim zum Essen ein, sorgte aber dafür, daß sie schon vor Mitternacht brav und wohlbehalten wieder bei den Eltern eintraf.« Diese Version Fritz Walters enthält wie vieles aus den unter seinem Namen publizierten Büchern, ein Quentchen Wahrheit, entspricht aber kaum dem realen Leben von Sepp Herberger und Eva Müller, auch wenn man dem jungen Herberger ein gewisses Stürmertalent nicht absprechen mochte.

Eva Müller wohnte zu der Zeit nicht bei ihren Eltern. Sie war als Dienstmädchen in Stellung bei Lebensmittelhändler Wolf, der sein Geschäft am Rande der Spiegelkolonie hatte, und wohnte dort auch. Da die Herbergers nach dem Krieg nicht gerade im Wohlstand lebten, war die Solidarität der Familie gefragt, um überleben zu können. Sepp Herberger, seine Mutter Lina und seine Schwester Berta besuchten damals häufig seinen älteren Bruder Johann, um sich gegenseitig zu helfen. Dessen Wohnung lag direkt neben dem Lebensmittelgeschäft. Im Hof des Hauses, auf der Straße oder im Geschäft dürften sich Sepp Herberger und Eva Müller das erste Mal begegnet sein. Der Ort der ersten Begegnung blieb das Geheimnis der beiden. »Ev«, wie Sepp Herberger seine Frau liebevoll nannte, sprach später nur davon, daß es bei beiden »Liebe auf den ersten Blick« gewesen sei.

Viele Töchter aus Arbeiterfamilien verdingten sich um die Jahrhundertwende bis in die 30er Jahre dieses Jahrhunderts hinein als Dienstmädchen bei Kaufleuten und bürgerlichen Familien. Die Arbeit bot gegenüber der Fabrikarbeit einige Vorteile, da die Mädchen in den Haushalten, in denen sie arbeiteten, auch wohnten und verköstigt wurden. Zudem hatten viele Frauen keine andere Möglichkeit, als ihre Arbeitskraft im häuslichen Bereich anzubieten. Unter den 15- bis 24jährigen Frauen, die erwerbstätig waren, arbeitete etwa jede dritte als Dienstmädchen. Für die meisten diente die »Stellung« lediglich als Zwischenstation bis zur eigenen Heirat. Der Arbeitstag für die Mädchen war hart, denn sie mußten den Herrschaften gewissermaßen rund um die Uhr zur Verfügung stehen. Hart war dies besonders für die »Alleinmädchen«, die sich um den gesamten Haushalt dieser Familien kümmern mußten. In anderen Familien wurden zusätzlich Kindermädchen und Köchinnen eingestellt. Der Arbeitstag der Dienstmädchen begann meist um 6 Uhr in der Früh und endete am Abend, wenn die Kinder der Familie im Bett und die letzten Arbeiten im Haushalt getan waren. Neben Putzen, Waschen, Bügeln, Bettenmachen, Nähen, Essen zubereiten, Einkaufen, Kinder versorgen, Öfen anheizen und anderen Arbeiten im Haushalt mußten Botengänge und vieles mehr erledigt werden. Freizeit war selten und hing von der Großzügigkeit der Herrschaft ab. Häufig mußten sich die Dienstmädchen mit einem freien Nachmittag pro Woche begnügen. Ein eigenes familiäres oder privates Leben war für sie daher fast ganz ausgeschlossen.

Im Jahr 1920, als Eva Müller bei dem Waldhöfer Lebensmittelhändler als Dienstmädchen angestellt war, dürften sich die Arbeitsbedingungen nur geringfügig verbessert haben. Denn erst ab 1918 fielen die Dienstboten nicht mehr unter die Gesindeordnung, die zuvor mehr als 100 Jahre für sie gegolten hatte. Dadurch waren die bürgerlichen Rechte für sie nicht mehr ganz so eingeschränkt wie zuvor, da nach der Gesindeordnung ihre Arbeitskraft für die Herrschaft unbegrenzt ausnutzbar gewesen war. Das betraf sowohl die Arbeitszeiten als auch die Vertragsverhältnisse und die Entlohnung. Da die Dienstmädchen in Kost und Logis standen, war ihre Entlohnung entsprechend gering und lag wesentlich unter dem Verdienst von Fabrikarbeiterinnen. Oft wurde der Lohn gar erst zum Ende der Dienstzeit ausbezahlt. Ging im Haus etwas durch Verschulden der Dienstmädchen zu Bruch, wurden die Kosten vom Lohn abgezogen. Dennoch gelang es vielen Dienstmädchen, relativ hohe Beträge anzusparen. Das war ihnen möglich, weil sie sowieso wenig Gelegenheit hatten, ihren Verdienst auszugeben; zudem wurde das Sparen aber auch von den Herrschaften und von den Banken unterstützt, die bis 1918 spezielle Gesindesparbücher anboten. Dienstmädchen galten aufgrund ihrer Ersparnisse und ihres Berufs bei vielen Arbeitern als »gute Partie«. Als solche wird Eva Müller dem jungen Sepp Herberger erschienen sein. Die »gute

Partie« bot dem ungelernten Hilfsarbeiter, der später von sich sagen sollte, daß er nichts als Fußball gelernt habe, die Chance, sein Leben zumindest vorübergehend materiell abzusichern. Zugleich hieß das aber auch, daß er künftig selbst für den Lebensunterhalt der beiden würde aufkommen müssen. Denn mit einer Heirat würde Eva ihre Stellung beim Lebensmittelhändler Wolf verlieren.

Wie es sich für einen jungen Mann, der sein Leben zu einem großen Teil dem Fußball verschrieben hatte, gehört, mußte der Hochzeitstermin verschoben werden, weil der Sepp für seine Waldhof-Buben spielen mußte. Außerdem konnte man sich nicht über das Zeremoniell einigen, da die Herbergers streng katholisch, die Müllers aber evangelisch waren. »Ev« behielt im privaten Bereich die Hosen an, da war sie Chefin. So setzte sie sich durch, und es wurde evangelisch geheiratet. Zur Feier am 30. April 1921 hatte sich Sepp Herberger einen schicken Hochzeitsanzug mit Zylinder geliehen. Die Mannschaft des SV Waldhof war auch eingeladen und ließ sich den Festschmaus, Pferdefleisch, schmecken. Die Legende will, daß das frisch vermählte Ehepaar die Hochzeitsnacht im Zug auf dem Weg zu einem Fußballspiel in Zürich verbracht hat. Auch wenn Eva Herberger diese Anekdote später immer wieder zum besten geben sollte, dürfen wir sie doch in das Reich der Fabel verweisen, denn zugleich ist auch mit ebensolcher Überzeugung überliefert, daß Eva nie bei einem Fußballspiel dabeigewesen sein soll.

Als das Fest vorüber war, änderte sich für den frischgebackenen Ehemann einiges. Erstmals verließ er den Waldhof, denn das Paar zog zu Evas Eltern nach Weinheim. Der Waldhof blieb jedoch in erreichbarer Nähe. Im Jahr 1920, vor allem in den Spielen gegen den VfR Mannheim und den 1. FC Nürnberg, hatte Sepp Herberger seine fußballerischen Fähigkeiten unter Beweis gestellt. Doch als berufliche Perspektive kam der Fußball zunächst nicht in Frage. In der damaligen Zeit erhielten die Spieler höchstens 3,50 DM Spesen pro Spiel, mehr war nicht erlaubt. Die Vereine mußten sich etwas anderes einfallen lassen, um begabte Spieler an sich zu binden. So wird es kein Zufall gewesen sein, daß Sepp Herberger eine Anstellung bei der

Dresdner Bank in Mannheim fand. Allerdings machte er keine Lehre als Bankkaufmann, wie vielfach behauptet wird, sondern er übte eine Hilfstätigkeit als Geldzähler aus. In den Zeiten der Inflation benötigten die Banken eine Vielzahl von Geldzählern, um die Papierflut bewältigen zu können. Vermutlich hatte der Textilgroßhändler Max Rath dem jungen Sepp Herberger diese Tätigkeit vermittelt. Rath war Mitglied des bürgerlichen VfR Mannheim in führender Position und förderte den Verein auch finanziell. Die VfR-Spieler erhielten nach einem Sieg von ihm persönlich zehn Mark. Das war zwar nicht erlaubt, aber die Spieler steckten diese Einkünfte dankend in ihre Taschen. Ab wann genau Sepp Herberger bei der Dresdner Bank tätig war, ist allerdings nicht bekannt. Vermutlich wird dies jedoch bereits Anfang 1921 gewesen sein, ansonsten hätte er nicht den Schritt in die Ehe wagen können. Zugleich wird ihm deutlich geworden sein, daß seine fußballerische Zukunft nicht beim »Arbeiterverein« SV Waldhof liegen würde. Und so bahnten sich weitere entscheidende Veränderungen in seinem Leben an.

Während der Sommerpause des Jahres 1921 liefen offenbar die vorbereitenden Verhandlungen zu einem Vereinswechsel. Der ebenso kräftige wie quirlige Halbstürmer und Spiellenker Sepp Herberger wurde von anderen umworben. Das wird ihm gefallen haben: vom einzelkämpferischen Außenseiter aus der Spiegelkolonie mit O-Beinen und abstehenden Ohren zum umworbenen Jungstar einer spielstarken Waldhof-Mannschaft. Die Herren aus den Vereinsführungen gaben sich zwar noch nicht die Klinke in die Hand, aber mehrere Vereine versuchten den jungen Spieler mit Angeboten zu ködern. Das widersprach natürlich dem Amateurparagraphen des Deutschen Fußball-Bundes, aber darum scherte sich eigentlich niemand. Man versprach ihm ein besseres Leben, als die Spiegelkolonie es dem ungelernten Volksschüler bieten konnte. Die Arbeit als Geldzähler bei der Dresdner Bank war ein erster Schritt in diese Richtung. Und der junge Herberger wurde offenbar mit Geschenken umworben. Angeblich soll er vom bereits erwähnten Textilkaufmann Max Rath aus der Vereinsführung des VfR Mannheim eine komplette Kücheneinrichtung zur Hochzeit geschenkt bekommen haben. Aber was sollte Herberger, der keine eigene Wohnung hatte, mit einer Kücheneinrichtung? Es sei denn, er vermachte sie seiner Mutter – was eher unwahrscheinlich ist, da das Verhältnis zu ihr nach der Hochzeit mit Eva Müller gespannt war – oder seinen Schwiegereltern, zu denen er mit Eva nach der Hochzeit gezogen war. Außerdem stellt sich natürlich die Frage, wie es zu einer Freundschaft zwischen einem jungen Fußballer aus der Arbeitersiedlung »Spiegel«, der beim Arbeiterklub SV Waldhof spielte, und einem Führungsmitglied des »Bürgerklubs« VfR Mannheim, das ansonsten als Textilgroßhändler tätig war, kommen konnte. Max Rath hat jedoch allem Anschein nach eine Rolle beim Wechsel des Sepp Herberger zum VfR Mannheim gespielt. Im Trikot des VfR lief Herberger erstmals am 16. Oktober 1921 beim Spiel gegen Phönix Mannheim auf. Der Wechsel sollte nicht unerhebliche Folgen für ihn haben.

Knapp einen Monat zuvor hatte der mittlerweile 24jährige Halbstürmer seinen ersten Auftritt als Internationaler in der deutschen Nationalmannschaft. Vor dem Ersten Weltkrieg hatte die deutsche Elf insgesamt 30 Länderspiele bestritten, von denen sie lediglich sechs gewinnen konnte. Der deutsche Fußball galt international nicht viel. Das lag unter anderem an einer mangelnden Abstimmung zwischen den Regional- und Landesverbänden, bei denen die eigentliche Macht lag, und dem Deutschen Fußball-Bund. Die Idee einer einheitlichen Länderelf, die auf internationalem Rasen für Ruhm und Ehre Deutschlands antreten konnte, war noch nicht weit entwickelt, zumal der Fußball hierzulande noch in den Kinderschuhen steckte. Immerhin fanden 1912 acht Länderspiele statt. Die hohe Zahl kam zustande, weil die deutsche Elf am olympischen Turnier in Schweden teilnahm. Dort konnte sie einen von zwei Siegen dieses Jahres feiern: das legendäre 16:0 gegen die russische Auswahl, bei dem das vom jungen Sepp Herberger so verehrte Innenstürmer-Gespann des Karlsruher FV mit Fritz Förderer und Gottfried Fuchs sich in einen wahren Torrausch spielte, bei dem allein Fuchs zehnmal das Leder im gegnerischen Tor unterbrachte. Doch die beiden Stürmer waren nicht bei jedem Spiel dabei, da der DFB Länderspiele oft auf Termine legte, in denen die Spieler bei wichtigen Meisterschaftsspielen ihrer Heimmannschaften antreten mußten. Kurz vor dem Ersten Weltkrieg hatte es nur noch fünf Länderspiele gegeben, gar nur eines im Jahr des Kriegsausbruchs 1914 gegen Holland in Amsterdam. In den Kriegszeiten war an Fußball nicht zu denken. Weder die Deutsche Meisterschaft noch Länderspiele fanden statt, Spielfelder mußten auf behördliche Anweisung in Gemüsefelder oder Kartoffeläcker umgewandelt werden, es sei denn, sie befanden sich in Vereinsbesitz. Dennoch wetteiferte die Jugend in den Städten bei Sportspielen miteinander. In Mannheim wurden die vom bürgerlichen Klub VfR veranstalteten »Vaterländischen Spiele« ausgetragen. Militär, Schule und Vereine waren bei den Spielen »in schönster Harmonie« vereint, wie es in einer Vereinschronik heißt. »Offiziere, Professoren und beurlaubte Sportsleute bildeten die Schiedsgerichte. 110er, 40er, Luftschiffer und Kraftfahrer zogen das Tau, liefen um die Wette und warfen Handgranaten.« Idyllische Spiele also inmitten von Kriegswirren. Bei den 110ern, die sich an den Wettkämpfen beteiligten, dienten auch Sepp Herberger und Karl Höger.

Nach dem Krieg begann der Spielbetrieb zuerst in den Vereinen. An Länderspiele war vorerst nicht zu denken. Auf der Tagung des Internationalen Fußball-Verbandes (FIFA) im Jahr 1920 stellte England den Antrag, »Deutschland als den Schuldigen am Kriege aus dem Weltverband auszuschließen«. Dem Antrag wurde nicht entsprochen, England trat daraufhin aus der FIFA aus, 1922 jedoch wieder ein. Auch wenn der Antrag der Engländer in der FIFA nicht durchgegangen war, drückte er doch eine Haltung aus, die viele Länder in jenen Tagen teilten. So war es denn auch nicht weiter verwunderlich, daß sich alle europäischen Länder weigerten, gegen eine Mannschaft dieser kriegerischen Deutschen anzutreten, mit Ausnahme der Verbündeten Österreich und Ungarn. Ausgerechnet die neutrale Schweiz erklärte sich jedoch zu einem Länderspiel gegen Deutschland bereit. Zwar drohte der französischsprachige Landesverband dem Schweizer Fußballverband mit Austritt, wenn das Spiel zustande käme, doch am 27. Juni 1920 war es soweit, in Zürich trafen die Schweiz und Deutschland aufeinander. Die deutschen Spieler sollten »vornehm spielen«, um ja nicht in Mißkredit zu geraten. Die elf Spieler hielten sich zu sehr an diese Vorgabe. In den Worten von Ludger Schulze liest sich der Spielbericht so: »Die Mannschaft richtete sich danach und ›schwebte‹ vorsichtig über den Platz, als übe sie sich in einem körperlosen Spiel. Ein einziges Mal in den 90 Minuten sah sich der Schiedsrichter veranlaßt, einen Freistoß gegen die deutschen Diplomaten-Fußballer zu verhängen. Am Ende hatten sie sehr schön und flach gekickt, aber hoch mit 1:4 verloren, was niemanden weiter wunderte.« Dieser Niederlage folgte im September in Wien beim 2:3 gegen Österreich eine weitere, bevor dann im Oktober in Berlin gegen Ungarn der erste Nachkriegssieg gefeiert werden konnte. Durch ein Tor des Hamburgers Adolf Jäger gewannen die Deutschen 1:0.

Im darauffolgenden Jahr hatte sich die internationale Situation noch nicht wesentlich geändert. In Deutschland selbst war der Fußballsport jedoch in den ersten Jahren nach dem Krieg zu einem Massenphänomen geworden. Wieder wurde je ein Länderspiel gegen Österreich und Ungarn ausgetragen. Am 18. September 1921 fand dann ein Länderspiel gegen Finnland statt. Austragungsort war Helsinki, das damals noch seinen schwedischen Namen Helsingfors trug. Die Ländermannschaften zweier junger Republiken trafen aufeinander, hatte sich Finnland doch erst 1919 eine republikanische Verfassung gegeben und war erst 1920 auch von Rußland in seiner Autonomie anerkannt worden. Die finnische Republik mußte sich ebenso noch finden und stabilisieren wie die deutsche, an deren Spitze seit 1919 mit Reichspräsident Friedrich Ebert ein Sozialdemokrat stand. Erstmals war der komplette H-Innensturm des SV Waldhof in die Länderelf berufen worden, nachdem Karl Höger im Sommer des Jahres bereits beim Länderspiel gegen Ungarn dabeigewesen war. Die deutsche Elf trat mit einem eingespielten Sturm an, der durch den kräftigen Läufer des 1. FC Nürnberg, Hans Kalb, verstärkt wurde, da er wegen seiner Durchsetzungsfähigkeit als Mittelstürmer aufgestellt worden war. »Es war meine erste große Auslandsreise überhaupt«, erinnerte sich Sepp Herberger später. »Schon deshalb packte uns drei Mannheimer doch die Nervosität sehr. Als vierter engerer Landsmann war mein späterer Vereinskamerad vom VfR Mannheim, Alfred Au, dabei. Und aus der unmittelbaren Nachbarschaft von Mannheim war auch noch Josef Müller von Phönix Ludwigshafen auf der langen Bahn- und Seereise dabei.« Man kann sich vorstellen, was für einen Eindruck so eine Reise auf den jungen Herberger machte, der nur während des Krieges für kurze Zeit aus Mannheim herausgekommen war. Die Spieler trafen sich in Berlin und Stettin, um von dort gemeinsam die Fahrt über die Ostsee nach Helsinki anzutreten. Für den jungen Herberger muß es eine knapp einwöchige Reise in eine andere Welt gewesen sein, die ihn sehr beeindruckte. Hier boten sich ihm auch Chancen, die ihm als Arbeiterkind ansonsten eher verwehrt waren.

Da es noch keine regelmäßigen Lehrgänge für die Internationalen gab, mußten sich die Spieler, die sich nur von Meisterschaftsspielen flüchtig kannten oder in der Zeitung voneinander gelesen hatten, erst einmal aufeinander einstellen. Unter diesen Bedingungen war es überhaupt schwierig, eine schlagkräftige Länderelf zu formen. Vor allem die neuen Spieler, die erstmals dabei waren, gaben sich zurückhaltend und schüchtern. »Wir waren damals alles Suchende«, erinnerte sich Sepp Herberger. »Ein richtiges Abschlußtraining, das heute vor Länderspielen aus dem Vorbereitungsprogramm nicht mehr wegzudenken ist, gab es damals noch nicht. Um so aufmerksamer hörten wir auf den Rat derjenigen Mitspieler, die vorher schon Länderspielluft geschnuppert hatten.« Zwar zeigten die jungen Spieler Aufnahmebereitschaft für die Ratschläge der älteren, doch zugleich entwickelte sich unter ihnen eine besonders enge Kameradschaft, da sie alle in der gleichen Situation waren. Zu den Neulingen gehörte auch Alfred Au vom VfR Mannheim, der als rechter Läufer spielen sollte. Karl Höger und Sepp Herberger freundeten sich mit ihm an. Das Spiel selbst endete unentschieden 3:3. Der Nürnberger Hans Kalb hatte ein erfolgreiches Debüt als Mittelstürmer und schoß ein Tor. Noch erfolgreicher war der Halbrechte Sepp Herberger, der mit seinen gewohnten Kameraden vom SV Waldhof, Höger und Hutter, an seiner

Seite zu Hochform auflief und seinen Einstand in der deutschen Nationalelf mit zwei Toren krönte. Der junge Herberger reihte sich damit in die Linie großer Stürmer ein, zu denen auch seine Vorbilder, die Karlsruher Fritz Förderer und Gottfried Fuchs, gehörten, die er 13 Jahre zuvor als Elfjähriger erstmals hatte spielen sehen. Eine große Karriere als Internationaler schien dem Waldhof-Buben Herberger bevorzustehen, doch es kam zunächst alles ganz anders.

Bereits am Tag vor dem Länderspiel war in einem Zeitungsbericht nicht mehr der SV Waldhof als Verein von Sepp Herberger angegeben, sondern Phönix Mannheim. Ob er tatsächlich jemals für den Verein gespielt hat, konnte bis heute nicht geklärt werden – angeblich soll er zwei Vorbereitungsspiele bestritten haben. Tatsächlich spielte Herberger einen Monat später im Trikot des VfR Mannheim, ausgerechnet gegen Phönix Mannheim. Es sollte vorerst eines seiner letzten Spiele gewesen sein. Denn wegen eines Spesenvergehens beim angeblichen Wechsel zu Phönix Mannheim wurde Herberger zum Berufsfußballer erklärt und lebenslänglich gesperrt. »Der Verbandsvorstand des Süddeutschen Fußball-Verbandes hat Herberger, früher Turn- und Sportverein Mannheim Waldhof, infolge zahlreicher Vergehen gegen die Amateurparagraphen des Deutschen Fußball-Bundes das Recht als Amateur abgesprochen und ihn zum Berufsfußballer erklärt«, war Anfang Dezember 1921 in der Zeitung zu lesen. Die Karriere des jungen Sepp Herberger schien beendet. Doch die Sperre wurde später auf ein Jahr reduziert. Über den damaligen Ereignissen schwebt ein Schleier bewußten und unbewußten Vergessens. Sepp Herberger selbst hat sich zu den Vorfällen nicht geäußert. In der noch zu seinen Lebzeiten verfaßten Biographie, deren Autor der befreundete Rundfunkreporter Ludwig Maibohm war, wird die für seine Karriere so bedeutsame Episode nur am Rande erwähnt. Dort liest sich das folgendermaßen: »Der Verband sperrte Herberger nahezu für ein Jahr. Er war über eine gewiß kleinliche, aber nun einmal gültige Spesenbestimmung gestolpert. Schon damals also machten sich Verführer an begabte junge Spieler heran, um sie durch irgendwie geartete Zahlungen zu Vereinswechseln zu animieren.« Der junge unerfahrene Sepp Herberger als Opfer verführerischer Mitglieder von Vereinsvorständen, eine schöne Geschichte, die jedenfalls nicht am Image des alles kontrollierenden Bundestrainers kratzt.

Auch wenn die Opfer-Theorie ein Fünkchen Wahrheit enthält, dürfte es tatsächlich ein wenig anders zugegangen sein. Immerhin gibt es zahlreiche Ungereimtheiten in der ganzen Geschichte, die als »Berufsspieler-Affäre« erstmals größere öffentliche Aufmerksamkeit erfuhr und in die Annalen des deutschen Fußballs eingehen sollte. Herberger wurde wegen eines Spesenvergehens bei einem Vereinswechsel bestraft, obwohl er für den Verein offenbar nur in zwei Trainingsspielen gespielt hatte. Statt dessen spielte er ja für den VfR Mannheim. Die beiden Vereine wurden zu Geldstrafen verurteilt, Phönix Mannheim hatte 5000 Mark zu zahlen, der SV Waldhof 1000 Mark. Ferner wurden drei Vorstandsmitglieder von Phönix sowie der frühere Waldhof-Vorsitzende Rech aus dem Süddeutschen Fußball-Verband ausgeschlossen. Das deutet zumindest darauf hin, daß auf Vereinsebene ein Geschäft getätigt wurde, bei dem der Spieler Sepp Herberger eine Ware war, die den Besitzer wechselte. Wenn dem so war, trifft die Opfer-Theorie des Herberger-Biographen Maibohm zumindest zum Teil zu. Die Herren auf Vereinsebene machten ein Geschäft, zum Vorteil beider, und dem Spieler Herberger mußte man das Ganze schmackhaft machen, damit er seinen geliebten Waldhof verließ. Aber warum spielte Herberger dann für den VfR Mannheim und nicht für Phönix? Über den Vorfall gibt es laut Herberger-Forscher Karl-Heinz Schwarz-Pich leider keine Unterlagen mehr, weder bei den Vereinen noch beim beteiligten Verband. Zeitzeugen wollen lediglich im Zusammenhang mit dem Wechsel zum VfR Mannheim von einer goldenen Uhr und einem Handgeld, das Herberger erhalten haben soll, gehört haben. Die Angaben über die Höhe des Handgeldes schwanken zwischen 3000 und 10 000 Mark.

Das Geheimnis der ersten »Berufsspieler-Affäre«, in die ausgerechnet der spätere, hochdekorierte Reichs- und Bundestrainer verwickelt war, liegt auch darin, daß der Fall überhaupt zu einer Affäre wurde. Vereinswechsel, insbesondere von Internationalen, waren an der Tagesordnung. Bereits ein Jahr zuvor war der Waldhofer Publikumsliebling Teddy Lohrmann, der große Konkurrent von Heinrich Stuhlfauth um den Stammplatz im Tor der deutschen Nationalelf, vom SV Waldhof zum letzten Vorkriegsmeister SpVgg Fürth gewechselt, und der bereits erwähnte Josef Müller von Phönix Ludwigshafen, der in Helsinki als Verteidiger dabei war, sollte ihm dahin folgen. Die beiden werden nicht nur aufgrund sportlicher Anreize den Verein gewechselt haben, zudem damit ein Wohnungs- und Arbeitsplatzwechsel verbunden war. Beides bewegte sich in den 20er Jahren in der Nahwelt der Region; einzig die Hauptstadt Berlin zog Menschen aus allen Teilen der noch jungen Republik an. Die SpVgg Fürth wird ihnen vermutlich Arbeit und Wohnung besorgt haben. Welche Möglichkeiten sich den Internationalen boten, wird auch dem jungen Herberger spätestens nach dem Wechsel von Teddy Lohrmann nach Fürth klar gewesen sein. Der Gedanke, daß auch mit Fußball eine gewisse Karriere zu machen ist, setzte sich in seinem Kopf fest, zumindest erst einmal im Hinterkopf.

Wenn die Spieler beim Vereinswechsel Handgeld bekamen, so kam das nicht ans Licht der Öffentlichkeit. Zumindest wurden ihnen Arbeitsplätze verschafft. Dabei waren in der Regel die Vorstandsmitglieder und Förderer der Vereine aus dem Bürgertum behilflich. Das galt auch für die sogenannten Arbeitervereine, deren Vorstände sich hauptsächlich aus bürgerlichen Kreisen zusammensetzten. Die Rede vom quasi sauberen Fußball in reinen Arbeitersportvereinen muß dem Bereich der romantischen Idealisierung zugerechnet werden. Die meisten Mannschaften waren von ihrer Sozialstruktur her gemischt. Ausnahmen mag es im Ruhrgebiet gegeben haben, wo sich aufgrund der Bevölkerungsdichte in manchen Stadtteilen homogenere Strukturen herausgebildet hatten. Generell gilt jedoch für Spieler und Zuschauer, daß sie die Sozialstruktur des Stadtteils repräsentierten, in denen der Verein ansässig war. Wobei unter den Spielern immer auch welche aus der näheren Umgebung zu finden waren. Denn schon damals war man bestrebt, gute Spieler in starke Mannschaften einzubinden. Jeder wußte, daß der vom Deutschen Fußball-Bund festgelegte Amateurstatus vor allem bei den Mannschaften in den Städten, die auch Internationale stellten, ständig unterlaufen wurde. Doch eine Affäre, wie im Fall Herberger, wurde in der Regel nicht daraus gemacht.

Erst neun Jahre später sollte eine weitere »Berufsspieler-Affäre« für Schlagzeilen sorgen. Im August 1930 mußten sich der FC Schalke 04 und seine Spieler vor dem Westdeutschen Spieleverband (WSV) wegen hoher Spesenzahlungen verantworten. Es wurde festgestellt, daß die Spieler der ersten Mannschaft regelmäßig hohe Spesenbeträge erhielten, daß sie neben den Spesen eine regelrechte Entlohnung erhielten und daß »mehrere dieser Spieler außerdem weitere Zuwendungen in Gestalt von Geschenken, Darlehen und Vorteilen in ihrer beruflichen Stellung angenommen haben«. Praktisch die gesamte erste Mannschaft der Schalker wurde zu Berufsspielern erklärt, insgesamt waren 14 Spieler betroffen. Ferner schloß der Verband acht Vorstandsmitglieder aus, und der Verein mußte 1000 Mark Strafe zahlen. Das war im Vergleich zu der Strafe von 5000 Mark für Phönix Mannheim im Fall Herberger ein geradezu lächerliches Sümmchen. Unter dem Druck der Öffentlichkeit hob der Verband die Sperre gegen die Spieler sukzessive wieder auf.

Wie also konnte 1921 der Wechsel von Sepp Herberger zu Phönix Mannheim zu solch einer Affäre werden? Und das zu einem Zeitpunkt, zu dem Herberger bereits für den VfR Mannheim spielte? Wir können nur Vermutungen anstellen, und die deuten in eine Richtung, die die Opfer-Theorie zumindest in gewisser Weise wahrscheinlich erscheinen läßt, auch wenn Herberger selbst durch eigenes Verschulden sein Scherflein dazu beigetragen haben mag. Nehmen wir an, der junge Herberger, einer der drei Stars des legendären Waldhofer H-Innensturms, hat durch Kameraden wie Teddy Lohrmann, die den Verein wechselten, erfahren, daß dabei auch einiges zu verdienen ist. Zwar hatte er gerade im Privatleben mit dem sparsamen Dienstmädchen Eva Müller eine »gute Partie« an Land gezogen, doch mußte er künftig selbst für sich und seine Frau sorgen. Als Geldzähler bei der Dresdner Bank lernte er eine Grundvoraussetzung für sein späteres Leben, denn auch Handgelder wollen schließlich gezählt sein.

Der junge Herberger strebte nach Höherem, nicht nur sportlich, was sich in der Berufung in die deutsche Nationalelf niederschlug. Ein Vereinswechsel wird aus sportlicher Sicht für ihn eigentlich nicht in Frage gekommen sein. Denn der SV Waldhof hatte in der Zeit mit dem H-Innensturm die bessere Elf als der VfR Mannheim, und dieser eingespielte Innensturm entsprach Herbergers Ideal einer Angriffsformation. Andererseits hatte aber mit Teddy Lohrmann eine der Stützen den Verein verlassen. Der Wechsel zum VfR Mannheim mußte andere Gründe haben, vor allem aber auch der Wechsel zu Phönix Mannheim, einem Verein, der sportlich nicht an die Waldhof-Buben heranreichte. Ein Wechsel zum »bürgerlichen« VfR fiel einem echten Waldhof-Buben natürlich schwer, denn wer wollte schon zum Erzfeind und Lokalrivalen wechseln. Bei Ludwig Maibohm ist nachzulesen, daß Herberger sehr lange überlegte, »ob er den Übertritt zu den Blauhosen wagen sollte«. Wahrscheinlich war es so, daß der junge Herberger als angehender Internationaler in den Planungen von Vereinsoberen eine nicht unwichtige Rolle spielte. Ihm selbst war das nur recht, wenn er dadurch sich und seine »Ev« materiell besser absichern konnte, auf welche Art auch immer. In dieser Situation wird vermutlich der Wechsel zu Phönix Mannheim zustande gekommen sein. Aber dann machte der junge Sepp Herberger einen Fehler. Der VfR Mannheim machte ihm ein besseres Angebot für eine abgesicherte Zukunft, und der unerfahrene Halbstürmer aus der Spiegelkolonie sagte auch dort zu.

Die Situation war verfahren, beide Vereine erhoben Anrecht auf den Spieler. Wer die Sache dann durch den Gang zum Süddeutschen Fußball-Verband als Affäre ins Rollen brachte, wird wohl immer im dunkeln bleiben. Man kann vermuten, daß dies vom VfR Mannheim ausging, denn Phönix hätte sich eigentlich weder eine Strafe noch eine Sperre für den frisch verpflichteten Spieler leisten können. Aufgrund guter Beziehungen zum Verband werden die Oberen des VfR vermutlich die Sperre inklusive der späteren Verkürzung auf ein Jahr einkalkuliert haben. So konnten sie sich gegen Phönix durchsetzen und hatten den jungen Herberger für sich. Sie mußten ihn nur während der Zeit der Sperre bei der Stange halten, durften also nicht zulassen, daß ihn die ganze Angelegenheit zu sehr mitnahm. Da waren die Fähigkeiten des Pädagogen Otto Nerz gefragt, der bis 1924 als Trainer beim VfR Mannheim arbeitete. Zuvor hatte der Verein den Ungarn György als Trainer, der allerdings beim badischen Rivalen Phönix Karlsruhe angestellt war und den Mannheimern an zwei Tagen in der Woche »freundschaftlichst zur Verfügung gestellt« wurde. Der Volksschullehrer Nerz wird sich um den jungen Herberger gekümmert haben. Nerz, nur fünf Jahre älter als Herberger, war für diesen nicht nur Lehrer und Trainer, sondern auch Freund. Die sich entwickelnde Freundschaft zwischen den beiden Männern sollte sie noch lange miteinander verbinden. Offenbar waren die Bemühungen um den jungen Herberger von Erfolg gekrönt. Nachdem die Sperre auf ein Jahr reduziert worden war, lief er erstmals 1923 wieder im Trikot des VfR Mannheim auf, und ein Jahr später wurde er erneut als Internationaler berufen.

Nicht nur die Sperre ging Sepp Herberger an die Nieren. Lange Überlegungen und Zweifel waren dem Vereinswechsel vorausgegangen, hing sein Herz doch weiter an den Waldhofern, an der alten Heimat in der Spiegelkolonie, wo er viele Menschen kannte und vielen bekannt war. Noch in den 60er und 70er Jahren, als er längst sein Pensionärsdasein und seinen Ruhm genoß, fuhr er täglich »auf den Waldhof«, wie Nachbarn aus Hohensachsen zu berichten wissen. Welche Wellen er mit dem Wechsel zum »Geldverein« oder »Judenverein«, wie der VfR Mannheim in Waldhof genannt wurde, schlagen würde, wird er geahnt haben. Der Kampf zwischen den beiden Vereinen um die Vorherrschaft im Fußball Mannheims war der Kampf des »Arbeitervereins« gegen den Klub, der »von bekannten Persönlichkeiten aus dem öffentlichen Leben der Stadt geführt wird«. Die Spiele waren eine Frage der Ehre, wie man heute sagen würde. Die Anhänger des bürgerlichen VfR hegten keinerlei Sympathie für den »Proletenverein«, und die Anhängerschaft des SV Waldhof zeigte ihre Ablehnung ebenso deutlich.

Der Wechsel eines echten Waldhof-Buben, der auch noch in der »Spiegel« groß geworden war, nicht eines Zugereisten wie Teddy Lohrmann aus Heidelberg, zum Verein der besseren Mannheimer Gesellschaft wurde von vielen Waldhofern als Verrat angesehen. Herberger konnte sich in Waldhof nicht mehr blicken lassen, das Vertrauen der Anhänger in ihn war gebrochen. In den Kneipen Waldhofs blieb der Wechsel ein Dauerthema, zumal Karl Höger ebenfalls zum VfR Mannheim wechselte. Der legendäre H-Innensturm, der dem SV Waldhof zahlreiche Erfolge beschert und ihm zu Ansehen verholfen hatte, existierte nicht mehr. Er hatte sich an das städtische Bürgertum verkauft. Auch Johann Herberger, Sepps älterer Bruder, war mit dem Wechsel nicht einverstanden. Alteingesessene Waldhofer haben das dem Seppl bis heute nicht verziehen. Es ist noch nicht so lange her, daß sich der SV Waldhof an seinen einstigen Starspieler erinnerte und sein altes Stadion nach ihm benannte. Stand das Lokalderby gegen den VfR an, wurde Sepp Herberger über 90 Minuten von Pfiffen begleitet. Es waren schwierige Zeiten für ihn, die sozialen Folgen seines Vereinswechsels wogen schwer. Seine alten Freunde wollten von ihm nichts mehr wissen. Er war auf seine »Ev« als Stütze angewiesen und mußte sich neue Freunde suchen. Die konnte er nur im Umfeld seines neuen Vereins, also in der »gehobenen Gesellschaft« Mannheims, finden. Von den alten Waldhof-Kameraden war nur Karl Höger geblieben, der ja nun ebenfalls für den VfR Mannheim stürmte. Da er aber den Nachwuchs trainieren durfte, hatte er immerhin eine Aufgabe im Verein.

Sowohl dem Pädagogen Otto Nerz als auch der getreuen »Ev« wird klar gewesen sein, daß man den Sepp nicht im eigenen Saft schmoren lassen durfte. Die einjährige Sperre war nicht mehr zu ändern, also mußte etwas im sozialen Umfeld getan werden. Da tauchte dann auch prompt wieder der Textilkaufmann Max Rath auf, eine der Führungspersönlichkeiten des VfR Mannheim. Er bot dem jungen Ehepaar an, zu ihm in sein Haus in Mannheim zu ziehen und dort mietfrei zu wohnen. Das war sicher ein sinnvolles Angebot, denn im Haus der Schwiegereltern in Weinheim mußte sich der Sepp zu der Zeit doch einige Vorwürfe anhören. Also zogen Sepp und Eva Herberger 1923 zur jüdischen Familie Rath nach Mannheim. Ein kleiner Neuanfang war gemacht.

Ab 1922 durfte Sepp Herberger bereits wieder für den VfR Mannheim spielen. Eines seiner ersten Spiele war das Lokalderby gegen den VfL Neckarau am 16. Oktober 1922, das der VfR mit 1:0 für sich entscheiden konnte. In einem Spielbericht wurde lediglich lapidar vermerkt: »Der Sturm trotz Herberger schwach.« Von der Öffentlichkeit wurde sein Comeback erst so richtig im folgenden Jahr bemerkt. Vermutlich ist das der Grund, warum in den biographischen Angaben häufig 1923 als Wechsel vom SV Waldhof zum VfR angegeben wird. Der »Geldverein« hatte mit seinen Neuverpflichtungen, zu denen inzwischen mit Otto Engelhard auch noch ein dritter ehemaliger Waldhof-Bub gehörte, Glück. Sie schlugen ein und verstärkten die Mannschaft entscheidend. Im Mai 1924 notierte Otto Nerz zu einem Spiel des VfR gegen West Ham United: »Im Sturm glänzte Herberger wie in früheren Tagen. Er schuf sich drei sehr gute Chancen. Leider fehlt die nötige Präzision beim Schuß! Er muß im Training in der Hauptsache Schießen und Laufen und Köpfen. Das Jonglieren mit dem Ball verdirbt ihm den Zug im Spiel. Er hat gute Ballbehandlung.« Offenbar hatte Nerz den alten »Fuddler« am Werk gesehen. Zwar glückte in der Saison 1923/24 der große Wurf noch nicht, doch ein Jahr später errang der VfR die süddeutsche Meisterschaft. Im entscheidenden Spiel trug Sepp Herberger mit einem Tor wesentlich zum Erfolg bei. Noch lange behielt er diese Situation im Gedächtnis: »Der Ball lag noch nicht im Netz, da warf ich bereits jubelnd die Arme in die Höhe.« Die Mannschaft wurde damals vom Engländer Joe Bache trainiert, der in der entscheidenden Phase der Meisterschaft noch einmal von Otto Nerz unterstützt wurde. Nerz hatte den Verein bereits 1924 verlassen und war nach Berlin an die Sporthochschule gegangen, wo er 1925 sein Diplom machte.

Sepp Herberger hatte bereits in der ersten Saison seines

Comebacks gut gespielt. Man war wieder auf ihn aufmerksam geworden. Weder seine spielerischen noch seine kämpferischen Qualitäten hatte er eingebüßt, und die gegnerischen Torleute fürchteten ihn bereits wieder. Und so war es kein Wunder, daß er im November 1924 wieder als Internationaler in die deutsche Nationalelf berufen wurde. Gegner am 23. November in Duisburg war Italien, das im gleichen Jahr beim olympischen Turnier in Paris in der dritten Runde mit 1:2 gegen die Schweiz ausgeschieden war. Neben bewährten Recken in der Abwehr und im Mittelfeld wie Heiner Stuhlfauth und Hans Kalb trat die deutsche Elf mit dem kompletten Sturm des VfR Mannheim an, mit Karl Höger, Kurt Meißner, Hans Fleischmann und Sepp Herberger, die durch den Leipziger Paul Paulsen verstärkt wurden. Es lief also wieder ein eingespielter Sturm auf. Das Spiel ging knapp mit 0:1 verloren. Für Fleischmann und Meißner sollte es das einzige Länderspiel bleiben. Herberger konnte zwar bei seinem Comeback seine Aufstellung rechtfertigen, doch widerfuhr ihm ein Mißgeschick. Er brach sich den Arm und war zu einer neuerlichen Spielpause gezwungen.

Im Jahr des Gewinns der süddeutschen Meisterschaft trat er zu seinem dritten und zugleich letzten Länderspiel an. In Amsterdam spielte man gegen Holland. Bei der deutschen Elf konnte diesmal von Homogenität keine Rede sein. Der Spielausschuß des DFB hatte entschieden, daß aus möglichst allen Verbandsbereichen Spieler dabeisein sollten. So lief eine bunt zusammengewürfelte Truppe auf den Rasen, die gegen die Holländer trotz eines Tores des Kielers Kurt Voß keinen Blumentopf gewinnen konnte. Holland siegte 2:1. Dafür durfte Sepp Herberger zusammen mit der Berliner Legende Hanne Sobeck von Hertha BSC und der Hamburger Legende Tull Harder, der es in 15 Länderspielen auf 14 Tore brachte, stürmen. In den Reihen der Mannschaft stand auch Hermann Lux, Mittelläufer bei Tennis Borussia Berlin, dem Verein, bei dem inzwischen auch Herbergers Freund aus Mannheimer Tagen, Otto Nerz, gelandet war. Diese Begegnung, die am 29. März 1925 stattfand, wird Sepp Herberger auf die Idee gebracht haben, einmal nach Berlin zu reisen. Und so besuchte er noch im gleichen Jahr

Otto Nerz in der Reichshauptstadt. Ein Jahr später, 1926, wechselte Sepp Herberger nach Berlin zu Tennis Borussia. Sein Trainer hieß erneut Otto Nerz.

Bis zu seiner Übersiedlung in die Reichshauptstadt Berlin hatte Herberger in den 20er Jahren viele Höhen und Tiefen erlebt. Dem privaten Glück an der Seite seiner Frau Eva standen sportliche Erfolge gegenüber wie die historischen Siege mit dem SV Waldhof, der Gewinn der Südmeisterschaft mit dem VfR Mannheim und drei Länderspiele. Doch die große Karriere, die nach dem gelungenen Debüt in der deutschen Nationalelf möglich schien, erlitt einen jähen Knick durch die »Berufsspieler-Affäre«. Während dieser Zeit mußte er lernen, sich von falschen Freunden fernzuhalten und sich mit den richtigen gutzustehen. Zugleich konnte er erfahren, daß es selbst in der Not immer noch Freunde und Kameraden gab wie Otto Nerz, Max Rath und seine Frau Eva, die ihm ein Leben lang von daheim aus den Rücken stärkte. Die »Berufsspieler-Affäre« als Folge des Intrigenspiels um seinen Vereinswechsel wird Sepp Herberger eher hilflos zur Kenntnis genommen haben. Wahrscheinlich wußte er nicht recht, wie ihm geschah. Aber ein Arbeiterjunge aus der Waldhofer Spiegelkolonie zieht daraus seine Lehren. Die Erfahrungen in dieser Zeit gingen nicht spurlos an ihm vorüber. Er sollte daraus lernen, besser alles selbst unter Kontrolle zu haben als von anderen kontrolliert zu werden. Daß er Durchsetzungsfähigkeit besaß, hatte er bereits mehrfach auf dem Rasen bewiesen. Der Armbruch im Länderspiel gegen Italien wird ihm jedoch gezeigt haben, daß auch für einen noch relativ jungen Mann von 27 Jahren Verletzungen schnell das Karriereende bedeuten konnten. Zwar plagten ihn nicht unbedingt Zukunftsängste, aber die Situation in Mannheim hatte ihn schwer mitgenommen. So stand nach seinem Besuch bei Otto Nerz in der Reichshauptstadt sein Entschluß fest, der Heimatstadt den Rücken zu kehren. Die Berliner Zeit sollte aus dem »Suchenden«, der er noch 1921 bei seinem ersten Länderspiel gewesen war, einen jungen Mann machen, dem sich neue berufliche Perspektiven eröffneten – und dabei spielte seine Leidenschaft Fußball eine nicht unerhebliche Rolle.

Kapitel 3
Die Berliner Jahre

Die Zahl der Fußballvereine nahm in den 20er Jahren beständig zu. Als der Deutsche Fußball-Bund 1925 sein 25jähriges Bestehen feierte, umfaßte er 6319 Vereine mit 823425 Mitgliedern. Ihnen standen freilich nur 130 ausgebildete Sportlehrer gegenüber. Fußball fand in den Vereinen mehr improvisiert als organisiert statt. Waren vor dem Ersten Weltkrieg viele englische Trainer beschäftigt worden, so half man sich nun, da diese als ehemalige Kriegsgegner nicht mehr gut gelitten waren, oft mit ehrenamtlichem Engagement über die Runden.

Doch der Fußballsport drängte unverkennbar zur Professionalisierung. An der Frage des Berufsspielertums und des Scheinamateurismus schieden sich bis 1933 die Geister. In der Fußballzeitung *Kicker* wird die Frage in vielen Artikeln und Aufsätzen als »Kardinalfrage« abgehandelt. Immer wieder wurde auf Verbandstagungen debattiert, ob der Berufsfußball zur Verbesserung des Sports beitrage oder ob darin nicht vielmehr ein allgemeiner moralischer Verfall sichtbar werde. Deutschtümelnde Politiker sorgten sich um die Jugenderziehung. Die »Fußlümmelei« stand trotz ihrer eindeutigen Herkunft aus dem bürgerlichen Mittelstand gesellschaftlich nicht sonderlich hoch im Kurs. So war es an süddeutschen Schulen bis 1932 verboten, Fußball zu spielen. Nicht zuletzt gegen solche Ignoranz investierten die regionalen Sportverbände in die Ausbildung von Sportlehrern. Mit dem Fußball glaubte man, gerade angesichts gefürchteter Jugendprobleme, ein brauchbares Erziehungsinstrument in den Händen zu halten.

Und es blieb nicht nur bei hehren Bekenntnissen. Die konservativen Fußballverbände verstanden es, einträgliche Beziehungen zur Industrie zu knüpfen. Der noch relativ junge DFB und seine Regionalverbände waren in der Regel gesunde Unternehmen. Um Deutschlands »Wiedergeltung« in der Welt herbeiführen zu helfen, unterstützten Wirtschaftsbetriebe wie z.B. »Krupp, Siemens & Halske, die chemische IG, Continental und tausend andere Finnen durch Bereitstellen von Spielplätzen oder Barmitteln« die Sportbewegung, schreibt Josef Klein, Mitglied des Verbandsjugend-Ausschusses des Westdeutschen Spielverbandes (WSV), über die »Verantwortlichkeitsbeziehungen zwischen Wirtschaft und Spielbewegung«. Klein, nach 1933 vorübergehend führender Funktionär des westdeutschen Sports, stellte seine Jugendarbeit seit 1922 unter den Leitgedanken »Nationalpolitischer Verantwortung«. Nach dem Ersten Weltkrieg wurde der Aufbau der Fußballvereine bevorzugt auch als Kampf »alter Spieler« aufgefaßt. »Mit der Begeisterung von Idealisten, denen das Wohl ihres Volkes, ihrer Heimat und der Jugend höchstes Ziel war«, schreibt rückschauend der DFB-Jugendwart Wilhelm Erbach in seinem Buch *Sportliche Jugendarbeit*, »machten sie sich ans Werk. Sie betraten das Neuland der sportlichen Jugendarbeit, zu der – das wußten sie – Überzeugungstreue und Mut gehörten und bei deren Durchführung sie viele mächtige Gegner und wenig Verständnis finden würden. Sie fürchteten Rückschläge und Mißerfolge nicht, weil sie es als alte Sportler immer wieder erfahren hatten, daß auch ein aussichtslos erscheinender Kampf gegen starke und verbissene Gegner dennoch zum siegreichen Ende geführt werden kann, wenn sich die Kräfte gleichgesinnter und gleichgestimmter Kameraden selbstlos und restlos in gemeinsamem Streben zu hohen Zielen vereinen.« Fußball sollte ein »Heilmittel sein gegen den Materialismus der Zeit, gegen den Egoismus der einzelnen und der Parteien und gegen die Feigheit, die sich vor der Verantwortung drückte und gar pharisäerhaft die Drückebergerei zur Tugend erhob«. Was hier schmetternd als kanonisches Fußballideal daherkommt, sind keineswegs die Phrasen eines überkommenen Ideals aus völkischer Zeit. Wilhelm Erbach war DFB-Jugendwart vor und nach 1933, und auch nach 1945 war er wieder Mitglied des DFB-Jugendausschusses. In dem Band *Sportliche Jugendarbeit* von 1952 schreibt er für den

Westdeutschen Fußballverband über »Geschichte, Aufgaben und Ziele« der Jugendarbeit.

Es ist nicht anzunehmen, daß der Internationale Herberger sich lange mit den programmatischen Anreicherungen seines Sports auseinandergesetzt hat. Daß er stolz darauf war, für sein durch Krieg und Versailler Vertrag im Selbstvertrauen schwer erschüttertes Vaterland gespielt zu haben, steht außer Frage. Karl-Heinz Heimann, Herausgeber des Fußball-Magazins *Kikker*, bestätigt, daß Herberger stets ein patriotischer Mensch war. Andererseits wurden gerade von der politischen Rechten die internationalen Sportbegegnungen bekämpft. Fußball, die Sportbewegung insgesamt, war einer der vielen Schauplätze, auf denen die verunsicherte Nachkriegsgesellschaft ihre sozialen Kämpfe austrug. Der Vollblutsportler und Pragmatiker Herberger erblickte im Fußball weit mehr als volkspädagogische Momente. Spätestens mit Erreichen des Zenits seiner sportlichen Leistungsfähigkeit mußte er im Fußballsport wohl auch sein berufliches Betätigungsfeld erkannt haben. Seine Mitspieler jedenfalls nervte er nicht selten mit taktischen Überlegungen und präzisen Anweisungen. »Du solltest besser Lehrer werden« ist ein Satz, den Herberger mehr als einmal zu hören bekam. Das war für einen wie ihn die schlechteste Aussicht nicht. Der ungelernte Sepp Herberger wußte schon länger, daß er nicht ewig würde spielen können.

Der Sport bot für den bald 30jährigen nicht eine, sondern mit zunehmender Gewißheit die einzige Aufstiegschance und die Aussicht auf soziale Sicherheit. Es gab angesehene Trainer wie den Engländer Jimmy Hogan, die die Fußballhochburgen bereisten, um gegen Bezahlung Trainingslehrgänge zu leiten. Für junge Fußballspieler war es eine Auszeichnung, an solchen Kursen teilnehmen zu dürfen.

Der Lehrer Otto Nerz, knapp fünf Jahre älter als Herberger, war bis 1924 Trainer des VfR Mannheim gewesen, der Mannschaft, mit der Herberger 1925 seinen bis dahin größten sportlichen Erfolg erzielt hatte, das Erringen der süddeutschen Meisterschaft. Nerz und Herberger hatten sich noch in Mannheim kennengelernt. Otto Nerz, 1892 im badischen Hechingen geboren, stammte wie Herberger aus bescheidenen familiären Verhältnissen. Mit großer Selbstdisziplin hatte er sich ein Pädagogikstudium erarbeitet und war seit 1910 Volksschullehrer in Neckarau. 1920 erwarb er die Qualifikation eines Staatlichen Fachturnlehrers an der Badischen Landesturnanstalt in Karlsruhe. In Sachen Leistungswillen und der Begeisterung, sich theoretisch mit dem Fußball auseinanderzusetzen, ähnelten die ansonsten ungleichen Charaktere Nerz und Herberger einander sehr. Fußball als System wurde beiden zur Obsession. Nerz hatte sich seinen Zugang zu Bildung und Beruf hart erarbeiten müssen. Der junge Lehrer war fasziniert von der Idee, Fußball nach wissenschaftlichen Regeln zu trainieren und zu spielen. Er hielt viel auf seine intellektuelle Überlegenheit und ließ sie gegenüber seinen Mitspielern bisweilen durchblicken. Herberger imponierte das. Wie Nerz kannte er selbst die Neigung, das zufällige Spiel auf dem Platz in planbare Spielzüge zu übersetzen. Das Aufstellen von Trainingsplänen, die einem durchdachten Aufbau folgten und auf physiologische Erkenntnisse zurückgriffen, kam zu dieser Zeit in den verschiedenen Sportarten in Mode. Nerz las begierig alles über neue Entwicklungen auch anderer Sportarten. In der Vereinszeitung des VfR Mannheim schrieb er immer wieder Aufsätze, zum Beispiel über den Effet beim Billardspiel und dessen Anwendungsmöglichkeiten für den Fußball. In einem seiner Aufsätze hob er die Vorzüge eines Trainertypus hervor, der selbst kein guter Spieler ist, und an anderer Stelle schrieb er über die Bedeutung konstruktiver Kritik. Nerz war mehr ein Mann der Schrift als des Wortes, er betrieb Fußball mit akademischem Ernst. Entsprechende Anerkennung blieb ihm nicht versagt. Der VfR Mannheim schätzte seinen Fußballehrer sehr, und bald genoß er sogar die Fürsprache des badischen Innenministers Adam Remmle (SPD). Für Nerz war Fußball zweifellos eine Berufung. Er war es schließlich auch, der Herberger vormachte, wie man Fußball zum Beruf machen kann. Er belegte bereits 1922 Kurse an der erst 1920 gegründeten »Deutschen Hochschule für Leibesübungen« in Berlin, wo er nach seiner vollständigen Übersiedlung 1924 gut ein Jahr später mit einer Arbeit über »Fußball-Wintertraining« das Diplom erlangte. Nach einigen Erläuterungen von praktischen Übungen, unter anderem auch dem Kopfballspiel, endet Nerz mit dem Satz: »Und nun wollen wir spielen und trainieren – aber mit Köpfchen.« Nerz schloß sich dem Mariendorfer Fußballklub Tennis Borussia an, wo er schon bald als verantwortlicher Trainer tätig war. In einer Vereinschronik wird er auch als Spieler genannt, was einerseits eher unwahrscheinlich ist, da er bereits über 33 Jahre alt war und nie als besonders guter Spieler galt. Hinzu kam, daß eine Kriegsverletzung ihm wiederholt zu schaffen machte. In Galizien war er 1916 durch einen Bauchdeckenschuß verwundet worden. Andererseits hielt Nerz sich durch tägliche 5000-Meter-Läufe fit, und es kam vor, daß Spieler aus beruflichen Gründen verhindert waren. Ein Einsatz bei Tennis Borussia in Ausnahmesituationen ist also denkbar. Viele Fußballer waren mehr oder weniger Halbprofis, und das Abstellen von Fußballspielern wurde zu einem Problem. Die Vereine bemühten sich daher, ihre Spieler bei Arbeitgebern, die dem Fußball wohlgesonnen waren, unterzubringen. Tennis Borussia galt als »Herrenklub«, der sich bewußt von den proletarischen Fußballvereinen abzuheben versuchte. Ähnliches hatte schon für den VfR Mannheim gegolten, der sich vom »schmuddeligen« Nachbarn aus Waldhof zu unterscheiden suchte.

Trotz immer noch vorhandener allgemeiner Vorbehalte hatte der Fußball die Anfangsjahre überwunden, als man vielfach noch die Nase rümpfte, wenn die Rede auf Flankenlauf und Abseits kam. Auch bei der politischen Rechten gewann der Sport an Bedeutung, wenngleich ihr der Internationalismus des Sports äußerst suspekt blieb. Hitler hatte in *Mein Kampf* immerhin die Bedeutung der Körpererziehung hervorgehoben, obwohl er selbst auch später nie ein Verhältnis zum Sport gewann. Die Funktionäre der Sportbewegung wurden nicht müde, immer wieder zu betonen, daß es gerade nach dem verlorenen Krieg darum gehe, durch den Sport »Körperkraft und Gesundheit« wiederaufzubauen. Solchem Ansinnen stand die Arbeitersportbewegung diametral entgegen, doch auch diese war keineswegs gefeit gegen ideologische Inanspruchnahme.

Im öffentlichen Ansehen jedenfalls stieg der Sport Ende der

20er Jahre. Selbst als Gegenstand akademischer Auseinandersetzungen verwunderte er niemanden mehr. An der »Deutschen Hochschule für Leibesübungen«, die eine Einrichtung des Deutschen Reichsausschusses für Leibesübungen (DRA) war, fühlte man sich traditionellen und nationalen Zielen verpflichtet. In der Satzung der Hochschule stand: »Aufgabe der Deutschen Hochschule für Leibesübungen ist: Lehrkräfte für Leibesübungen aller Art heranzubilden, das Gebiet der körperlichen Erziehung wissenschaftlich und praktisch zu erforschen und das Verständnis für Leibesübungen in allen Kreisen des deutschen Volkes zu vertiefen.« Zur Einweihungsfeier der Hochschule in der Aula der Friedrich-Wilhelms-Universität am 15. Mai 1920 war auch Reichspräsident Friedrich Ebert anwesend. Industrie und Banken hatten finanzielle Zuwendungen geleistet. Von Mitte der 20er Jahre an war die Hochschule im Deutschen Sportforum untergebracht, einem nördlich der Grunewald-Pferderennbahn gelegenen, circa 20 Hektar großen Gelände, das der DRA vom preußischen Staat auf 90 Jahre in Erbpacht erhalten hatte. Es war mit dem Deutschen Stadion verbunden. Direktor der Hochschule war bis 1932 der Chirurg August Bier, der sich für homöopathische Heilmethoden stark machte. Er wurde vom berühmten Charité-Professor Dr. Ferdinand Sauerbruch abgelöst. Für die beiden renommierten Mediziner war der Direktorposten an der Hochschule aber mehr ein Ehrenamt mit nur geringer Lehrverpflichtung. Ihre Beschäftigung sollte vor allem der Reputation der jungen Hochschule dienen. Als Einrichtung des Deutschen Reichsausschusses für Leibesübungen (DRA) beschäftigte die Hochschule zahlreiche Sportpraktiker, denen mitunter eine offizielle Lehrbefähigung fehlte.

Als Verein mit Standesbewußtsein unterhielt Tennis Borussia gute Beziehungen zur Hochschule. Richard Girulatis, früher Trainer bei Tennis Borussia, war dort ebenfalls Lehrer. Wenn gute Spieler nach Berlin an die Hochschule kamen, fanden sie rasch den Weg zum Training der Tennis-Borussen. Ein Student mit ausgeprägtem Elite-Bewußtsein, über das einer wie Nerz fraglos verfügte, fühlte sich dort besser aufgehoben als in einem der vielen Arbeitervereine. Nerz hatte sich schon in Mannheim einen Namen als Trainer gemacht. In Berlin bekam er über Tennis Borussia und die Hochschule schnell Kontakt zur DFB-Führung, denn als Mitglied des Deutschen Reichsausschusses für Leibesübungen war der Fußballverband zugleich Mitträger der Hochschule. Ihr Prorektor Carl Diem, der der heimliche Leiter der Hochschule war, unterhielt enge Beziehungen zur DFB-Führung. Auf dessen Vermittlung führte sein Schüler Otto Nerz Vortragsreihen und Lehrgänge für ausgesuchte Fußballer im Auftrag des DFB durch. Carl Diem hatte der DFB-Führung außerdem geraten, einen hauptamtlichen Trainer für die Nationalmannschaft einzustellen, und in Otto Nerz glaubte er den richtigen Kandidaten gefunden zu haben.

In diesem Umfeld war der ehemalige Internationale Herberger längst kein Unbekannter mehr. Sein erster Auftritt im Berliner Wirkungsfeld erzählt sich als Geschichte kurzer Wege und glücklicher Zufälle so: »1925 war es auch, als der begabte junge Mann aus Waldhof bei Mannheim in Berlin Professor Dr. Otto Nerz besuchte, den er inzwischen recht gut kannte«, heißt es in Fritz Walters Buch *Der Chef*. »Dr. Nerz hatte gerade eine Blinddarm- und Bauchfellentzündung hinter sich und fühlte sich noch nicht kräftig genug, einen vom DFB im alten Olympia-Stadion angesetzten dreiwöchigen Übungsleiter-Lehrgang durchzuführen. Dr. Nerz nahm Herberger mit zum 2. DFB-Vorsitzenden Linnemann und bat, aus gesundheitlichen Gründen von der Leitung des Kurses entbunden zu werden. Dr. Linnemann zeigte spontan auf Herberger, den er als Internationalen kannte. Wie aus der Pistole geschossen kam die Aufforderung: ›Die Leitung übernimmst du.‹« So pfadfinderhaft verliefen damals also Dienstverpflichtungen, da war nicht groß zu widersprechen. Weder war Nerz zu dieser Zeit promoviert noch zum Professor berufen. Er stand ja erst am Anfang seiner beruflichen Karriere. Fritz Walter beschreibt diesen Lehrgang als eine Art Initiationserlebnis für den jungen Herberger. Er konnte seine Qualitäten als Übungsleiter testen und überprüfen, ob er sich in dem anvisierten Berufsfeld zu bewegen vermochte. Tatsächlich war Herberger in Übungsleiterfragen längst versiert genug, denn in allen Fußballvereinen stand die Improvisation des Trainingsbetriebs auf der Tagesordnung. Wer nicht wie Fritz Walter an reine Fügungen des Schicksals glaubt, darf mutmaßen, daß Herberger schon während seiner Mannheimer Zeit zu derlei Aufgaben von Nerz herangezogen worden war.

Nerz und Herberger waren seit ihrer Mannheimer Zeit miteinander befreundet, aber wenn Herberger nach Berlin zu Besuch kam, dann drehte sich alles nur um Fußball. Die Übersiedlung in die preußische Metropole war bald eine abgemachte Sache, und durch den wohlhabenden Verein Tennis Borussia, für den der frischgebackene Süddeutsche Meister eine spielerische Verstärkung bedeutete, war auch in materieller Hinsicht für das meiste gesorgt. Zur gleichen Zeit, am 1. Oktober 1926, erhielt Nerz einen Vertrag vom DFB als erster festangestellter Trainer zur Betreuung der Nationalmannschaft. Nerz' Aufgabengebiet war freilich nicht bloß die Planung und Abwicklung des Spielbetriebs. Es kam vielmehr darauf an, die Sichtung der Spieler zu organisieren und eine bessere Ausbildung der Spieler zu garantieren. Als Theoretiker hatte er schnell erkannt daß es um die Spielkultur nicht zum besten bestellt war. Nerz wußte, wo man diesbezüglich viel lernen konnte. Im Auftrag des DFB besuchte er englische Vereine und studierte intensiv den Fußball auf der Insel, der in vielerlei Hinsicht als vorbildlich galt, und legte in zahlreichen Aufsätzen das dort Beobachtete dar.

Das junge Ehepaar Herberger hatte unterdessen eine kleine Wohnung in Steglitz bezogen, wo sie äußerst sparsam wirtschafteten. Vom Berlin der »goldenen Zwanziger« sah Eva Herberger geborene Müller aus Weinheim, allenfalls die Schaufenster. Der kulturelle Reichtum, mit dem Berlin sich in diesen Jahren feierte, blieb beiden ebenfalls weitgehend verschlossen. Hin und wieder leistete Herberger sich den Besuch von Sportveranstaltungen, wie zum Beispiel Eishockey oder das Sechstagerennen im Sportpalast. Einen gewissen Geiz legten die Herbergers aber auch, als es ihnen finanziell besser ging, nie ab. Sepp Herberger war selten zu Hause. Tagsüber trainierte er Jugendmannschaften, um den Lebensunterhalt zu verdienen, und abends bereitete er sich auf das Studium an der »Deutschen Hochschule für Leibesübungen« vor. Das Abitur, die eigentliche Voraussetzung zum Studium, hatte er nicht vorzuweisen. Es darf als sicher gelten, daß Otto Nerz, aber auch einflußreiche Funktionäre von Tennis Borussia daran mitgewirkt haben, daß Herberger eine Sondergenehmigung zur Zulassung zum Studium erhielt. Doch das war eine rein formale Angelegenheit. In der Satzung der Hochschule war eine Sonderregelung ausdrücklich vorgesehen: »Bewährte Turner und Sportleute, die dieser Bedingung (der Hochschulreife, d. VF) nicht entsprechen, können bei hervorragender Begabung und großen praktischen Fertigkeiten durch Entscheidung des Senats von Fall zu Fall zum Studium zugelassen werden.« An der hervorragenden Begabung des dreifachen Internationalen dürfte niemand Zweifel gehabt haben. Sepp Herberger war nach Beginn des Studiums weiter als Spieler aktiv, und das nicht bloß zum Zeitvertreib. Die Studiengebühren betrugen 200 Mark, der Beitrag zum Studentenfonds kostete 80 Mark. Hinzu kam eine Semestergebühr von 200 Mark.

Bei Tennis Borussia wurde indes mehr oder weniger Profifußball gespielt, auch wenn es in einer Vereinschronik heißt: »Es gab ernste Vorstandssitzungen mit den verschiedensten Meinungen, bis endlich beschlossen wurde, den Spielern der 1. Mannschaft zwei Eier im Glas und ein Butterbrot nach den Spielen zu bewilligen.« Was zum Gegenstand offizieller Debatten wurde, hatte mit der Wirklichkeit nicht unbedingt viel zu tun. Verstöße gegen das Amateurstatut wurden scharf geahndet, aber Möglichkeiten zur Prämierung fanden sich immer. Was immer der Begriff Profi zu dieser Zeit bedeutet haben mag, Herberger verdiente sein Geld mit Fußballspielen, nur wußte er nun, daß es darauf ankam, sich nicht erwischen zu lassen. Hinzu kam ein nicht unbeträchtlicher Reiseverkehr der besseren Mannschaften, was für die Spieler einige Vorteile mit sich brachte. Auf der Liste der Freundschaftsspielgegner von Tennis Borussia finden sich Slavia Prag, Hakoah Wien und der Club Français. Die internationalen Begegnungen wurden nicht weniger geschätzt als die Meisterschaftsspiele, im Gegenteil: »Die

Spiele gegen Club Français hatten besondere Bedeutung«, schreibt der Tennis-Borussia-Chronist Otto Wiese und Mitspieler Herbergers in jenen Tagen, »denn Tennis Borussia nahm als erster deutscher Verein nach dem Weltkrieg die Beziehungen zum französischen Sport wieder auf; der Widerhall, den diese Spiele trotz teilweise scharfen Widerspruchs auf beiden Seiten fanden, zeigte, welch wertvolle Aufgabe der Sport im Leben der Völker erfüllen kann.« Zu solchen Spielen kamen im Durchschnitt 10000 Zuschauer, und man versuchte, mehr zu werben. »Jeder Stehplatzbesucher darf eine Dame frei einführen«, hieß es in Zeitungsannoncen. Eine Logenkarte kostete drei Mark, Jugendliche zahlten 30 Pfennig. Und es gab allerhand zu sehen. Einem Spielbericht aus dem Jahre 1927 zufolge hatten sich die Herrenspieler der Tennis Borussia deutlich gewandelt. »Nicht die Tennis Borussia einstiger Schönheit mit dem Spinnennetz feinmaschiger Kombinationen (und damit verbundenen Gefahren für den Erfolg), sondern die Kampfmannschaft Tennis Borussia! Und das ist Berlins neuer Schlager: Tennis Borussia ist – die Osterspiele haben es gelehrt – eine harte Kampfmannschaft geworden! Ohne Zweifel gebührt das Hauptverdienst für diese Umstellung von Schönheit, weicher Eleganz auf harte, nützliche Zweckmäßigkeit in erster Linie einem Spieler, das ist Herberger. Der heute, nachdem er sich an die Berliner Luft, Luft, Luft, gewöhnt hat, derartig in Fahrt ist, daß er nicht nur alle Mitspieler überragt, sondem alle mitreißt. Es ist eine Lust, anzusehen, wie er seinem Mittelstürmer Schußchancen verschafft, wie er sich auf Raues Sprinttalent einstellt, wie vollkommen er überhaupt die taktischen Aufgaben des Halbstürmers zu lösen weiß.«

Es gab auf dem Fußballplatz Herberger, das Genie, und es gab Herberger, den Kämpfer, der sich diese Tugend in früher Kindheit in der Mannheimer Spiegelkolonie nicht nur auf dem Bolzplatz, sondern auch in der eigenen Familie erworben hatte. Zu dieser Eigenschaft paßt auch folgendes im obengenannten Spielbericht: »Zu bedauern bleibt, daß es recht hart zuging und Schiedsrichter Alfred Birlem alle Mühe anwenden mußte, um heftigere Zusammenstöße zu unterdrücken. Wirklich waren einige Borussen (Lux, Herberger, Schönherr) oft mehr als hart – aber wir wissen, daß auch die Schweizer nie die zartesten waren ... Letzten Endes wissen wir Fußballer auch, daß mit dem Schlußpfiff alles vergessen ist.«

Im Sommersemester 1927 war Herberger an der »Deutschen Hochschule für Leibesübungen« angenommen worden. Der akademische Abschluß war für ihn im Grunde nur die papierne Voraussetzung für einen längst vorgezeichneten Berufsweg. Herberger bewegte sich bereits in einem Netz äußerst weitreichender Beziehungen. Prorektor der Hochschule, ihr eigentlicher Gründer und die dort treibende Kraft war der 1882 geborene Carl Diem. Er war bereits zu dieser Zeit einer der herausragenden Sportfunktionäre, der zahlreiche Ämter innehatte. Er war Generalsekretär des Deutschen Reichsausschusses für Leibesübungen (DRA), des Dachverbands des deutschen Sports, Mitglied des Deutschen Olympiaausschusses (DOA) und Lehrbeauftragter an der Universität Berlin. Zu diesen bezahlten Tätigkeiten kamen zahlreiche ehrenamtliche Funktionen hinzu. Sein prägendes Erlebnis hatte Diem 1906, als er von den Zwischenspielen in Athen als Sportreporter berichten durfte. Er erkannte die Sportwelt rasch als seine Heimat und wurde im Verlauf seiner Karriere Journalist Lehrer, Wissenschaftler, Organisator, Verwalter, Funktionär und Politiker. Sein schriftliches Werk umfaßt mehr als 2000 Titel (Monographien, Aufsätze, Konzeptpapiere et cetera). Aber Diem war vor allem ein Machtmensch, der es verstand, Einfluß zu gewinnen und Einfluß zu nehmen. »In seinem Nachlaß«, schreiben die Autoren Buss und Nitsch, »befindet sich ein Schriftverkehr, der ein dichtes Netzwerk persönlicher Bekanntschaften aus allen politischen, sportlichen und kulturellen Richtungen und Bereichen – sowohl national als auch international – sichtbar macht. Dieses Netzwerk hat er stets auch taktisch geschickt genutzt – vor allem beim Aufbau neuer Strukturen nach dem Zweiten Weltkrieg. Diem war einer, der Verbindung hielt und der, wenn es darauf ankam, Verbindungen hatte.« In Carl Diem begegnete Herberger in Berlin einem der großen Vorbilder seiner Karriere. Die hier genannten Eigenschaften Diems können später uneingeschränkt auch für Herberger gelten, der im Netzwerk Diems schon kurz nach seiner Ankunft in Berlin einen festen Platz hatte.

Nach einer kurzen Eingewöhnungszeit hatte sich Herberger einen guten Ruf im Berliner Fußball geschaffen. Unter ihm feierte Tennis Borassia den größten Erfolg der Vereinsgeschichte. 1928 wurde die Mannschaft Deutscher Vizemeister. Wiederholt spielte Herberger auch in Berliner Stadtauswahlen mit, die unter anderem gegen Mailand, Hamburg, Prag und vergleichbare Auswahlen aus Süd- und Westdeutschland antraten. Zwischen 1927 und 1929 brachte es Herberger auf neun Einsätze in sogenannten Repräsentativspielen. Wer Fußball spielte, der kam viel herum. Im internationalen Sportverkehr des Jahres 1930 wurden 977 Spiele deutscher Vereinsmannschaften gegen ausländische gezählt. Ein Foto aus dem Tennis – Borussia-Archiv zeigt Herberger im Kreis der Mannschaft am Strand von Wenningstedt/Sylt. Der kräftige, muskelbepackte Körper des kleinen Sepp Herberger ist ein Indiz dafür, daß täglich, und keineswegs nur mit dem Ball, trainiert wurde.

An der Hochschule für Leibesübungen lernte Herberger nicht nur Theoretisches und Praktisches über den Sport, er knüpfte auch eine Reihe von Bekanntschaften, die in seinem Leben noch eine bedeutende Rolle spielen sollten. Eine davon war die mit Dr. Georg Xandry, der an der Hochschule lehrte. Im September 1928 verlegte der DFB seine Geschäftsstelle nach Berlin, und der erste hauptamtliche Geschäftsführer wurde Xandry, der diesen Posten auch nach 1933 im Fachamt Fußball innerhalb des Nationalsozialistischen Reichsbundes für Leibesübungen (NSRL) behielt. In Kooperation mit der Hochschule für Leibesübungen förderte der DFB die Ausbildung von Sportlehrern. Vor allem abtretende Spieler sollten gezielt zur Sportlehrerausbildung herangezogen werden, um der Jugend als Vorbilder zu dienen. Die Rekrutierung des Lehrernachwuchses war also nicht allein durch den institutionellen Aufbau geregelt, sondern durch die direkte Kontrolle und Einflußnahme der Funktionäre. Als während der Wirtschaftskrise den Sportvereinen nicht zuletzt wegen mangelnder Bezahlungsmöglichkeiten immer weniger Sportlehrer und Übungsleiter zur Verfügung standen, verlieh man ehemaligen Aktiven bereits nach nur halbjährigem Hochschulbesuch eine Befähigung zum Sportlehrer. Für diesen starken Praxisbezug, der schon in der Grundausrichtung der Hochschule angelegt war, galt Herberger als das beste Beispiel. Einer, der von ganz unten kam, konnte es im Sport zu etwas bringen. Durch seinen Kontakt zu Nerz hatte Herberger auch nach Beendigung seiner Länderspielkarriere weiter Tuchfühlung zur Nationalmannschaft, die mehr und mehr Anerkennung fand und für die man nun gesteigerten Aufwand betrieb. Zwei Ärzte, ein Koch und ein Masseur begleiteten Nerz und seine Spieler 1928 zur Olympiade nach Amsterdam, wo sie allerdings in der Zwischenrunde ausschieden.

Gegen Uruguay unterlagen die Deutschen deutlich mit 1:4, und der Nürnberger Hans Kalb sowie der Dresdener Richard Hofmann waren nach Revanchefouls des Feldes verwiesen worden. Nerz gab sich mit solchen einfachen Entschuldigungen nicht zufrieden und suchte nach weiteren Gründen. Er fand sie in der physischen Konstitution. »Die Kondition der Leute aus Uruguay war ausgezeichnet. Alle Spiele wurde mit großer Schnelligkeit und Ausdauer ausgeführt. Müdigkeit kennen diese Leute nicht«, schrieb er in einem Aufsatz über »Die Lehren von Amsterdam« im *Kicker.* »Wir haben in Deutschland einige Spieler hervorragender Klasse, die aber langsam sind. Solange sie ihren Gegnern überlegen sind und außerdem noch in einer besseren Mannschaft stehen, können sie diesen Mangel einigermaßen ausgleichen. Kommen sie aber gegen Gegner derselben Klasse, die aber wesentlich schneller sind, dann geht es schief.« Eine solche Spielanalyse liefert heute in der Regel der Co-Trainer direkt nach dem Spiel ins Mikrophon, aber Nerz war einer der ersten, der überhaupt analysierte. Ein Dorn im Auge war dem Lehrer Nerz auch die allzu fröhliche Lebensweise mancher seiner Spieler. »Ab und zu ein Glas Bier, auch eine Zigarette. Aber das regelmäßige Sitzen am Biertisch, wobei dann nach und nach ganz unmerklich größere Quantitäten Flüssigkeit aufgenommen werden, das schadet ungeheuer. Es belastet das Herz und macht dick.«

Derart penetrant und belehrend muß er seinen Spielern häufiger gekommen sein. Die Auffassung, daß zuviel Flüssigkeit dem sporttreibenden Körper schade, wurde zeitlebens auch von Herberger vertreten. Während der Spielpausen sollten die Spieler nicht zuviel trinken. Heute weiß man, daß die beiden Fußballehrer in diesem Punkt gründlich irrten. Der mit Vorliebe vor seinen Spielern dozierende Nerz geriet dabei mehrfach an den impulsiven Richard Hofmann, der nicht nur in Dresden ein großer Star war und später Auswahltrainer der DDR wurde. Nerz versuchte Hofmann vor einem Spiel taktisch passend einzustellen. »Richard hörte es sich geduldig einmal, zweimal, dreimal an«, schreibt Helmut Schön in seiner Biographie. »Dann wurde es ihm aber zuviel. Er nahm Dr. Otto Nerz beim Schlips, daß er krebsrot anlief, und polterte: ›Wenn Se nich aufheern, auf mich einzureden, Herr Nerz, packe ich meinen Koffer und fahre heeme!‹« Voller Wut ging Hofmann anschließend hinaus aufs Spielfeld und schoß sechs Tore, von denen allerdings nur drei anerkannt wurden.

Solche Wutausbrüche widersprachen freilich dem Lehrkonzept von Nerz. Eher schon paßte die martialische Sitte des »Heiligen Geistes« zu seiner Pädagogik. Wenn jemand zu spät zum Training kam oder ein anderes, mannschaftsundienliches Vergehen begangen hatte, erteilte der Trainer die Freigabe zum »Heiligen Geist«. Die Mannschaft stürzte sich sodann auf den Übeltäter. Man zog ihm die Hose herunter und haute ihm mit der flachen Hand auf den Hintern. Richard Hofmann, der zunächst Gewichtheber war und über Bärenkräfte verfügte, wußte sich gegen eine solche Kollektivstrafe auf seine Art zu wehren. Er schnappte nach etwas Stockartigem und rief: »Soll eener kommen.« Das reichte, um die Mitspieler auf Distanz zu halten. Unter Herberger wurde die Sitte vom »Heiligen Geist« weiter gepflegt, und sie hatte wohl nur wenig mit der so gerühmten Herbergerschen Psychologie gemein. Seine Begabung, sich auf unterschiedliche Spielertypen und Charaktere einzustellen, kam ja nicht aus Lehrbüchern, sondern aus einem Grundbedürfnis nach Harmonie in der Gruppe sporttreibender Männer. In seiner eigenen Familie hatte Herberger die Erfahrung gemacht, daß man am besten über die Runden kommt, wenn die Vertrauensbasis stimmt und die Stimmung gut ist. Das hat im Grunde wenig mit Psychologie zu tun, dem einzigen Lehrfach, mit dem Herberger gewisse Schwierigkeiten hatte. Weil er mehreren Jobs für den Lebensunterhalt nachgehen mußte, habe er in seinem Studium manche Vorlesungen schwänzen müssen, hieß es später. Die Lehre von der Seele ist das einzige Fach, in dem Herberger bloß ein »genügend« erhielt, als er im Sommersemester 1930 sein Studium abschloß. Psychologie freilich wurde eher im Erbachschen Sinne zur strengen Erziehung der Jugend gelehrt. Disziplin, Gehorsam und Anständigkeit gehörten zu ihren wichtigsten Kategorien. Herberger freilich fügte etwas hinzu, worüber man sich heute am ehesten in Schulungen von Führungskräften und Managern Gedanken macht. Neben aller Autorität, die er beanspruchte, führte er ein Egalitätsprinzip ein, durch das sich jeder einzelne Spieler als etwas Besonderes fühlte. So vermittelte das berühmte Einzelgespräch vor allem eine tiefe Zugehörigkeit. Der Nationalspieler und spätere Journalist Jürgen Werner berichtete, daß er nach solchen Einzelgesprächen immer glaubte, eine besondere Rolle in der Mannschaft zu spielen. Erst später fiel ihm auf, daß andere aus der Mannschaft genau das gleiche glaubten.

Sehr gute Leistungen erbrachte der Student Herberger neben Fußball außerdem in Hygiene, Erste Hilfe und Boxen. Herberger wurde als bestem Studenten seines Prüfungssemesters die August-Bier-Plakette verliehen. Mit der Note »sehr gut« wurde auch seine Diplomarbeit mit dem Titel »Der Weg zur Höchstleistung im Fußballsport« bewertet. Wer wollte an den hervorragenden Leistungen des Musterschülers zweifeln? Schwarz auf weiß sind sie auf einem Zeugnis der Sporthochschule Köln mit Datum vom 13. 10. 1956 dokumentiert und von Carl Diem, dem Direktor dieser Sporthochschule, unterzeichnet. Das Original, so heißt es, sei im Krieg verlorengegangen. Es ist allerdings rätselhaft, warum sich Herberger zwei Jahre nach dem Gewinn der Weltmeisterschaft 1954 noch ein Zeugnis von seinem Freund Diem ausstellen ließ. Sowenig an dem Inhalt zu zweifeln ist, so sehr verwundert es doch, da Herberger sich 1954 schließlich nirgends mehr ordentlich bewerben mußte. Diems Bescheinigung kam so vermutlich nicht zuletzt publizistischen Zwecken zugute, und Herberger konnte so die Lücken seiner Bildungskarriere nachträglich wenn schon nicht schließen, so doch übertünchen.

Die Weltwirtschaftskrise beeinträchtigte in erheblichem Maße nun auch den Fußball. Die Zahl der internationalen Vereinsspiele ging merklich zurück, und auch die Zahl der Trainer war von 1930 an wieder rückläufig. Gut ein Drittel aller Fußballvereine war Anfang der 30er Jahre verschuldet. Das brachte die Frage nach professionellem Fußball wieder auf den Plan. Die Vereine, die ihren Spielern mehr oder minder offen Prämien zahlten, sollten zu einer Entscheidung gezwungen werden, ob sie den Fußball berufsmäßig betreiben wollten oder ob sie sich weiter auf den Amateursport verpflichten ließen. Herberger hatte seine eigenen Erfahrungen mit dieser Frage gemacht. Daß sie immer noch nicht geklärt war, konnte ihm nicht recht sein, aber als Spieler und kleiner Fußballehrer mischte er sich nicht in so heikle Fragen ein. Die Berufsspielerfrage war eine äußerst widersprüchliche Angelegenheit. Die konservativen, völkischen Vereine bekannten sich zum Amateursport, weil sie im Berufssport sittlichen Verfall und die Gefahr des Materialismus erblickten. Einer wie Herberger, der dieser Einstellung grundsätzlich gewiß entsprach, wußte jedoch nur zu gut, daß sich seine Auffassung von der Fußballarbeit – tägliches Training, Lehrgänge und Auswahltraining – sehr viel besser als Profisport durchsetzen ließ. In den starren Verbänden scheute man jedoch davor zurück, eine Entscheidung zu treffen, die die hehren Ideale offen verabschiedet hätte. Immer wieder kam es zu mehrmonatigen Sperren von Spielern, die man eines Spesen- oder Werbevergehens überführt zu haben meinte. In Westdeutschland führte die Debatte zu einem besonders spektakulären Fall. Die wohl beste Mannschaft dieser Tage, Schalke 04, mit den legendären Spielern Kuzorra, Szepan, Urban und Tibulski, wurde geschlossen zu Berufsspielern erklärt und vom Spielbetrieb ausgeschlossen. Zwar begann man beim DFB, ein Berufsspielerstatut auszuarbeiten, aber auf dem DFB-Bundestag hielt man am Fußball als Amateursport fest.

Herberger bestritt sein letztes Spiel für Tennis Borussia 1930, doch er stand dem Verein noch ein weiteres Jahr als Trainer zur Verfügung. Mit 33 war er vielleicht noch nicht zu alt, aber das Spielerdasein bot keine Zukunftsperspektive. Innerlich hatte er sich schon sehr viel früher für den Trainerberuf entschieden, und eine Öffnung zum Berufsspielertum wäre für den Spieler Herberger ohnehin zu spät gekommen. Herberger wollte nicht nur, er mußte Trainer werden. Die Frage um den Profisport umrankte auch die erste Fußballweltmeisterschaft, die 1930 nach einigem Hin und Her schließlich in Uruguay zur Austragung kam. Allen voran der DFB-Vorsitzende Felix Linnemann, von Beruf Kriminalkommissar in Berlin, wollte der Zulassung von Berufsspielern nicht zustimmen. Österreich, Ungarn und die Tschechoslowakei hatten aber längst den Profifußball eingeführt und plädierten dafür, daß auf einer Weltmeisterschaft die besten Spieler eines Landes zum Einsatz kommen sollten. Ein geschickter Wortführer für den Profifußball war der Österreicher Hugo Meisl, die große Trainerlegende des österreichischen Fußballs. Er brachte den Fußballweltverband FIFA schließlich dazu, sich für eine Weltmeisterschaft mit Profis zu entscheiden. Vorübergehend war sogar Deutschland als Austragungsort für die WM 1930 im Gespräch. Doch der DFB trat nach der Abstimmungsniederlage in den Schmollwinkel und fuhr einen Boykottkurs. Die erste Fußballweltmeisterschaft fand ohne Deutschland statt, aber auch Italien, Österreich und die Fußballnation England nahmen an dem Turnier nicht teil. Neben den Ränken um die Berufsspielerfrage spielten dabei nicht zuletzt die enormen Kosten einer Südamerikareise eine Rolle, die nicht alle Verbände aufzubringen in der Lage waren. Die Nichtteilnahme seiner Mannschaft mußte ein Praktiker wie Nerz dennoch als Rückschlag werten, aber sein Einfluß auf die DFB-Führung war noch nicht groß genug. Bezeichnend dafür, welche Bedeutung der Fußball zu dieser Zeit hatte, ist eine Notiz in der *Fußball-Woche vom* 15. September 1930, worin es heißt: »Wir können unsere Originalberichterstattung über den

Verlauf der ersten, in Montevideo ausgetragenen Fußball-Weltmeisterschaften erst jetzt fortsetzen, weil die Schnelldampfverbindung von Südamerika im August so schlecht war, daß wochenlang kein Brief expediert werden konnte.« Das Endspiel hatte bereits am 30. Juli stattgefunden. Nerz und Herberger pflegten in diesen Tagen keineswegs nur beruflichen Kontakt miteinander. Als Nerz 1931 im Alter von 39 Jahren die 25jährige Ella Frieda Böhme heiratete, war Josef Herberger sein Trauzeuge. Die Mannheimer in Berlin hielten weiter zusammen.

Der Aufschwung, den der Fußballsport in den vergangenen Jahren erlebt hatte und an dem zumindest an der Basis Otto Nerz seinen Anteil hatte, kam nun ins Stocken. Die politische Situation wurde turbulenter, und die wirtschaftlichen Verhältnisse verschärften sich. Die Rezession wirkte sich auch auf die Fußballverbände aus, in deren Reihen nunmehr auch einige Nationalsozialisten saßen. Im Westdeutschen Spielverband kam es zu einer heftigen Auseinandersetzung mit dem NSDAP-Mitglied Josef Klein, der gegen den Grundsatz politischer Neutralität opponierte. Er wollte den Einfluß der Nazis nun auch im Verband verankern. Klein konnte sich nicht durchsetzen und trat von seinen Ämtern zurück. Zwei Jahre später, am 13. Mai 1933, setzte sich der »alte Kämpfer«, so bezeichneten sich die Mitglieder einer elitär-militaristischen Nachkriegsorganisation, wieder an die Spitze des Verbandes. Auf den Fußballsport wartete die »neue Zeit«.

Kapitel 4
Fußball unterm Hakenkreuz

Die Nazis hatten zum Sport ein sehr zwiespältiges Verhältnis. Der Parteizeitung *Völkischer Beobachter* waren sportliche Wettkämpfe vor 1933 allenfalls eine Randnotiz wert. Internationale Sportbegegnungen, vor allem mit den Versailler Vertragsstaaten, galten als nationaler Verrat, da sie im Ausland den Eindruck zu erwecken vermochten, das Deutsche Reich würde das »Versailler Diktat« anerkennen. Die internationale Sportbewegung wurde von den Nazis als pazifistisch und judenfreundlich verunglimpft. Arbeitersport und jüdische Vereine waren ihnen ein Dorn im Auge.

In seinem Pamphlet »Leibesübungen in der nationalsozialistischen Idee« schreibt der Sportreferent einer SA-Brigade, Bruno Malitz: »Der Sport sollte nach der Lehre der Liberalisten berufen sein, ein einigendes Band zwischen den Völkern zu knüpfen. Internationale Sportfeste werden im ›Geist der Völkerversöhnung‹ veranstaltet ..., und doch haben alle Erfolge unserer Sportleute in der ganzen Welt noch nicht vermocht, den Versailler Schandparagraphen der Kriegsschuldlüge zu streichen. ... Franzosen, Belgier, Pollacken, Judenneger sind auf deutschen Aschenbahnen gestartet. ... aber daß die internationalen Beziehungen zu unseren Feinden sich gebessert haben sollen, wird wohl kein Mensch behaupten, mit Ausnahme jener Vaterlandsverräter, die in Frankreich, Genf und Prag pazifistische und deutschfeindliche Reden schwingen.«

Ein sich derart gekränkt und revanchistisch gebendes deutsches Ehrgefühl konnte freundschaftliche Sportspiele nur schwer ertragen. So tief die Ressentiments gegen den Sport saßen, waren sie doch keine reine Erfindung der Nazis. Internationale Sportbegegnungen wurden seit jeher von der Deutschen Turnerschaft (DT), der mit 1,6 Millionen Mitgliedern um 1933 weltweit größten Einzelsportorganisation, abgelehnt.Aufgrund ihrer explizit völkischen Ausrichtung hatte die DT stets eine Beteiligung an Olympischen Spielen abgelehnt. Ihr Verständnis von Körpererziehung basierte auf paramilitärischen Prinzipien und war keine Sache des Individuums, sondern nationale Pflicht. Statt eines Stellvertreter-Wettkampfes von Spitzenathleten hatten es national gesinnte Sportfunktionäre auf die »Erfassung der großen Masse des Volkes« abgesehen. Daß Körperertüchtigung und Sportwettkämpfe in Zukunft für nationalsozialistische Zwecke dienstbar gemacht werden konnten, war den neuen Machthabern zunächst nicht in vollem Umfang bewußt. Wie in fast allen gesellschaftlichen Bereichen betrieben die Nazis auch im Sport eine widersprüchliche Flickschusterei. Bedeutungsschweres Brimborium kreuzte sich mit taktischem Geplänkel zur Machtfestigung. Eine ideologische Durchdringung wurde angestrebt, gegebenenfalls aber den Machtinteressen von einzelnen oder Cliquen geopfert.

Zum Vordenker in Fragen der Körpererziehung schwang sich der Philosoph Alfred Baeumler auf, der bereits 1932 der NSDAP beigetreten war und 1933 kommissarisch die wissenschaftliche Leitung der Deutschen Hochschule für Leibesübungen übernahm. Den bisherigen Leiter Diem versuchte man damit zunächst einmal kaltzustellen. Aber allzu segensreich scheinen Baeumlers Bemühungen nicht gewesen zu sein. Über dessen Amtsantritt schrieb Diem: »Er hielt eine Antrittsvorlesung, zu der das Erscheinen für Lehrkörper und Studentenschaft zur Pflicht gemacht wurde. Da er am Schluß ein Frage-und-Antwort-Spiel einleitete, kam er mit dem damals noch nicht entlassenen Richard Kost in argen Konflikt, denn dieser erwies sich, obwohl Arzt, in der Philosophie als nicht weniger belesen und blieb in der Diskussion überlegener Sieger. Bei der zweiten Vorlesung erschienen nur noch vierzig und bei der dritten vier Studenten. Dann ward er nicht wieder gesehen.« Als Diem und der Staatssekretär des Innenministeriums, Theodor Lewald, beide Mitglieder des Internationalen Olympischen Komitees (IOC), von der Nazipresse angegriffen wurden, fühlten sie sich zu Unrecht geschmäht und bemühten sich darum, ihre patriotische Gesinnung zu belegen. In einem Brief schrieb Diem: »Meine Abkunft ist zwar in Ordnung, und Demokrat bin ich auch nicht gewesen, aber Buschmann behauptete, ich hätte Nazistudenten Schwierigkeiten gemacht ... Neuendorff behauptete, ich hätte im Stadion Nacktkultur begünstigt.« Diem hatte sich zunächst Chancen ausgerechnet, Reichssportkommissar zu werden, doch daraus wurde nichts. Lewald und er verloren durch die »Gleichschaltung« der Nazis einige ihrer zahlreichen Ämter, behielten schließlich aber wichtige Positionen. Die Nazis bedienten sich vor allem ihrer Beziehungen zum IOC, ein kluger Schachzug, wie sich im Hinblick auf die bevorstehenden Olympischen Spiele herausstellen sollte. Diem wurde zu einem wichtigen Mittler zwischen internationaler Sportbewegung, deutschem Sport und NS-Staat. An der »Deutschen Hochschule für Leibesübungen« bemühte sich Baeumler wohl einige Zeit länger, als das Zitat Diems nahelegt, den Nachwuchs in geistiger Hinsicht auf Vordermann zu bringen. Getreu seiner »politischen Leibeserziehung«, trimmte er Sport und Körperkultur auf einen Nationalsozialismus-kompatiblen Kurs. »In Baeumlers Konstruktionen der völkischen Gemeinschaft«, schreibt der Sportwissenschaftler Thomas Alkemeyer, »erfolgt die Vermittlung hingegen über die ›materielle‹ Kultur des Leibes. Er legt den Akzent folglich nicht auf die innere Entwicklung der Person, die über Bildung am geistigen Erbe der Nation teilhaben soll, sondern auf die Leibeserziehung. Der Leib ist bei ihm die entscheidende Bezugsgröße im Zusammenhang von menschlicher ›Natur‹, ›Rasse‹ und Kultur im Sinn einer ›arteigenen‹ Weise zu denken, zu fühlen und zu handeln ... Die zentrale Schlußfolgerung, die ›aus dem Volksgedanken zu ziehen‹ sei, lautet daher: ›Der Leib ist ein Politikum.‹ Im Unterschied zum ›liberalistischen‹ Verständnis von Körper als Privatbesitz wird der Leib zur öffentlichen Angelegenheit erklärt.«

Das sportliche Treiben in den Turnhallen und auf Bolzplätzen mußte deswegen nicht völlig umgekrempelt werden. Deutscher Sportsgeist im Baeumlerschen Sinne wehte hier bereits vorher, und in einem Büchlein »für jeden Deutschen« gibt

Hans Geisow, Präsident des Schwimmverbandes, schon 1925 an, was man unter einem deutschen Sportsmann zu verstehen hat: »Der deutsche Sportsmann ist kein weltabgewandter Athlet, sondern ein durch das Wort ›Ich will‹ mit Kraft, durch das Wort ›Ich kann‹ mit freudiger Lebensbejahung erfüllter Sonnenmensch.« Dieser hohe Ton durchzog seit den Tagen von Turnvater Jahn und Guts Muths das Sprechen über den Sport.

Daneben gab es auch andere Möglichkeiten der Sportbetrachtung. In einem Feuilleton machte sich Siegfried Kracauer über das allerorten betriebene »Sportlern« lustig. Der Soziologe, der der Frankfurter Schule nahestand, erblickte bereits hier das Bild einer sozialen Bewegung, die auf nichts mehr aus ist als auf Individualisierung, auch wenn ihr andere Ideale anempfohlen werden. Mit der Erkenntnis, die wachsende Popularität des Sports als Werbemittel für Ideologie und Partei nutzen zu können, gaben die Nazis die strikt ablehnende Haltung gegenüber internationalen Sportwettkämpfen nach der Machtübernahme mehr und mehr auf. Auch wenn weiterhin im *Völkischen Beobachter* Hetzartikel gegen den Leistungssport erschienen, so feierte man nach Erfolgen deutscher Sportler im internationalen Vergleich doch auch die deutsche »Volks- und Rassekraft«. Sportliche Betätigung war freilich lange vor 1933 begleitet von völkischem Getöse, soldatischen Floskeln und ideologischem Ballast. Bei aller naiven Begeisterung für eine so einfache Sache wie das Fußballspiel hat es den reinen, unpolitischen Sport zu keinem Zeitpunkt gegeben, wie es gut zwölf Jahre später viele Sportler und Funktionäre so gern für sich reklamieren sollten.

Sepp Herberger hatte sich inzwischen voll und ganz auf die Trainertätigkeit festgelegt. Die Fortsetzung seiner aktiven sportlichen Laufbahn als Übungsleiter mit höchster Verantwortung hatte er schon seit seiner Übersiedlung nach Berlin ins Auge gefaßt. Sein Freund und Mentor Otto Nerz, inzwischen als Reichstrainer fest etabliert, ebnete ihm auch weiterhin den Weg. Der Fußballbund hatte sich lange schwer getan, eigens einen Trainer für die Ländermannschaft zu verpflichten. Der distanziert paukerhaft wirkende Otto Nerz erwies sich jedoch zum passenden Zeitpunkt als die richtige Person für eine solche

Aufgabe. Die Spielauffassung der einzelnen Internationalen war sehr unterschiedlich. Die wenigsten Mannschaften trainierten täglich, und Taktik kam allenfalls am Rande vor. Länderspielvorbereitungen fanden daher überwiegend in Form von Lehrgängen statt. Der Diplomsportlehrer Nerz war hier in seinem Element und wußte die Internationalen als gelehrige Schüler, verhießen Länderspiele doch nicht zuletzt auch begehrte Auslandsreisen. Nerz war so etwas wie ein Schulrat, der alle paar Wochen den Leistungsstand der Kickerelite überprüfte. Er hielt mittlerweile auch Vorträge und leitete Lehrgänge an anderen Hochschulen.

Zwischen den Landsleuten Herberger und Nerz entstand so etwas wie eine feste Kooperationsbeziehung. Nerz dürfte es auch gewesen sein, der seinen »Lieblingsschüler« Herberger für dessen Anstellung als Sportlehrer beim Westdeutschen Spielverband (WSV) vorgeschlagen hat. Für Nerz war Herberger eine Art verlängerter Arm, der mithelfen konnte, seine Überlegungen zum Aufbau der Nationalelf an wichtiger Stelle umzusetzen. Der Novize enttäuschte seinen Lehrer nicht. Herbergers neue Trainertätigkeit war kein vorsichtiges Vortasten oder bescheidenes Sammeln von Berufserfahrung. Er wußte sehr genau, daß sie sein Karrieresprungbrett für die Zukunft sein würde.

Zwischen 1932 und 1936 war Josef Herberger Trainer beim WSV in Duisburg-Wedau, von wo aus er in Lehrgängen und Sichtungsspielen dem Reichstrainer Nerz als Assistent zuarbeitete. Herberger selbst hat sich in dieser Tätigkeit als Wandertrainer beschrieben. Dieser Typus war durchaus verbreitet, allerdings war Herberger durch seine Festanstellung in Duisburg, wo er mit seiner Frau Eva in der Kleiststraße 43 wohnte, ja gerade kein mobiler Fußballnarr, der wie die ursprünglichen Wandertrainer auf Honorartätigkeiten angewiesen war. In sportlicher Hinsicht hatte er weitreichende Kompetenzen. Wichtig war vor allem ein guter Kontakt zu den Vereinstrainern, denn allein diesen war es vorbehalten, Talente zu entdekken und erste Förderarbeit zu leisten. Zu Herbergers wichtigen Aufgaben zählte es also, ein Netz von Verbindungen zu knüpfen, das auch über weite Entfernungen und zeitliche Distanzen elastisch blieb. Er verstand es von Anfang an, hierfür den passenden, kollegialen Ton zu finden. Wer ihm zuarbeitete, durfte ja nicht das Gefühl haben, nur das fünfte Rad am Wagen zu sein.

Duisburg wurde zur zentralen Lehr- und Ausbildungsstätte für die Fußballelite. Nerz setzte die Akzente und trug die Verantwortung, aber die Trainings- und Lehrgangstätigkeit an der Basis fand unter Herbergers Regie statt. Hier konnte er nach seinem Gutdünken schalten und walten. Die Zusammenarbeit zwischen ihm und Nerz verlief reibungslos, wobei Herberger die Führungsposition seines Mentors uneingeschränkt anerkannte. Otto Nerz war ein strenger, düster dreinschauender, wenig kommunikativer Mensch. Er war wie Herberger ein Fußballbesessener, der jedoch auf seine Mitmenschen schroff und abweisend wirkte. Sein Führungsstil wurde wiederholt als diktatorisch beschrieben. »Ich fühlte mich wie in einer Kaserne«, hat der Münchener Nationalspieler Sigi Haringer gesagt. Kondition und Ausdauer waren ihm wichtiger als Technik und Ballfertigkeit. Die Basis zu einem guten Fußballspiel war für Nerz körperlicher Drill. Dazu paßte der Kommandoton. Ein Foto aus einem Trainingslager zeigt die Spieler im Gleichschritt marschierend, mit einem Lied auf den Lippen. Das muß nicht unbedingt als Aufnahme nationalsozialistischer Folklore in das Training gewertet werden. Die Assoziation von der Mannschaft als Truppe war lange vor der Machtübernahme der Nazis verbreitet. Auf seine Spieler wirkte Nerz arrogant, aber man schätzte seine Autorität und Kompetenz, obwohl ihm im Gegensatz zu Herberger die Vorbildfunktion als ehemals erstklassiger Spieler fehlte. Der Schalker Fritz Szepan, einer der großen Stars jener Jahre, charakterisierte Nerz im Vergleich zu Herberger: »Ich habe unter Nerz und später unter Herberger gespielt. Nerz war ein guter Mensch. Aber als Trainer merkte man doch, daß er von Haus aus kein Fußballspieler war. Er war klug, doch sehr von seiner geistigen Überlegenheit überzeugt. Das ließ er oft spüren. Herberger hingegen ließ seine Überlegenheit, Klugheit und immense Erfahrung unauffällig wirken.«

Als »Schleifstein«, so sein Spitzname, paßte Nerz gut in das Bild des Nazisystems, dem deutsche Siege und triumphale Gestik wichtiger waren als Kurzpaßspiel und Ballartistik. Was Nerz von seinen Spielern verlangte – Schnelligkeit, Ausdauer, Durchsetzungsvermögen und Körperkraft –, erschienen allesamt als urdeutsche Eigenschaften, doch im Grunde hatte Nerz sie sich vom britischen Fußball abgeschaut. Nerz war mehrfach in England gewesen und hatte sich dort gute Sprachkenntnisse erworben. Der Autodidakt Nerz war ein ausgezeichneter »Bettlerner«, der sich vor jedem Einschlafen noch ins Vokabelheft vertiefte. Auf diese Weise erwarb er auch Sprachkenntnisse in Französisch und Italienisch. In England lernte er auch das WM-System kennen, das von Trainer Herbert Chapman von Arsenal London entwickelt worden war. Nach einer Lockerung der Abseitsregel zog Chapman den bis dahin spielgestaltenden Mittelläufer als eine Art Zerstörer in die Abwehr zurück. Die beiden Halbstürmer wurden hinter die Angriffsfront zurückbeordert und bildeten mit den Außenläufern ein »magisches Viereck«. Der Sturm erschien in der Form eines W, während die Abwehr die Form eines M bildete. Dieses System gab der Abwehr einerseits eine größere Sicherheit und erlaubte andererseits ein dynamisches Angriffsspiel mit fest verteilten Aufgaben. Das Umsetzen eines solchen Systems setzte freilich ein harmonisches Funktionieren der beiden Mannschaftsteile voraus. Der Individualist Szepan, der mit Nerz wegen seiner Rolle in der Mannschaft nie besonders gut zurechtkam, glaubte, daß das WM-System Nerz von höherer Stelle aus aufgezwungen worden sei. Doch sportliche Mitsprache werden die Nazis in den ersten Tagen der Macht kaum beansprucht haben. In ihren Reihen gab es so gut wie niemanden mit sportlicher Fachkompetenz. Schon aus diesem Grund beließen sie viele Sportfunktionäre in ihren Ämtern. Selbst die Berufung Hans von Tschammer und Ostens zum Reichssportkommissar, so glaubte der spätere Bundestrainer Helmut Schön, sei auf eine Verwechslung mit dessen Bruder zurückzuführen. Über die Beziehung des neuen Sportführers zum Fußballsport ließ der *Kicker* am 2. Mai 1933 verlautbaren: »Eine engere Fühlungnahme mit dem Fußballsport erhielt von Tschammer und Osten durch den Besuch des Fußballspiels Dresdener SC gegen Fortuna Magdeburg.« So etwas mag ungemein weiterbilden, läßt aber kaum die Vermutung zu, daß einer daraufhin gleich das ganze Spielsystem umkrempelt. Ganz falsch scheint Szepans Bemerkung dennoch nicht zu sein. Nerz stand bei seiner Arbeit unter strenger Kontrolle durch den DFB, der ja nicht zuletzt eine Ansammlung geltungssüchtiger Funktionäre war, die mit ihren Regionalverbänden bisweilen sehr unterschiedliche Interessen verfolgten.

Für den DFB ging es nun weniger um Fußballsiege als um die Sicherung von Pfründen im neuen politischen System. Zwischen Deutscher Turnerschaft (DT) und DFB entbrannte ein heftiger Streit um die Gunst der Machthaber und die Führungsansprüche im Sport. Trotz erheblicher Vorbehalte nahmen die Nazis seit dem Tag des Machtantritts den Leistungssport ernst, auch wenn man die Institutionen des Sports, wie es zunächst hieß, unberührt lassen wollte. Der Reichssportkommissar von Tschammer und Osten war jedoch keineswegs aufgrund einer Verwechslung in sein Amt gelangt. Er verstand zwar nichts vom Sport, aber er machte sich umgehend daran, die Sportler, die inzwischen den größten Einzelorganisationen des Deutschen Reichs angehörten, unter seine Fittiche zu bekommen. Hitler hatte die Bedeutung des Sports instinktiv erfaßt. Im Frühjahr 1933 besuchte er eine junge Auswahlmannschaft von Fußballern unter 23 Jahren beim Training im alten Grunewaldstadion, wo später das Olympiastadion errichtet wurde. »Ich hatte das Gefühl«, schreibt Helmut Schön, der zum Kader dieser Nachwuchsmannschaft gehörte, »daß der ›Führer‹ zwar kolossal selbstsicher auftrat, daß ihm aber das Milieu nicht lag; vom Sportlichen hatte er ja tatsächlich keine Ahnung.« Hitler plante eine Neuorganisation des Sportwesens, in dem bereits große Teile der Gesellschaft ähnlich organisiert waren, wie es ihm vorschwebte. Die Gleichschaltung des Sports verlief mehr oder minder reibungslos. In den Sportverbänden mühte man sich nach Kräften, Gesinnungstreue zu bekunden. Ein gutes Beispiel dafür bot der WSV, in dessen Diensten Herberger seit 1932 arbeitete. An seiner Spitze versuchte der Nazi Josef Klein, sich bei seiner Parteiführung zu profilieren. Im *Kicker* vom 16. 5. 1933 hieß es: »Klein sagte, daß in Ruhe und Besonnenheit wie bisher weitergearbeitet werden müsse, eine Gleichschaltung sei im Westdeutschen Spielverband überflüssig, da hier nie demokratische Strömungen zutage getreten seien, die etwa eine Reform an Haupt und Gliedern erforderlich werden ließen.« Da lag er gar nicht einmal so falsch.

Der Fußball an der Basis profitierte zweifellos sofort von der Machtübernahme durch die Nazis, auch wenn diese selbst sich immer wieder in Zuständigkeitsstreitereien verstrickten. So versuchten die Hitlerjugend, die NS-Gemeinschaft »Kraft durch Freude« sowie die SA ebenfalls Ansprüche gegenüber dem Sport geltend zu machen. Allein fünf Assistenztrainer standen fortan für die Vorbereitung auf die Weltmeisterschaft 1934 in Italien zur Verfügung. Neben Herberger waren dies Paul Oßwald, »Tute« Lehmann, Ludwig Leinberger und Georg Knöpfle. Die Nationalsozialisten erzeugten rasch das Gefühl, daß nun vielfältige Aufstiegschancen zur Verfügung standen. Leibesübungen im Dienst der nationalen Sache waren zugleich ein Arbeitsplatzbeschaffungsprogramm für junge Sportlehrer, die man im Fußballbereich bevorzugt aus alten Internationalen rekrutierte. Einen politisch interessierten Trainer Herberger will Helmut Schön allerdings nicht wahrgenommen haben. Er resümiert: »Herberger hat nie versucht, uns politisch zu beeinflussen, obwohl er selber wohl in der Partei sein mußte. Nach 1933 erschienen bei einem Lehrgang in Duisburg noch vor dem Frühstück SA-Leute und fummelten am Fahnenmast herum. ›Hißt Flagge!‹ nannten sie die Morgenübung. Dank Herbergers Dazwischenfahren habe ich diesen Flaggenappell nur einmal erlebt.«

Herbergers Widerstand gegen die Nazis beschränkte sich allerdings auf die Abwehr solch symbolträchtiger Zeremonien. Mit Blick auf seine weitere berufliche Laufbahn schaltete er indes rasch. Bereits am 1. 5. 1933, am Tag der Arbeit, auf den am nächsten Tag die Zerschlagung der Gewerkschaften folgte, war Herberger der NSDAP beigetreten und wurde dort fortan unter der Mitgliedsnummer 2208548 geführt. Mitgliedschaften in der Deutschen Arbeitsfront, der NS-Volkswohlfahrt und dem Reichsluftschutzbund kommen später hinzu. Auch wenn die Hakenkreuzfahne nicht allmorgendlich im Trainingslager gehißt wurde, fühlten sich die meisten Internationalen dazu angehalten, Flagge zu bekennen. Als die Nationalmannschaft am 19. März 1933 in Berlin gegen Frankreich ihr erstes Länderspiel nach der Machtübernahme bestritt, hoben alle elf Spieler die Hand zum Führergruß. »Von den 25 Mann, die zu meiner Zeit zum Nationalkader zählten«, sagte der einstige Torwart Hans Jakob, »waren acht in der NSDAP, der Rest hat sich um die Partei überhaupt nicht gekümmert.« Dafür kümmerte sich die Partei um die Mannschaft und ihre Repräsentanten. Der Dresdener Spieler Richard Hofmann hat erzählt, daß den Spielern Fragebögen ins Haus flatterten, auf denen nach ihrer Parteizugehörigkeit gefragt wurde. Er, der in dem Spiel gegen Frankreich sein 25. und letztes Länderspiel bestritt und später zum proletarischen Vorzeigefußballer der DDR wurde, schied aus der Nationalmannschaft wegen einer unerlaubten Reklame- und Spesenaffäre aus. Hofmann hatte sich unbedachterweise als Werbeträger für eine Zündholzfirma engagieren lassen und mußte daraufhin ebenso abrupt seine Laufbahn aussetzen wie einst Herberger in Mannheim.

Ein sichtbares Bekenntnis zu den neuen politischen Verhältnissen schien den Trainern Nerz und Herberger aus beruflichen Gründen dringend geboten. Am 18. Juni 1933 trat Otto Nerz, der bis Ende 1932 Mitglied der SPD war, der SA bei, fraglos ein Kurswechsel aus karrieretechnischen Gründen. Ohne die einzelnen Sportler direkt auf Parteikurs zu trimmen, ließ das Interesse an der deutschen Länderspielmannschaft auf höchster politischer Ebene nie nach. Nach einigen eher schwachen Leistungen bekam Nerz finanzielle Mittel und Zeit für einen gezielten Neuaufbau der Nationalmannschaft. Über einige Monate hinweg wurden keine Länderspiele ausgetragen, aber Nerz fand die denkbar besten Voraussetzungen für seine Vorbereitungslehrgänge vor. Bei der Weltmeisterschaft 1934 in Italien sollte sich der nationalsozialistisch organisierte deutsche Fußball von seiner besten Seite zeigen. Nicht zuletzt dank Herbergers umsichtiger Arbeit konnte Nerz dabei auf starke westdeutsche Spieler bauen. Die Mannschaft, die schließlich zur Weltmeisterschaft antrat, war mit 23 Jahren Durchschnittsalter die bis dahin jüngste deutsche Nationalmannschaft, was ebenfalls auf Herbergers Wirken zurückzuführen war. Eine rein westdeutsche Mannschaft unter Herbergers Regie hatte 1933 die belgische Nationalmannschaft mit 8:1 geschlagen. Spätestens seit diesem Spiel wußte man im Fußballsport, wer dieser kleine, zähe Mann aus der Waldhofer Spiegelkolonie war, auch wenn der Stellung des Trainers bei weitem noch nicht die heutige Bedeutung beigemessen wurde. Für den deutschen Fußball war es ja gerade Herberger, der der Trainerfigur zu Gestalt und Profil verhalf. Mit ihm war die Zeit der durchaus renommierten, vielfach englischen Wandertrainer vorbei. Nerz und Herberger, die eben auch durch ihre Lehrtätigkeit an der Trainerausbildung mitwirkten, haben entscheidend zum Ansehen und zur Gestaltung des Trainerberufs beigetragen.

Nerz' Vorbild war nach wie vor der britische Fußball, und so fanden 1933 in der Vorbereitung auf die Weltmeisterschaft allein fünf Sichtungsbegegnungen deutscher Auswahlmannschaften gegen die Glasgow Rangers in Berlin, Hamburg, Bochum, Dresden und München statt. Im Weltmeisterschaftsjahr 1934 folgten noch einmal fünf Spiele gegen Derby County. Alle Bedenken gegen internationalen Sportverkehr schienen angesichts einer eindeutig nationalen Ausrichtung des Fußballsports nun vom Tisch zu sein. Dem Reichssportführer war es allerdings wichtig, eine neue Sprachregelung durchzusetzen. Wer für Deutschland spielte, den nannte man bis dahin im Alltagssprachgebrauch einen Internationalen. Das hatte allzuviel Ähnlichkeit mit der sozialistischen Hymne »Völker, hört die Signale«. So wurde aus dem Internationalen die bis heute gebräuchliche Bezeichnung Nationalspieler, die im Kern ein nationalsozialistischer Neologismus ist.

Der Sport geriet fest in den Griff der Nationalsozialisten. Hitler übernahm nach Reichspräsident Hindenburgs Tod 1934 offiziell die Schirmherrschaft für die Olympischen Spiele, die ausländische Sportvertreter bis dahin gefährdet sahen. Tatsächlich hatte Hitler schon vor seinem Machtantritt die Bedeutung der Spiele für seine politischen Zwecke erkannt. Ihm dienten internationale Fußballbegegnungen nun als Beleg für seine außenpolitische Verläßlichkeit. Nach Unterredungen zwischen Propagandaminister Goebbels und den Olympiaorganisatoren Lewald und Diem wurde der Olympia-Propagandaausschuß gegründet. Der Außenwirkung der bevorstehenden Spiele schenkte man große Aufmerksamkeit. Nach innen begannen die Nazis unterdessen den Sport zu reglementieren. Jüdische Sportvereine und Arbeitersportverbände waren seit 1933 verboten. Neben der radikalen antisemitischen Politik verstand man sich jedoch auch aufs Taktieren. Bereits ein knappes Jahr vor den Olympischen Spielen lud Reichssportführer von Tschammer und Osten die Olympiasiegerin von 1928 im Florettfechten, Helene Mayer, in die Mannschaft ein, obwohl sie nach den Nürnberger Gesetzen als Halbjüdin galt und folglich an den Spielen nicht hätte teilnehmen dürfen. Es sollte alles getan werden, um das Staatsprojekt Olympia nicht zu gefährden.

Der alltägliche Umgang mit jüdischen Sportlern sah allerdings anders aus und machte keineswegs vor berühmten Namen halt. Ein erschütterndes Beispiel ist das des jüdischen Internationalen »Juller« Hirsch, der 1912 Olympiateilnehmer war, in seinen sieben Länderspielen vier Tore geschossen hatte und in seinen Vereinen SpVgg Fürth und Karlsruher FV ein großer Star war. Hirsch war eines der großen Vorbilder des jungen Seppl Herberger gewesen. Am 10. April 1933 hatte Hirsch dem Karlsruher FV seine Austrittserklärung übermittelt. »Ich lese heute im Sportbericht Stuttgart, daß die großen Vereine, darunter auch der KFV, einen Entschluß gefaßt haben, daß die Juden aus den Sportvereinen zu entfernen seien. Leider muß ich nun bewegten Herzens meinem lieben KFV, dem ich seit 1902 angehöre, meinen Austritt anzeigen.« Der KFV wollte die Austrittserklärung zunächst nicht annehmen, konnte seinen populären Sportler dann aber doch nicht halten. Neue Richtlinien des Reichssportkommissars zwangen den Verein zum Ausschluß Hirschs. Er bemühte sich vergeblich um eine Trainertätigkeit im Ausland. Vorübergehend fand er Arbeit, wurde dann jedoch arbeitslos und bekam finanzielle Sorgen. Hirsch verzweifelte mehr und mehr. Nachdem er auf einer Fahrt nach Frankreich aus dem Zug gesprungen war, kam er in eine psychiatrische Klinik. Wieder zurück in Karlsruhe, ließ er sich von seiner Frau scheiden, um seine zwei Kinder Heinold und Esther vor Verfolgungen zu schützen. Am 1. März 1943 wurde der Internationale »Juller« Hirsch mit elf weiteren badischen Juden, vermutlich nach Ausschwitz, deportiert. Das Amtsgericht Karlsruhe hat ihn 1950 mit Datum vom 8. Mai 1945 für tot erklärt.

Die systematische Verdrängung der Juden aus dem öffentlichen Leben, also auch aus dem Sport, begann umgehend im Jahre 1933 und war nicht zu übersehen. Auch in sportpraktischen Fragen machten sich die Nazis daran, ihre Überzeugungen durchzusetzen. Weiteren Tendenzen einer Entwicklung zum Berufsspielertum schob man einen Riegel vor. Der Amateurismus, ohne je in Reinform durchgesetzt gewesen zu sein, wurde von politischer Seite befohlen. Der Führer hob mit solchen Entscheidungen demonstrativ das Wohl des Volksganzen über individualistische Interessen, und er zog einen Schlußstrich unter die beinahe 20 Jahre währenden Debatten. Für solchen Rigorismus erhielten die Nazis den uneingeschränkten Applaus vieler Sportler.

Sportlich gingen die organisatorischen Anstrengungen auf. Bei der Weltmeisterschaft errang die Mannschaft von Nerz einen sensationellen Erfolg. Im Spiel um den dritten Platz bezwang der WM-Neuling Deutschland die leistungsstarke österreichische Mannschaft unter dem legendären Hugo Meisl mit 3:2, das hatte zuvor niemand zu hoffen gewagt. Bei diesem Erfolg hielt sich Herberger noch bescheiden im Hintergrund. Er war vor allem als Spielbeobachter mitgereist. Die Zeit zur Durchsetzung seiner Vorstellungen vom Fußball war noch nicht gekommen. Herberger erinnerte sich später: »Dr. Nerz hatte . . . das WM-System eingeführt, das er in England gründlich studiert hatte, und bestand auf seiner strikten Durchführung. Dieser ganz auf Zweckmäßigkeit eingestellte ›Kick-und-run‹-Stil entsprach nicht meinen Vorstellungen, die der spielerischen Phantasie mehr Gewicht beilegten.« Herberger opponierte nicht, aber er wußte genau, was er einmal verändern wollte. Einigen Anteil hatte Herberger jedoch daran, daß während des Turniers der Spieler Münzenberg nachnominiert wurde, was Szepan erfolgreich als Spielgestalter freisetzte.

Obwohl die Geschichte deutscher Ländermannschaften sehr viel älter ist, kann man mit Fug und Recht sagen, daß die Nazis der entscheidende Geburtshelfer bei der Gründung der Deutschen Fußball-Nationalmannschaft waren. Was Nerz und Herberger auf dem Fußballplatz formten, kam den politischen Interessen Hitlers zugute. Den beiden jungen Trainern standen mehr finanzielle und organisatorische Mittel zur Verfügung als je einem deutschen Trainer zuvor. Unter den Nazis wurde der Fußball erstmals zu einer Angelegenheit gehobenen politischen Interesses.

Unter der Führung von Felix Linnemann, DFB-Präsident seit 1925 und hauptberuflich Leiter der Preußischen Schule für Kriminalbeamte in Berlin-Charlottenburg, wurde die Gleichschaltung mit dem nationalsozialistischen Apparat zielstrebig vorangetrieben. Schon am 3. April 1933 wußte die *Fußball-Woche* von »Kundgebungen gegen Greuelhetze« zu berichten, die der neuen Regierung aus dem Ausland entgegenschlug. Der DFB versicherte den Sportsleuten aller Länder: »Die Ordnung in Deutschland ist gefestigter denn je.« Die im Ausland kursierenden Gerüchte von den Unmenschlichkeiten des Regimes wurden als »übelwollende Tendenzmeldungen« abgetan. Anläßlich des Endspiels um die Deutsche Fußballmeisterschaft von 1933 gelobte der DFB-Vorsitzende Linnemann dem Reichssportkommissar, »im Sinne der von ihm seit langem erstrebten Volksgemeinschaft« am Neubau des deutschen Sports mitzuwirken. Vor dem Neubau stand allerdings das Einreißen der alten Institutionen. Die DFB-Funktionäre zögerten nicht lange. Zusammen mit Edmund Neuendorff, Vorsitzendem der Deutschen Turnerschaft, und H. Pauli, Vorsitzendem des Deutschen Ruderverbandes, betrieb vor allem Felix Linnemann die Auflösung des Deutschen Reichsausschusses für Leibesübungen (DRA), dem zunächst der Deutsche Reichsbund für Leibesübungen (DRL) und schließlich der Nationalsozialistische Reichsbund für Leibesübungen (NSRL) als Dachorganisationen des Sports folgten. Die illegale Liquidation des DRA, so glaubt der Sportwissenschaftler Hajo Bernett, sei hauptsächlich Linnemann anzulasten. Neuendorff und Linnemann waren jeweils ehrgeizig bemüht, selbst mit zusätzlichen Machtbefugnissen ausgestattet zu werden.

Die Nationalsozialisten hatten die Anwendung von Zwangsmitteln gegenüber dem DFB zur Durchsetzung ihrer Machtinteressen überhaupt nicht nötig. Carl Diem bestätigte, daß der Auflösung des Reichsausschusses kein Beschluß des Reichssportkommissars von Tschammer und Osten vorausging. Es deutet einiges darauf hin, daß der Vorschlag zur Selbstauflösung ein mit von Tschammer und Osten abgekartetes Unternehmen war, denn bereits am darauffolgenden Tag stimmte dieser zu.

Josef Herbergers unmittelbarer Vorgesetzter in der Anfangszeit beim Westdeutschen Spielverband war Guido von Mengden, eine der schillerndsten Figuren der deutschen Sportpolitik nach 1933. Von Mengden stammte aus einer Familie von altem westfälischem Adel und war nur wenige Monate älter als Herberger. Als Hockeyspieler machte er sich einen Namen, konnte den Sport nach einer Kriegsverletzung von 1916 aber nicht mehr als Leistungssport ausüben. Im Hockey erwarb er auch erste organisatorische Erfahrungen in der Sportverwaltung. Von 1925 bis 1928 war er Geschäftsführer des WSV und Schriftleiter des Verbandsorgans *Fußball und Leichtathletik*. Bis 1933 war er geschäftsführender Direktor des WSV in Duisburg-Wedau.

In dieser Funktion nahm er erheblichen Einfluß auf die Politik des DFB. Als aktiver Ballsportler mischte er sich selbstverständlich auch in die sportlichen Belange ein. Es steht außer Frage, daß von Mengden in engem Kontakt mit Linnemann stand und in dem Beziehungsgeflecht um Herberger eine wichtige Rolle spielte. Von Mengden hatte zielstrebig seine Karrierechance unter den machtbewußten Nazis ergriffen. Bei der Gleichschaltung des WSV reagierte der mitgliederstarke Regionalverband unter von Mengden sofort auf die veränderte politische Ausrichtung. Der WSV-Vorstand empfahl seinen Vereinen am 14. März 1933, sich an den Geländesport-Lehrgängen des Reichskuratoriums für Jugendertüchtigung zu beteiligen. Anfang April erneuerte der WSV seine Richtlinien für Jugendarbeit von 1922 um sechs Leitsätze, die unter anderen »selbstlose Hingabe an die Notwendigkeiten unseres Volkslebens« forderten. Man bekannte sich zu den Aufgaben nationaler Erziehung und stellte am 13. Mai auf das Führerprinzip um. Zu diesem Zeitpunkt war eine nationalsozialistische Ausrichtung des Verbandes nicht zwingend gefordert. Andere Sportverbände reagierten weitaus defensiver. Von Mengden habe sich den Nationalsozialisten leidenschaftlich in die Arme geworfen, meint sogar Carl Diem, der für von Mengdens Rehabilitierung später jedoch eine wichtige Rolle spielen sollte. Mit Artikeln und Pamphleten biederte Guido von Mengden sich den Nazis für höhere Aufgaben an. »Die eigentliche Karriere von Mengdens«, schreibt Bernett, »beginnt mit seiner Berufung nach Berlin. Am 1. 6. 1933 – einen Monat nach seinem Eintritt in die NSDAP – zieht er als Pressewart in die Führungsspitze des Deutschen Fußball-Bundes ein. Von Bundesführer Linnemann beauftragt, redigiert er von Berlin aus das DFB-Organ *Deutscher Fußball-Sport. In* 11/2jähriger Arbeit profiliert er sich durch weltanschauliche Grundsatzartikel, die offenbar bewirken, daß von Tschammer und Osten ihn im April 1935 zum Pressereferenten des Deutschen Reichsbundes für Leibesübungen ernannte.« Von Mengden bestritt später, wegen seiner strammen nationalsozialistischen Gesinnung berufen worden zu sein. Vielmehr habe von Tschammer einen versierten Kenner des Sports als Pressesprecher gesucht. 1936 avancierte von Mengden zum Generalreferenten des Reichssportführers. Mit der Leitung des Generalreferats stand er an der Spitze der in acht Abteilungen gegliederten Sportverwaltung. Darüber hinaus war er SA-Hauptsturmführer und von November 1938 an SA-Sturmbannführer.

Ohne großen Widerstand war die allgemeine Umwandlung der Sportverbände in NS-Fachämter gelungen. Verhielten sich jedoch einige Verbände zögerlich abwartend, so stürmten DFB und WSV freimütig in die neue Zeit. Am 9. Juli 1933 fand in Berlin ein außerordentlicher Bundestag des Deutschen Fußball-

Bundes statt, der nur 28 Minuten dauerte. Ein einstimmiger Beschluß ermächtigte den Vorsitzenden Felix Linnemann, »alle personellen und sachlichen Maßnahmen zur Eingliederung des Fußballsportes in das Programm des Reichssportkommissars und die Umgestaltung des Deutschen Fußball-Bundes vorzunehmen«, schreibt der DFB-Chronist Carl Koppehel. »Wenig später verkündete Linnemann dann die neue Grundlage der Organisation und des Spielverkehrs. Die jetzige ›Fachsäule Fußball‹ wurde in 16 Gaue mit je zehn Gauklassenmannschaften aufgeteilt.« Noch ehe die Nazis Druck auf die einzelnen Organisationen auszuüben vermochten, hatten diese sich, nicht zuletzt aufgrund der Karriereabsichten ihrer Führungskräfte, der Nazi-Politik ergeben.

Daß alles auch sein Gutes hatte, kann man selbst 1954 noch den Worten Koppehels entnehmen, der ab 1937 Reichsschiedsrichter-Obmann und Pressewart des Fachamts Fußball war. In seiner *Geschichte des deutschen Fußballsports* schreibt das Mitglied der Reichsführung des NS-Reichsbundes für Leibesübungen und nach 1945 Mitglied des geschäftsführenden Bundesvorstands des DFB: »Die Männer, die bisher die Leiter des DFB und seiner Verbände waren, fanden auch nach dem politischen Umbruch seitens der nunmehr zur Leitung des Sportes berufenen Personen das Vertrauen, weiterhin die Geschicke des Fußballsports zu lenken. Viele Schranken und Hemmnisse für die Entwicklung des Fußballsports fielen, weil das jetzt herrschende politische System sie hinwegräumte. Damit entfiel auch manches Problem, das in den letzten Monaten sich besonders zugespitzt hatte.« Für den Deutschen Fußball-Bund war 1933 weniger eine Zäsur als ein Kontinuum. »Parteipolitisch waren die im Fußballsport führenden Männer nicht gebunden«, schreibt Koppehel, »sie brauchten also keine Umstellung vorzunehmen. Immer wurde im Fußballsport auf der Grundlage des gemeinsamen Wirkens für das Volksganze eng zusammengearbeitet. Es gab weder persönliche noch politische Gegensätze, sondern nur sachliche. Kein Bundes- oder Verbandstag hatte es notwendig, solche Probleme zu behandeln, weil diese sich von selbst ausschalteten.« Als der Rhetorikprofessor Walter Jens diese Worte Koppehels 1975 in seiner Vorbereitung auf einen Festvortrag zum 75jährigen Bestehen des Verbands las, traute er seinen Sinnen nicht. »Der Leser stockt. Das kann doch nicht wahr sein! Das ist ja Aberwitz«, sagte Jens zu den Festtagsgästen. Walter Jens forderte den DFB auf, seine Verbandsgeschichte endlich aufzuarbeiten, allerdings mit bis heute bescheidenem Erfolg. Das Erstaunliche an Koppehels umfangreichem Werk ist dessen in Detailfragen oft penible Genauigkeit bei gleichzeitiger kryptischer Bewertung von Zeitgeschichte.

Der 36jährige Fußballehrer Herberger saß in Duisburg an einer wichtigen organisatorischen Schaltstelle nationalsozialistischer Sportpolitik. Zu den führenden Leuten im WSV zählten neben Josef Klein auch Wilhelm Erbach, Willi Knehe und Constans Jersch. Letzterer mußte zunächst dem machtbesessenen Josef Klein an der Spitze weichen, doch schon bald hieß es, Jersch vertrete den WSV wieder nach außen. Zum Umfeld der WSV-Funktionäre gehörte übrigens auch Peter Josef Bauwens, der erste DFB-Vorsitzende nach dem Zweiten Weltkrieg. Wie sehr Herberger sich auch immer auf Fußballtaktik und Athletik konzentriert haben mag, die politischen Weichenstellungen in seiner unmittelbaren Umgebung, in der von Mengden ein Bindeglied bis zur obersten Führung war, dürften ihm nicht verborgen geblieben sein. Im einen oder anderen Fall wird ihm das Beziehen einer konkreten Position nicht erspart geblieben sein. In politischen Fragen galt eine seiner späteren Tautologien bereits damals in vollem Umfang: »Nach dem Spiel ist vor dem Spiel.« Herberger war stets listig und wußte, wie man Beziehungen geschmeidig erhält. Führungspersönlichkeiten erwies er Respekt, aber er verstand es auch, deren Aufmerksamkeit zu erlangen. Herberger war für Fußballfragen zuständig, den höheren Dingen widmeten sich andere.

Da war der Bochumer Rechtsanwalt Jersch, dem von Mengden in seiner Rechtfertigungsschrift bescheinigt, frei gewesen zu sein von »konservativ-völkischen Verengungen«. Ein Mitstreiter von Mengdens, für den dies wahrlich nicht gelten kann, war der Oberstudiendirektor Wilhelm Erbach, vor und nach 1933 Jugendwart des Deutschen Fußball-Bundes. Erbach, Jahrgang 1885, schlug bei Alfred Baeumler nach, ehe er die Parolen seiner künftigen Jugendarbeit ausgab. Mit Genugtuung erklärte er, daß der Nationalsozialismus »die Herrschaft der Theoretiker beseitigt« habe. Was der Jugendfußball seiner Auffassung nach hervorbringen sollte, waren: »wertvolle, charakterfeste, harte, einsatzbereite, vom Willen zum Sieg durchglühte, geistig aufgeschlossene Kämpfer und Führer«. Auf den Fußballspieler als »politischen Soldaten« hatte es unterdessen von Mengden abgesehen. »Anderthalb Jahre nur hat der deutsche Fußballsport Zeit gehabt, der Macht der Materie die Kraft des Glaubens gegenüberzustellen. Niemand kann erwarten, daß eine fünfzehn Jahre währende, schleichende Krankheit in ebensoviel Monaten überwunden sein kann. Aber die Fußballschlacht auf dem Sportplatz der Welt wurde heuer geschlagen. Der deutsche Fußball muß seine jungen Soldaten ins Gefecht werfen . . . Die Fähigkeit, den Einzelspieler völlig aufzusaugen in die Gemeinschaft der Mannschaft, verdankt der deutsche Fußballsport der nationalsozialistischen Weltanschauung«, schreibt er 1934 im *Reichssportblatt* Nr. 16.

Gegen solches Wortgeklingel schien Herberger in seiner konkreten Trainingsarbeit weitgehend resistent. Im Gegensatz zu Nerz hatte er immer die direkte Arbeit am und mit dem Ball bevorzugt. Spielerische Eleganz war ihm wichtiger als Kraftprotzerei, wenngleich er selbst vor allem ein konditionsstarker, harter Spieler war. In einem von Erbach herausgegebenen Leitfaden *Fußball, richtig gespielt*, dem ein kerniger Satz Hitlers über gestählte Körper vorangestellt ist und dessen sportliche Ausrichtung eindeutig die Handschrift des Fachamtssportlehrers Herberger trägt, heißt es: »Körper und Geist eines Könners gleichen einem feinen Instrument, das nicht nur für Fußball, sondern auch für andere Leibesübungen taugt und seinem Besitzer das stolze Selbstvertrauen gibt, das sich in jedem ernsten Kampfe bewährt. Weil aber der Ball den Jungen und jungen Menschen durch Spiel und Kampf zur Gesundheit und höchsten Leistungskraft führt und ihm mit der wachsenden Gewandtheit Kampfstärke und Einsatzbereitschaft für die Kameraden alles das gibt, was durch Leibesübungen erreicht werden kann, darum steht der Ball ganz im Mittelpunkt unserer sportlichen Arbeit.« Sepp Herberger, im ideologischen Sound vielleicht etwas unbeholfen, hatte zuallererst seine Überzeugungen vom richtigen Fußball im Kopf. Diese zu verändern hatte er auch in den nächsten Jahren wenig Anlaß.

Noch 1962 dachte er unentwegt über solche Fragen nach. In einem Jahrbuch des DFB schrieb er: »Zu Beginn der dreißiger Jahre hat ein reiner Zweckfußball mehr und mehr unsere Spielfelder erobert. Der Sieg bedeutete alles, in welchem Stil er errungen wurde, war von untergeordneter Bedeutung. Mit dem Spielniveau ging es ständig bergab, und man sah den Zeitpunkt auf sich zukommen, zu dem das Spiel vollends unter die Räder gekommen war. Im gleichen Geiste und in demselben Tempo entwickelten sich auch die dieser Einstellung gemäßen Trainingsmethoden. Der Trainingsbetrieb verlagerte sich mehr und mehr auf die Laufbahn. Rundenlaufen, Sprints und Läufe über kurze Strecken traten eine strenge Herrschaft in einem einseitigen abwegigen Trainingsprogramm an. Der Ball verschwand nahezu ganz aus dem Programm des Fußballtrainings, Wettkampf und Training steckten in einer engen Zwangsjacke harter, zweckgebundener Arbeit.« Solche Sätze sind auch eine nachträgliche Kritik an seinem Freund und Lehrmeister Otto Nerz. Herbergers Auffassung vom Training war jedenfalls nicht durch ideologische Ideale zu korrumpieren. »Eins ist für jedes Training wichtig: Es sollte nicht den Charakter einer anstrengenden, langweiligen und widerwillig geleisteten Arbeit haben. In einem gut geleiteten Training läßt die Freude am Tun das Gefühl für die Anstrengung gar nicht erst aufkommen. Die Spieler gehen begeistert mit, und es ist ein Zeichen guter Trainingsarbeit, wenn sie am Schluß des Trainings gewissermaßen ›lachend umfallen‹.«

Aber die zackigen Sportführer mit ihren geschwurbelten Theorien über soldatische Tugenden und gestählte Körper im Dienste des Volksganzen wurde der Sportlehrer Herberger, selbst wenn er es gewollt hätte, so leicht nicht mehr los. Zusammen mit dem »Bundesführer« Felix Linnemann begleitete Guido von Mengden die deutsche Nationalmannschaft am

17. März 1935 nach Paris. »Der Bundesführer will bei seiner Sporttruppe, bei seinen tapferen Jungs sein.« Von Mengden imaginierte sich in »Stahlgewitter« hinein und ließ in einem Nachbericht einige Stationen deutsch-französischer Geschichte vor seinem Auge Revue passieren. Als der Zug Compiègne, die Stätte der Unterzeichnung des Versailler Vertrages von 1919, passierte, gedachte er des »Schandvertrages« und nannte auch die »Schuldigen«, den ermordeten »geschwätzigen, in allen Töpfen kochenden, charakterlosen Matthias« Erzberger sowie Reichskanzler Scheidemann, »mit der verdorrten Hand«. Um alle Demütigungen der deutschen Seele auszulöschen, mußte Hitler kommen, der »Schluß gemacht hat mit einer Epoche erbärmlicher deutscher Geschichte«. Von Mengdens Text trägt den Titel »Sieg des Willens, Schattenrisse zu Frankreich–Deutschland« und erschien in dem von ihm redigierten *Deutschen Fußball-Sport* (Heft 6). Das Spiel endete 3:1 für Deutschland. Es war eines von 17 Länderspielen des Jahres 1935, so vielen wie nie zuvor in einem Jahr.

Am 18. Mai 1935 fand im Dresdener Ostragehege das Länderspiel Deutschland gegen die Tschechoslowakei statt. Zur selben Zeit betreute Sepp Herberger zum erstenmal selbständig eine deutsche B-Mannschaft gegen Bulgarien in Sofia. Den Nationaldreß dieser Mannschaft trug erstmals auch der junge Helmut Schön. Die Bulgaren siegten mit 2:0. Ein paar Tage später verlor die B-Mannschaft auch ihr Spiel gegen Jugoslawien in Belgrad. Diese Auftaktniederlagen Herbergers als Trainer einer internationalen Auswahlmannschaft sind jedoch in den offiziellen Statistiken nicht erfaßt. B-Länderspiele wurden erst später üblich und sind mittlerweile Länderspielen mit Altersbeschränkungen gewichen. Die zahlreichen Spiele, oft auch regionaler Auswahlen, dienten zunächst einmal zur Sichtung des Leistungsvermögens der Spieler. Es gab keine Bundesliga, in der die Mannschaften landesweit ihre Kräfte maßen, und es gab kein so weitreichendes Medium wie das Fernsehen, das über Können und Versagen umgehend und umfangreich in Kenntnis setzte, auch wenn der Rundfunk fraglos an Bedeutung gewonnen hatte. Länderspiele waren für ein Fußballverständnis, wie

Herberger es favorisierte, von hohem Erkenntniswert. Erst im Wettkampf ist zu ermessen, was im Training erarbeitet worden ist.

Doch die Länderspiele bekamen nun auch einen politischen Sinn. Sie sollten dem Ansehen Nazideutschlands als friedliebender, sporttreibender Nation dienen. Darüber hinaus sollte bei Olympia 1936 auch für den Fußball als Volkssport ein großer Sieg errungen werden. Ferner war der populäre Fußballsport längst zu einem ökonomischen Faktor geworden. Jedes bedeutende Spiel lockte große Zuschauermassen an, die bereit waren, für einen guten Wettkampf angemessene Eintrittsgelder zu bezahlen. Nerz, Herberger und die vier Assistenten leisteten alles in allem gute Arbeit. Dreizehn Siegen standen nur drei Niederlagen und ein Unentschieden gegenüber. Eine Niederlage kassierte man in London gegen England. Carl Koppehel konnte wenigstens in seiner Erinnerung im Jahre 1954 einen symbolischen Sieg davontragen: »Über 10000 Fußballanhänger begleiteten Deutschlands Elf; man konnte fast von einer deutschen Invasion in Englands Hauptstadt sprechen.« Weniger militärisch ausgedrückt, heißt das wohl, daß es sich für ein eben noch unter einer schweren Wirtschaftskrise leidendes Land um eine enorme touristische Untemehmung gehandelt haben muß.

Im Olympiajahr gehörten 10187 Vereine mit rund 600000 Spielern dem Fachamt Fußball an. Bereits 1935 hatten die Nazis die Zwangsmitgliedschaft in der Hitlerjugend für Schüler- und Jugendspieler angeordnet. Das senkte den Mitgliederzuwachs der Vereine nur vorübergehend. Ein Jahr später durften Sportvereine keine Schüler bis zum 14. Lebens Jahr aufnehmen. Damit sollte garantiert sein, daß die Jugendlichen ihre ersten Gruppenerfahrungen in einer nationalsozialistischen Organisation gemacht hatten, ehe sie in die Sportvereine kamen. Der Ausbildung von Fußballehrern wurde weiterhin große Beachtung geschenkt. An der Deutschen Hochschule für Leibesübungen, die bis zu ihrer Auflösung intensive Beziehungen zum Fachamt Fußball hatte, war Fußball ein wichtiges Hauptfach. Die Zahl der lizensierten Fußballehrer stieg sprunghaft an. Bis

1936 war der DFB aus vorwiegend ökonomischen Gründen als Scheinorganisation aufrechterhalten worden. »Der DFB«, schreibt Koppehel, »dessen Vermögen und Liegenschaften einen sehr erheblichen Wert besaßen, sollte nur noch international und als wirtschaftliche Organisation in Erscheinung treten.«

Gegen die Auflösung des Fußball-Bundes hatte es schon 1933 seitens der Funktionäre keinen bemerkenswerten Widerstand gegeben. Am 18. April 1936 wurde der vollständige Übertritt des Fußballs in den Reichsbund für Leibesübungen (DRL) beschlossen. Auch in diesem Punkt gibt sich Koppehel kalkuliert sentimental. »Eine große und stolze Tradition, das Ergebnis eines 36jährigen Wirkens, war damit zerbrochen. Leicht war es nicht, die grün-weiße Fahne einzuziehen, aber es bestand keine Möglichkeit, sich gegen den übermächtigen Druck zu wehren.« Wie eine Gegenwehr hätte aussehen können, steht auf einem anderen Blatt. Vielen DFB-Funktionären war es gelungen, sich unter den Nazis beruflich zu verbessern oder sich Ansehensvorteile zu verschaffen. So hatte Guido von Mengden den ehrenamtlichen Schatzmeister des DFB, Arthur Stenzel, zum DRL-Schatzmeister gemacht. Dieser habe es als gut bezahlter Filialdirektor der Dresdner Bank nicht nötig gehabt, eine solche Aufgabe anzunehmen, meint von Mengden, er habe sich aber schließlich von der Größe der Aufgabe überzeugen lassen. Geld war es wohl wirklich nicht, was Leute wie Stenzel an Funktionärstätigkeiten reizte. Sie faszinierte tatsächlich die »Größe der Aufgabe«, was immer das sein mochte. Bemerkenswerter als die Motivlage für ihr Mittun ist denn auch die Tatsache, daß sich die wichtigsten Führungskräfte des DFB durch die Nazi-Politik von Beginn an bestens repräsentiert sahen.

Von 1935 an waren auch im Fußball alle Anstrengungen auf das olympische Turnier ausgerichtet. Fünf Trainingsspiele wurden gegen den FC Everton aus Liverpool abgehalten, anschließend nahmen 43 Spieler an einem Lehrgang in Duisburg teil, von denen schließlich 22 zur Teilnahme am Turnier ausgewählt wurden. Doch die Krönung des sportpolitischen Plans, der Gewinn der Goldmedaille, scheiterte kläglich. Nach einem deutlichen 9:0-Sieg über Luxemburg schied Deutschland bereits in der Zwischenrunde durch ein 0:2 gegen Norwegen aus. Adolf Hitler, der, so will es die Legende, ursprünglich eine Ruderregatta hatte besuchen wollen und zu seinem ersten Fußballspiel überredet werden mußte, soll nach der Niederlage verärgert das Poststadion verlassen haben. Tatsächlich zeigen Filmdokumente, wie Hitler bei einzelnen Wettkämpfen mit seinen deutschen Athleten erregt mitfieberte. Vor weiterer Legendenbildung blieb auch das Geschehen um die Nationalmannschaft nicht verschont.

Bis heute lautet die überlieferte Kurzfassung, daß Otto Nerz nach der peinlichen Olympia-Niederlage bei den Machthabern in Ungnade fiel. Einige Chronisten dichten ihm nachträglich die Einstellung eines inneren Widerstands gegen die Nazis an und lassen ihn bereits 1940 in einem Konzentrationslager umkommen. Nerz kam wegen des verpatzten Olympia-Turniers allerdings nicht ins KZ. Trotz aller Bestürzung über das frühe Ausscheiden fiel er bei den Nazis wohl auch nicht in Ungnade, wenn man einmal von dem vorübergehenden Gram des Führers absieht. Koppehel drückt sich sehr viel vorsichtiger aus, wenn er sagt, daß »in Auswirkung des Mißerfolgs der Reichstrainer in Josef Herberger einen Fußballehrer beigeordnet erhielt«. Dieser Beigeordnete hatte auch schon vor der Olympiade großen Einfluß auf die Nationalmannschaft und stand enger zu Nerz als alle anderen Assistenten. Wenn die Reichssportführung personelle Konsequenzen angeordnet hätte, wäre es naheliegend gewesen, Herberger ebenfalls seines Amtes zu entheben. In den langen Analysen der schmachvollen Niederlage in der Fachzeitung *Kicker* fielen jedoch die Namen Nerz und Herberger nicht ein einziges Mal. Der Zwang zur Ideologie habe auf die Fußballerbeine hemmend gewirkt, lautete ein anderer Erklärungsversuch. »Den Spielern darf man keinen Vorwurf machen«, hieß es nach dem Spiel gegen Norwegen ebenfalls im *Kicker*, »denn sie wissen, daß sie ausradiert sind, wenn sie sich nicht genau an die gegebene Anweisung halten.« Das muß nicht unbedingt politisch verstanden werden, denn auch heute stehen widerspenstige Spieler bei Vereinsmanagern und Funktionären nicht hoch im Kurs. Wieder andere sahen in Nerz' unnachgiebiger, harter Trainingsarbeit die Ursache für das Scheitern. Der konditionelle Drill habe jegliche Spiellaune genommen. Die Leistungsträger der Mannschaft seien zu Beginn des Turniers bereits ausgebrannt gewesen. Tatsächlich verletzte sich der Düsseldorfer Verteidiger Paul Janes bei einem der täglichen 400-m-Läufe, die nach heutigen Erkenntnissen für Fußballspieler beinahe ausschließlich negative Folgen haben. Möglich, daß Nerz den Erfolgsdruck, dem er fraglos ausgesetzt war, an seine Spieler weitergab. Oder sollte es, was im Sport vorkommt, nichts anderes gewesen sein als eine zufällige Niederlage gegen eine bessere oder bloß glücklichere Mannschaft?

Die gegen die Deutschen siegreichen Norweger wurden schließlich guter Dritter des Turniers, während Italien den Olympiasieg nach einem 2:1 -Sieg über Österreich errang. Das Endspiel leitete übrigens der international erfahrene Schiedsrichter Peter Josef »Peco« Bauwens, der sich immer weiter in die Riege der Sportfunktionäre vorschieben konnte. Die Diskussion um die Absetzung oder den Rücktritt Nerz' erscheint in einer in der Fußballsprache bis heute üblichen Dramatik. Von Nerz selbst ist dazu keine Äußerung bekannt, wie überhaupt Sportler-Interviews erst nach dem Zweiten Weltkrieg zum Gegenstand der Inszenierung wurden. Erhellendes zu den Vorgängen um das Ausscheiden der Nationalmannschaft kann Robert Nerz, der 1935 geborene Sohn von Otto Nerz, beisteuern, der seine Kenntnisse wiederum aus den Erzählungen seiner Mutter, Ella Frieda Nerz, bezog. Für die Mannschaftsaufstellung sei ganz allein der Spielausschuß verantwortlich gewesen, der nach regionalem Proporz zusammengesetzt war und in dem stets harte Kämpfe um die Durchsetzung einzelner Gauinteressen ausgefochten wurden. Nerz habe gegenüber dem Spielausschuß allenfalls ein Vorschlagsrecht gehabt. Ein Brief, den Helmut Schön aufbewahrt hat, belegt freilich, daß dieses Vorschlagsrecht sehr weit ging. In ihrer Möglichkeit zur Vorauswahl der Spieler hatten Nerz und Herberger einen Großteil des Steuerungspotentials in der Hand. Die Diktion des Briefes von Nerz an Schön verrät ferner einiges über Nerz' Charakter:

»Lieber Sportskamerad!
Leider traf ich Sie bei meinem Besuch in Dresden nicht in der Verfassung an, die für die Nationalmannschaft notwendig ist. Ich sah Sie bandagiert, und nach dem Spiel erklärten Sie mir, daß Sie verletzt waren. So sehr es an sich anzuerkennen ist, wenn man seiner Mannschaft die Treue hält, so ist es doch meine Pflicht, Sie darauf hinzuweisen, daß das Spielen im verletzten Zustand vom sportlichen Standpunkt zu verwerfen ist. Nach Spanien kommen Sie nun nicht mit. Das geht nicht. Aber darüber hinaus möchte ich Ihnen sagen, daß Sie andauernd und oft verletzt sind. Es kommt wohl daher, daß Sie Ihre Verletzungen nicht ausheilen. Wenn Sie zur Nationalmannschaft kommen wollen, dann ist es vor allem notwendig, daß Sie gesund sind und stabil bleiben.
Mit bestem Gruß. Heil Hitler. Ihr Otto Nerz.«

Der Spielausschuß hatte Nerz' Vorschlägen zur Aufstellung gegen Norwegen jedoch zunächst entsprochen. Sein Vater habe um die Stärke der norwegischen Mannschaft gewußt, meint Robert Nerz. Auf der Autofahrt vom olympischen Dorf in Döberitz ins Poststadion nach Berlin habe sich der Spielausschuß jedoch anders entschieden. In der Euphorie, einen sicheren Sieg vor den Augen des Führers davonzutragen, wollten die Funktionäre, die sich schon beim Bankett mit den Parteigrößen wähnten, die besten Spieler schonen. In einem Anflug von Größenwahn schien man im Spielausschuß zu glauben, so Robert Nerz, daß die Norweger auch mit der Reserve zu bezwingen seien. Nach der Niederlage sei es dann zu einem heftigen Streit zwischen Nerz und Linnemann gekommen, der Nerz offenbar die alleinige Verantwortung zuschieben wollte. Linnemann habe im Grunde nicht sehr viel von Fußball verstanden, glaubte, laut Robert Nerz, Ella Frieda Nerz, die Linnemann immer als durchaus charmant, aber sehr machtbesessen und despotisch geschildert habe. Auf den obligatorischen Banketten nach einem Spiel habe Linnemann stets den Eindruck erweckt, daß ihn in diesem Rahmen vor allem die Spieler störten. Linnemann ließ es sich andererseits nicht nehmen, mit den Spielern eine Partie Schafskopf zu dreschen. Otto Nerz war gegenüber Linnemanns Herrenmenschgebaren keineswegs devot ergeben. Er kannte seine Kompetenzen ganz genau, und er wußte, daß die Nationalmannschaft zu großen Teilen sein Werk war. Obwohl er von verschiedenen Zeitzeugen als distanziert und autoritär geschildert wird, war er sich für mannschaftsdienliche Arbeiten keineswegs zu schade. Er kümmerte sich um die Trikots der Spieler ebenso wie um beschädigtes Schuhmaterial. Der Trainer dieser Tage war nicht zuletzt ein Mädchen für alles. Auf diese Weise fühlte sich selbst ein Pragmatiker wie Nerz emotional fest mit der Mannschaft verbunden. Es muß für ihn ein enormer Dämpfer gewesen sein, als ihm Herberger von Linnemann praktisch gleichrangig zur Seite gestellt worden war. Das trübte auch das Verhältnis der beiden Freunde. Es kam nun häufiger zum Streit zwischen ihnen, deren Kompetenzabgrenzung nicht ganz klar zu sein schien. Und als Nerz mitbekam, daß Herberger sich nicht an seine Anweisungen hielt, verlangte er von ihm das Aufstellen von genauen Trainingsplänen und deren Einhaltung.

Beide lagen sich nun auch häufiger in den Haaren, wenn es um Auffassungsfragen im Fußball ging. Herbergers Position war nach dem Ausscheiden bei der Olympiade sichtlich gefestigt. Seine Mutter, meint Robert Nerz, habe in ihren Erzählungen wiederholt negativ über Herberger gesprochen. Er schien seine Chance auf die alleinige Befugnis über die Nationalmannschaft zu wittern. Dennoch deutet nichts auf eine allzu große Hektik anläßlich des Führungswechsels in der Nationalmannschaft hin. Robert Nerz stützt Überlegungen, denen zufolge es politischen Druck auf seinen Vater gegeben habe. Im Jahre 1937 sei dieser für ein halbes Jahr von seiner Lehrtätigkeit suspendiert gewesen. Einen genauen Grund dafür kennt Robert Nerz nicht. Er vermutet vielmehr, daß seine frühere Zugehörigkeit zur Sozialdemokratie den Nazis noch immer ein Dorn im Auge gewesen sei. Otto Nerz gehörte zu diesem Zeitpunkt zwar der SA an, aber er war kein Mitglied der NSDAP. Es ist denkbar, daß man den Reichstrainer, der offenbar nicht mehr die Rükkendeckung Linnemanns genoß, nun stärker auf die Parteiarbeit verpflichten wollte.

Tatsächlich trat Otto Nerz am 1. Mai 1937 der NSDAP bei

und erhielt die Mitgliedsnummer 4158367. Kurioserweise hat Nerz den Antrag auf Aufnahme in die NSDAP erst am 10. Juni 1937 gestellt. Soweit es sich nicht um eine parteiorganisatorische Verfahrensweise handelte, kann man darüber spekulieren, daß andere an seinem Parteieintritt mitgewirkt haben. Es ist allerdings auch möglich, daß Nerz sich ganz gezielt auf eine berufliche Veränderung und damit auf einen Abschied von der Nationalmannschaft vorbereitet hatte. Seine Qualitäten waren an anderer Stelle im Grunde viel besser zu nutzen. Im Gegensatz zu Herberger war er ein Intellektueller und wollte es auch sein. Parallel zu seiner Tätigkeit für den DFB war Nerz einer zusätzlichen Ausbildung nachgegangen. Zwischen 1927 und 1933 hatte er an der Universität Berlin Medizin studiert. Das Staatsexamen legte er dort 1934 ab, und 1935 erfolgte seine Approbation. Ein Jahr später promovierte er zum Doktor der Medizin mit einer Arbeit über Knieverletzungen. Er selbst war einige Jahre zuvor am Knie operiert worden. Neben der Arbeit mit der Nationalmannschaft hatte Nerz sich also intensiv mit dem Fortgang seiner beruflichen Karriere befaßt. Gründlich, wie er war, glaubte er mehr über den Sport weitergeben zu können, wenn er die physiologischen und medizinischen Voraussetzungen des Körpers bis ins Detail kannte. Nerz war ein besessener Verfechter einer bis dahin kaum entwickelten Sportwissenschaft. 1936 wurde er an die neugegründete Reichsakademie für Leibesübungen als Leiter des sportpraktischen Instituts berufen. Nerz spielte im Plan der Sportführung also längst eine avancierte Rolle.

Die Reichsakademie war eine Art Nachfolgerin der Deutschen Hochschule für Leibesübungen, die 1935 aufgelöst worden war. Bis zum 12. Mai 1938 blieb Nerz offiziell in den Diensten des Fachamts Fußball. Daß dies nicht nur eine formale Regelung war, zeigt ein Foto aus dem Jahre 1938 anläßlich eines Spiels gegen Estland in Königsberg, auf dem er zusammen mit Mannschaft und Funktionären abgebildet ist. Nach seinem Eintritt in die Partei schien seiner beruflichen Karriere endgültig nichts mehr im Wege zu stehen. Am 3. März 1938 wurde Nerz zum außerordentlichen Professor in der Preußischen Besoldungsgruppe C 3 berufen. Parallel zu seiner akademischen Laufbahn verlief auch seine Karriere in der SA. Am 9. September 1933 wurde er zum Scharführer befördert. Es folgten weitere Beförderungen: Oberscharführer 1934, Truppführer 1935, Obertruppführer 1936 und Sturmführer 1938. Sie sind allein noch kein Indiz dafür, daß Nerz sich vom Sozialdemokraten zum linientreuen Nationalsozialisten entwickelt hatte. Die SA schenkte gerade Sportlern im Zusammenhang mit großen Erfolgen reichlich Lorbeer und Rangstufen aus. Eher dürfte die Stellung eines Beamten auf Lebenszeit Nerz stärker auf nationalsozialistische Ideale verpflichtet haben. Artikelserien im *12-Uhr-Blatt* aus dem Ullstein-Verlag, in denen Nerz unter anderem *Grundsätzliches über Leibesübungen im totalen Krieg* verfaßte, lassen jedenfalls keinen inneren Widerstand mehr gegen das Regime erkennen. »Nach dem Willen des Führers soll und muß der Sport – im weitesten Sinne – weitergehen«, schreibt Nerz im April 1943. »Er ist kriegswichtig.« Die Artikel, in der für Nerz typischen Diktion, erschienen an hervorgehobener Stelle im Blatt, das meist mit Durchhalteparolen bei der immer aussichtloser werdenden Kriegslage aufmachte. An gleicher Stelle veröffentlichte übrigens auch der spätere »Frühschoppenmoderator« Werner Höfer.

Was auch immer sich im Anschluß an die Niederlage bei der Olympiade 1936 um die beiden Fußballtrainer zugetragen haben mag, Otto Nerz war nicht durch die Nazis degradiert worden. Er machte unter der nationalsozialistischen Herrschaft und in Verbindung mit seinem Schaffen im Fußball eine steile Karriere vom kleinen Volksschullehrer zum Professor und Akademiedirektor. Diese wäre so geradlinig nicht möglich gewesen, wenn er infolge des sportlichen Versagens der Mannschaft von 1936 bei den Nazis, wie es heißt, in Ungnade gefallen wäre. Sein Kronprinz Josef Herberger hatte es vermieden, als Königsmörder zu erscheinen. Eine triumphale Einsetzung fand nicht statt. Einiges spricht dafür, daß die Nachfolge schließlich im Einvernehmen aller geregelt wurde, auch wenn Enttäuschungen und narzißtische Kränkungen mit im Spiel gewesen sein mögen. Ein Politikum, für das sich die NSDAP oder eine ihrer Gliederungen interessiert hätte, ist das Ausscheiden beim Olympischen Turnier nicht gewesen. Die Olympischen Spiele waren schließlich ein überwältigender Erfolg nationalsozialistischer Propagandapolitik, auch wenn in einigen Sportarten sogar Sieger wie Jesse Owens gefeiert wurden, die ganz und gar nicht ins Bild des nationalsozialistischen Sports paßten. Nerz' Bilanz als Trainer kann sich letztlich sehen lassen. Von 93 Länderspielen unter seiner Regie gingen nur 20 verloren, 16 endeten unentschieden und 57mal siegte er mit der Nationalmannschaft. Während seines zwölfjährigen Wirkens hatte die Nationalmannschaft deutlich an Konturen gewonnen. Die eigentliche Geschichte der Nationalmannschaft beginnt erst mit Otto Nerz. Kritiker meinen, die positive Bilanz des Fußballs im Nationalsozialismus sei auch auf viele Spiele gegen schwache Gegner zurückzuführen. Tatsächlich waren ja die meisten Länderspiele Freundschaftsspiele und als solche nur Vorbereitungen auf die alle zwei Jahre im Wechsel stattfindenden Weltmeisterschaften und Olympischen Spiele. Unter Nerz und Herberger und mit weitgehender Unterstützung der Reichssportführung wandelte sich der Fußball zu dem modernen Wettkampfsport, der heute noch immer der Deutschen Sportart Nummer 1 ist. Dagegen ist es kaum mehr als lächerliche Attitüde, wenn man im *Völkischen Beobachter* vom 5. Dezember 1936 liest, wie der Fußballer beschaffen sein muß. »Ein ganzer Kerl ist dazu erforderlich, keine weichlichen Schlappschwänze, die wegen jeder Schramme zu Mama laufen, sondern Kerle, die auch einen gehörigen Buff auf Knöchel und Schienbein vertragen können.« Daß Herberger wie Nerz einen gehörigen Buff vertragen konnten, scheint das nicht ganz aufzuklärende Geplänkel hinter den Kulissen zu verraten. Einen seelischen Buff hatte Herberger bereits am 24. Oktober 1936 abbekommen. In der Spiegelstraße 26 in Mannheim war seine Mutter gestorben. Eine Reaktion Herbergers auf ihren Tod ist nicht bekannt. Die Mannheimer Spiegelkolonie hatte er bereits weit hinter sich gelassen.

Josef Herberger war auf dem Weg, seine Vorstellungen von einer deutschen Nationalmannschaft zu verwirklichen. Das hatte nichts mit dem harten Kampfsport Fußball zutun, wie ihn

Naziideologen wünschten. Diesen wollte er ja gerade überwinden, aber das schrieb Herberger zu dieser Zeit niemandem ins Stammbuch. Seine Auffassung vom Fußballspiel zeigte sich wenig später auf dem Spielfeld und wurde unter dem Namen Breslau-Elf zur Legende. Nach einem Unentschieden gegen Holland und den Siegen gegen Belgien, Frankreich, Luxemburg und die Schweiz bezwang man am 16. Mai 1937 in Breslau Dänemark sensationell hoch mit 8:0. Nicht allein das Ergebnis, sondern die Art und Weise, wie der Sieg herausgespielt wurde, versetzte alle Beobachter in Verzückung. »Die Breslau-Elf spielte das moderne englische WM-System mit Stopper«, schreibt Helmut Schön, »sehr schnell, oft direkt, es war immer Bewegung da, das Spiel wurde über die Flügel aufgerissen. Überragende Solisten sorgten immer wieder für Überraschungen. Zum erstenmal zeichnete sich damals ein Stil ab, den man bis heute als ›deutschen Stil‹ bezeichnen kann.« Zur Mannschaft gehörten der großgewachsene Torwart Hans Jakob, der Düsseldorfer Verteidiger und Freistoßspezialist Paul Janes, der kantige Reinhold Münzenberg, die Läufer Kupfer und Kitzinger sowie der Stopper Goldbrunner. Ein glänzender Dribbler war Ernst Lehner. Er stand im Sturm mit Rudi Gellesch, Otto Siffling und Allan Urban. Und schließlich, als überragender Ausnahmespieler, Fritz Szepan, der Schalker Dirigent des Teams.

Herbergers Arbeit mit diesen Spielern trug Früchte. Sie waren vielseitig einsetzbar, aber das variable Systemspiel ließ auch genügend Raum für kreative Individualisten. Von den elf Spielen 1937 wurden bis auf das Unentschieden gegen Holland zu Beginn des Jahres alle gewonnen. Für die bevorstehende Weltmeisterschaft 1938 in Frankreich keimten bezüglich dieser Mannschaft große Hoffnungen auf einen Titelgewinn auf. Doch nun mischte sich die Politik, wahrscheinlich zum erstenmal, direkt in Aufstellungsfragen ein. Nach der Annexion Österreichs am 13. März, der Ostmark, wie es nun hieß, verlangte von Tschammer und Osten die Kombination der beiden leistungsstarken Mannschaften. Ein letztes Länderspiel zwischen Deutschland und Österreich fand am 3. April 1938 im

Wiener Praterstadion statt und galt als »Glaubensbekenntnis der Fußballer im Großdeutschen Reich«, wie es in der Sportzeitschrift *Kicker* hieß. Pikanterweise wird dieses Spiel in Österreich bis heute als offizielles Länderspiel gewertet, während es vom DFB ignoriert wurde.

Doch die einfache Arithmetik, der zufolge zwei gute Mannschaften die beste ergeben müssen, ging nicht auf. Herberger, der nun endgültig die Alleinregie über die Mannschaft hatte, befürchtete Schlimmes. Die beiden unterschiedlichen Spielsysteme paßten überhaupt nicht zueinander. Aus Österreich kamen erstklassige Einzelspieler wie Hahnemann, Skoumal, Neumer und Pesser. Sie spielten technisch hervorragend, wirkten in der Spielanlage aber auch etwas pomadig und langsam. Anders das moderne deutsche WM-System, das auf Kondition, Athletik und Flexibilität setzte. Hinzu kam, daß sich die Spieler untereinander als Konkurrenten betrachteten. Die Österreicher waren zudem überwiegend Berufsfußballer, was überhaupt nicht ins Konzept paßte. Der Konflikt vor der Weltmeisterschaft 1930 um die Berufsspielerfrage war auch unter den Funktionären nicht vergessen. Herberger blieb nur wenig Zeit, unter diesen schwierigen Voraussetzungen eine Mannschaft zu formen, die das Unternehmen Weltmeisterschaft in Frankreich bestehen konnte. Er experimentierte und probierte aus. Mal spielte eine fast rein österreichische Mannschaft gegen Aston Villa, dann überwogen wieder die deutschen Spieler. Die 22 Auswahlspieler für die Weltmeisterschaft setzten sich schließlich aus neun Österreichern und 13 Deutschen zusammen. Doch die durch die politischen Direktiven zusammengewürfelte Mannschaft scheiterte bereits in der Vorrunde. Nach einem 1:1 nach Verlängerung gegen die Schweiz mußte das Spiel wiederholt werden. Herbergers Mannschaft verlor trotz einer 2:0-Führung noch mit 4:2. Den so erfolgreich gestarteten Nerz-Nachfolger ereilte das gleiche Schicksal wie diesen bei der Olympiade 1936. Neben der erzwungenen Kombination der deutschen und österreichischen Mannschaft wurden jedoch auch noch andere Gewaltverhältnisse sichtbar.

Einer aus der legendären Mannschaft der Österreicher, die

den Beinamen »Wiener Schule« erhalten hatte, war nicht in die großdeutsche Mannschaft zu integrieren. Es war Mathias Sindelar, ein Zauberer am Ball, von dem Alfred Polgar sagte, er habe Geist in den Beinen gehabt. Mathias Sindelar starb am 23. Januar 1939 zusammen mit seiner Freundin an den Folgen einer Kohlenmonoxidvergiftung. Der österreichische Schriftsteller Friedrich Torberg schreibt in seinem Gedicht »Tod eines Fußballspielers«:

> Es jubelte die Hohe Warte,
> der Prater und das Stadion,
> wenn er den Gegner lächelnd narrte
> und zog ihm flinken Laufs davon
>
> bis eines Tags ein andrer Gegner
> ihm jählings in die Quere trat,
> ein fremd und furchtbar überlegner,
> vor dem's nicht Regel gab noch Rat.
>
> Von einem einzigen, harten Tritt
> fand sich der Spieler Sindelar
> verstoßen aus des Planes Mitte,
> weil das die neue Ordnung war.

Die von Torberg nahegelegte Selbstmordversion blieb allerdings immer umstritten. Denkbar ist auch ein Unfall, der auf eine defekte Heizung zurückgeführt werden kann. Wie auch immer, Sindelar kam ursprünglich in der Herberger aufgezwungenen Konzeption vor, aber der Antifaschist Sindelar lehnte eine Teilnahme ab. Herberger indes meisterte die undankbare Aufgabe und ging trotz der Niederlage gefestigt daraus hervor. Er genoß das Vertrauen der Aktiven ebenso wie der Funktionäre. Guido von Mengden, Felix Linnemann, Wilhelm Erbach, Georg Xandry, Hauptgeschäftsführer des Fachamts Fußball, alle mit mehr oder weniger Kontakten in die große Politik, schätzten den Reichstrainer als zuverlässigen, politisch integren Sportsmann.

Die großdeutschen Politiker, Strategen und Feldherren hatten sich unterdessen längst auf Länderspiele ohne Fair play eingerichtet. Das bekamen auch die Spieler zu spüren. Helmut Schön berichtet von einem Länderspiel in Bukarest, wo die Stimmung außerhalb des Spielfelds alles andere als ausgelassen und fröhlich war. Man befürchtete Anschläge auf die deutsche Mannschaft, die politisch verheerende Folgen haben könnten. Ein deutscher Sportberichterstatter, der im Schloß des Königs Carol Fotos machte, wurde von der Geheimpolizei vorübergehend festgenommen. Unbemerkt tauschte er zuvor noch seine Kamera mit der Schöns, der lediglich Touristenaufnahmen gemacht hatte.

Auf die Spieler der Nationalmannschaft wuchs der Druck, in die NSDAP einzutreten. Von einem, der für Deutschland spielt, wird das jetzt verlangt, hieß es. Ein anderes Mal versuchte man, Schön und Torwart Willibald Kress für die SS anzuwerben. Beide lehnten ab, als sie erfuhren, daß SS-Übungen Vorrang vor Fußballspielen haben sollten. Ein anderer Nationalspieler, der Hamburger Tull Harder, war SS-Mitglied und kam später zum Wachpersonal des Konzentrationslagers Neuengamme.

Aus Anwerbungsversuchen schien sich Herberger jedoch herauszuhalten. Denkbar ist, daß er sich ausbedungen hatte, den Rücken für sportliche Entscheidungen frei zu haben. Obwohl die Partei viel für den Fußball getan hat, diente der Fußball ihr im Gegenzug nicht als reiner Mitgliederlieferant. Herberger wußte, daß der Fußball im ideologischen System ganz andere Leistungen zu erbringen imstande war. Der Fußballsport, wie er ihn verstand und sein Leben lang propagiert hat, leistete auch in anderen Systemen gute Dienste. Herberger sprach in einem Interview einmal von seinem fortwährenden Versuch, »in den Grenzen der geltenden Moral zu leben. Aber mein Leben ist natürlich nicht völlig ohne kleinere Grenzverletzungen verlaufen.« Zum alltäglichen Grenzverkehr jedenfalls hat stets der Kontakt zur politischen Sportführung der Nazis gehört. Herberger wurde zu organisatorischen Dingen befragt. Sehr früh entwickelte er Pläne für eine überregionale deutsche Liga. Das System, nach dem die Deutschen Meister ermittelt wurden, war ihm viel zu unprofessionell. Es hing von vielen Zufällen ab und erschwerte die Talentsuche, weil selten einmal wirklich die besten Mannschaften aufeinandertrafen.

Sepp Herberger gewann mit seiner Idee einer Reichsliga immer mehr Freunde bei der Fachamtsführung. Das Thema sollte am 26. August 1939 auf einer Tagung in Bremen ausführlich behandelt werden. Die Tagung wurde noch eröffnet, aber es kam nicht mehr zu Entscheidungen. Angesichts dessen, was sich an der deutschen Grenze zu Polen zuspitzte, verlor das Thema Reichsliga an Bedeutung. Die Fachamtstagung wurde abgebrochen. Wenige Tage später, am 1. September 1939, begann mit dem deutschen Überfall auf Polen der Zweite Weltkrieg.

Kapitel 5
Kriegsspiele

Spätestens mit Beginn des Krieges begann sich auch das Reichsministerium für Volksaufklärung und Propaganda für den Sport zu interessieren. Internationale Fußballspiele wurden weiterhin ausgetragen. Mit der Fortsetzung der Länderspiele versuchte man dem Ausland gegenüber seine Überlegenheit zu demonstrieren. Der Krieg gegen Polen sollte, wie der Gewinn einer Meisterschaft, zu einem nationalen Triumph werden. Wie schon 1914 bemühte man sich um die Bindung kollektiver Energien. Eine euphorische Kriegsbegeisterung war in den ersten Wochen des Krieges fraglos vorhanden. Sportveranstaltungen wurden mit Fortdauer des Krieges dem Grundsatz unterstellt, zur »Aufrechterhaltung der Stimmung« beizutragen. Der immer populärer werdende Fußballsport war dazu bestens geeignet. Ein für Anfang September 1939 geplantes Länderspiel gegen Schweden mußte allerdings abgesagt werden. Herberger überbrachte der bereits im Hotel »Russischer Hof« in Berlin versammelten Mannschaft die Nachricht höchstpersönlich.

Der »Russische Hof« war der Treffpunkt der Sportfunktionäre und wiederholt auch der Ort wichtiger Konferenzen. Es habe wieder Schüsse im Korridor nach Danzig gegeben, polnische Provokationen, teilte Herberger den Spielern mit. Flug und Länderspiel seien auf höchste Weisung annulliert worden. Ein Spiel gegen die Slowakei in Preßburg fand jedoch einige Tage später statt. Gegen Ungarn bezog man am 24. September eine klare 5:1-Niederlage, die, wie Helmut Schön meint, auf eine »gewisse Nervosität« zurückzuführen war. Freunde waren eingezogen worden, und von der Front kamen erste Todesmeldungen. So etwas ließ auch die Fußballspieler nicht kalt. Doch die Reichsführung ordnete eine Stimmung allgemeiner Sicherheit an. Von Tschammer hatte darauf bestanden, daß ein für

Oktober angesetztes Länderspiel gegen Ungarn unbedingt zur Austragung gelangte. Durch Ungarn ging eine große Sympathiewelle für Polen. Außerdem waren viele polnische Flüchtlinge in Budapest. Noch kam es offenbar darauf an, den Krieg als eine Art Staatstheater zu inszenieren. Am 12. November fand ein Länderspiel gegen das besetzte »Protektorat Böhmen-Mähren« statt, zu dem Anschläge aus der Bevölkerung nicht auszuschließen waren. Gerade in den besetzten Gebieten wollte man Normalität simulieren. »Nur langsam kam der Fußball in ruhigere Bahnen«, schreibt der DFB-Chronist Koppehel. »Er konnte sich freihalten von den durch die politischen Verhältnisse bedingten Hemmnissen.« So glaubte man es für sich und für den Fußballsport immer wieder reklamieren zu müssen.

Der Mythos eines von der Politik entlastenden Sports war unter Fußballern auch nach 1945 weit verbreitet. Tatsächlich rollte der Ball seit September 1939 im Auftrag des Krieges. Schon im Dezember fiel der Startschuß zu einer Kriegsmeisterschaft, an der auch die besetzten Gebiete Danzig-Westpreußen und das westliche Polen teilnahmen. Man war offenbar organisatorisch auf die neue Lage vorbereitet. Der Ausnahmesituation des Krieges sollte die Normalität des Alltags gegenüberstehen. Die Nationalmannschaft von Reichstrainer Herberger fand aber weiterhin gute politische Unterstützung, der Länderspielverkehr wurde intensiviert. Länderspiele und Lehrgänge standen vorher stets in einem gewissem Konflikt mit den Vereinsinteressen. Spieler mußten abgestellt werden, Terminüberschneidungen waren nicht immer auszuschließen, und manchmal kamen die Akteure verletzt zurück. Die Vereine hatten im Grunde wenig von der Ehre, die ihre Spieler erwarben. Immerhin, die Presse berichtete nun ausführlich über die Länderspiele, und einzelne Spieler erlangten eine gewisse Berühmtheit. Das Ansehen des Fußballs hatte sich gegenüber dem einstigen Image vom ruppigen Proletariersport erheblich gewandelt. Herberger hatte, ganz nach seinem Geschmack, alle Hände voll zu tun. Bis zum Jahresende 1939 kamen noch sechs Länderspiele zur Austragung, und auch im kommenden Jahr herrschte reger Spielverkehr. In zehn Spielen erzielte man fünf

Siege bei zwei Unentschieden und drei Niederlagen. Sieg und Niederlage hatten nun eine unmittelbar politische Bedeutung.

Am 14. Juli 1940 stand erstmals ein junger Mann im Aufgebot, den der damalige Trainer des Gaus Südwest, Karl Hohmann, zwischen 1930 und 1937 selbst Internationaler, für einen Versuch in der Nationalmannschaft vorgeschlagen hatte. Herberger hatte den jungen Mann bereits im Frühjahr1939 während eines Lehrgangs kennengelernt. Fritz Walter, so derName des Jungen, erinnert sich genau an die erste Begegnung: »Erstmals in meinem Leben hörte ich die später ach so vertrauten Sätze wie: ›Männer, ihr müßt euch immer vor Augen halten . . .‹ – ›Männer, wenn der Gegner angreift . . .‹ – ›Männer!‹« Herberger redete seine Spieler mit dem Vornamen an, fügte aber sofort ein distanzierendes Sie hinzu, auch beim jungen Fritz Walter, den sein Vorgänger Otto Nerz vermutlich nur »Bürschel« genannt hätte. Männer, so dirigierte auch der Spieß seine Truppe. Bei Herberger klang jedoch ein egalitärer Ton mit durch, mehr wie der eines erfahrenen Truppführers vor seinen Pfadfindern, die ihre Sache ernst nehmen und doch wissen, daß ein Spiel gespielt wird. Aber das Spiel wurde ernster. Wer zum Kreis der Nationalmannschaft gehörte, mußte sich vorerst keine Sorgen machen, zur Wehrmacht eingezogen zu werden.

Zwischen dem ersten Lehrgang und dem ersten Länderspiel Fritz Walters lag ein gutes Jahr. Unter die hektographierten Zeilen der Einladung zum Länderspiel gegen Rumänien in Frankfurt hatte Herberger ein paar handschriftliche Zeilen ergänzt: »Denken Sie daran: Fußball wird nicht nur auf dem Boden gespielt« – eine Mahnung, die Herberger dem jungen Talent bereits beim ersten Lehrgang vorgehalten hatte. Für Walter war sie ein Beweis dafür, daß der Reichstrainer die erste Begegnung mit ihm, dem Grünschnabel, nicht vergessen hatte. Sein gutes Gedächtnis war ja eines der wichtigsten Arbeitsmittel des Reichstrainers. Das hatte Herberger von seinem Vorgänger Nerz übernommen, der sich, ohne viel darüber zu reden, die Eigenschaften jedes einzelnen gut einprägen konnte. In dem später so berühmten Notizbuch Herbergers waren die Initialen F. W. längst vermerkt. Der Rest des Spiels findet sich in den offiziellen Statistiken: Fritz Walter erzielte drei Treffer beim 9:3-Sieg, zwei davon per Kopf, ganz wie es der Reichstrainer angemahnt hatte. Der pflichtbewußte Walter folgte auch der Herbergerschen Anweisung, das gewöhnliche Vereinstraining durch zusätzliche Einheiten zu ergänzen. Täglich joggte er morgens vor und abends nach der Arbeit in einer Kaiserslauterner Sparkasse auf dem Betzenberg, dem Stadion seines Klubs 1. FC Kaiserslautern.

Herberger legte nicht nur Wert auf die körperliche Fitneß seiner Spieler, er impfte ihnen fortwährend auch Anstand und korrektes Auftreten ein. Ein Länderspiel im Ausland erfüllte nicht zuletzt diplomatische Aufgaben für die Nation im Krieg. Doch im dritten Kriegsjahr wurden sich auch die privilegierten Nationalspieler bewußt, daß der Krieg wenig mit einem Sportwettkampf zu tun hatte. Auf Vereinsebene drosselte man den Spielbetrieb. Durch die steigenden Einberufungen zur Wehrmacht gingen den Mannschaften die Spieler aus. Ältere wurden reaktiviert, und die Jüngeren rückten in die Seniorenmannschaften auf. Für die Kriegsmeisterschaften 1941 wurde es untersagt, einberufene Soldaten für Spiele zu beurlauben. Dafür wurde es üblich, am Ort stationierte Soldaten als Gastspieler zu beantragen. Manche Klubs versuchten, bestimmte Spieler mit Hilfe von Beziehungen in Kompanien in Ortsnähe zu bekommen. Das führte zu allerlei Spekulationen darüber, wer gerade in welcher Mannschaft dem Leder nachjagte. Internationale Vereinsspiele kamen nur noch zur Austragung, wenn sie für politische Zwecke wünschenswert waren. Die Nationalmannschaft fand demgegenüber bessere Bedingungen vor, aber auch für Herberger wurde die Lage schwieriger. Er mußte vor Länderspielen Listen mit Spielernamen aufstellen, die für die Nationalmannschaft wichtig waren. Diese wurden dann »gvH« geschrieben, »garnisonsverwendungsfähig Heimat«.

Fritz Walter war am 5. Dezember 1940 in Kaiserslautern als Infanterie-Rekrut eingezogen worden. Die meisten anderen Nationalspieler waren ebenfalls Soldaten. Eine Ausnahme bildete Helmut Schön, der wegen seines lädierten Knies ausgemustert worden war. Zum Kreis der Nationalmannschaft gehörte er deswegen trotzdem. Am 6. April 1941 stand wieder ein Länderspiel gegen Ungarn auf dem Plan, zu dem Reichssportführer von Tschammer und Osten es sich nicht nehmen ließ, seinen Sportkameraden einen guten Rat mit auf den Weg zu geben: »Spielt ja fair! Es liegt etwas Besonderes in der Luft! Das Spiel ist mehr als ein Fußballspiel. Es ist eine Demonstration der Freundschaft!« Kurz darauf trat Ungarn an der Seite der Achsenmächte Deutschland und Italien in den Krieg ein. Für die vorausgegangene 1:5-Niederlage und ein nachfolgendes 2:2-Unentschieden entschädigte man sich diesmal durch ein sensationell hohes 7:0. Fritz Walter kommt bei der Erinnerung an dieses Spiel ins Grübeln. In Friedenszeiten wäre vielleicht wieder von der Geburt einer neuen Mannschaft die Rede gewesen, wie seinerzeit bei der Breslau-Elf. Nun kam ihm in den Sinn: »Das alles mitten im Krieg? Gab es nicht Wichtigeres in dieser Zeit als Sport, als Fußball? Wir dachten nicht darüber nach. Wir hätten und wir haben uns später jedem anderen Befehl gebeugt. Viele National- und Vereinsspieler sind an der Front gefallen. Im Augenblick waren wir dankbar, daß man uns noch Fußball spielen ließ. Und dankbar für sportliche Ablenkung war auch die Bevölkerung, von der schon hinreichend Opfer und Entbehrungen verlangt wurden.« Fritz Walter wußte außerdem, daß es eine ungeheure Bevorzugung war, zum ausgewählten Kreis der Spitzenathleten zu gehören.

Helmut Schön erkannte darüber hinaus die politische Bedeutung des Unternehmens Nationalmannschaft: »Die Kriegsländerspiele hatten ihre eigenen Gesetze und Perspektiven. Erst einmal dienten sie der politischen Führung als Demonstration im neutralen Ausland. Für uns war mit jedem Länderspiel die verlockende Aussicht verbunden, über die Grenzen zu kommen. Es war immer ein extra Einkaufsnachmittag eingeplant. Auf zum nächsten Kaufhaus!« Eine bessere Gratifikation war im dritten Kriegsjahr kaum zu haben. Der Wiener Willy Hahnemann schmuggelte nach einem Länderspiel in Schweden gleich eine halbe Ausstattung für seine Wiener Drogerie außer Landes, obwohl ein strenges Ausfuhrverbot herrschte. Zuvor hatte die Mannschaft, ausgerechnet am Tag des Führergeburtstags, ein Spiel in Bern gegen die Schweiz verloren. Das grenzte, meint Schön, an Hochverrat. Man schob die Niederlage auf das köstliche Schweizer Essen, doch die Mannschaft war keineswegs ausgehungert – auch zu Hause erhielten die Spieler Sonderrationen.

Im Hintergrund des Länderspielverkehrs agierte Herberger als geschickter Organisator. Er unterhielt Beziehungen zur Reichssportführung wie zur obersten Heeresleitung, zwischen denen es immer wieder zu Interessenkollisionen kam. Herberger war ein guter Telefonierer und, wenn es darauf ankam, ein devoter Briefschreiber. Während Fritz Walter sich damit zufriedengab, Fußball spielen zu dürfen, wußte Herberger ganz genau, in welchem politischen Beziehungsgeflecht er sich bewegte. Schon seit Jahren schwelte ein Streit zwischen dem Reichsbund für Leibesübungen (DRL) und der Hitlerjugend (HJ), die einen direkten Zugriff auf den Sport durchsetzen wollte. Das widersprach den Absichten von Tschammers, der dadurch an Einfluß verloren hätte. Schon am 21. Dezember 1938 war der DRL unter der Federführung von Guido von Mengden in den Nationalsozialistischen Reichsbund für Leibesübungen (NSRL) überführt worden. Der Parteieinfluß wurde zunehmend größer. Für einen Verantwortlichen des Sports wie Herberger kam es darauf an, hier nicht zwischen die Fronten zu geraten. Wie geschickt er sich zwischen den Positionen zu bewegen verstand, zeigt ein Brief, in dem er Rückschau auf das Jahr 1940 hält: »Wenn wir im Frühjahr eine Arbeit wiederaufnehmen und fortführen, die wir in den letzten Monaten des vergangenen Jahres begonnen haben, nämlich die Erfassung der Spitzenkönner der HJ, dann bahnen wir im Zuge einer fortlaufenden Schulung und Ausbildung eine mächtige Entwicklung in die Breite an und schaffen darüber hinaus unserer Nationalmannschaft einen starken Unterbau. Die Begeisterung an den Lehrgängen (der 16- bis 18jährigen) ist schlechtweg nicht mehr zu übertreffen. Sie werden auch in diesem Jahr einen Hauptteil unseres Arbeitsprogramms ausmachen. Die Arbeit nimmt im Bereich und Gebiet ihren Anfang und erstreckt sich über eine systematische Erfassung der Jugendlichen über den Weg der Bannmannschaften. Den Gebietslehrgängen folgen Gruppenlehrgänge, in denen die Besten aus benachbarten Gebieten weitergeschult und mannschaftsmäßig zusammengefaßt werden. Die Gruppenmannschaften bilden wiederum die Substanz für die Auslese zu den Reichslehrgängen.« Positives Denken, gute Stimmung und möglichst wenig Konkretes, das war die Devise bei solchen Berichten.

Zu einer sehr viel wichtigeren Aufgabe wurde es für Herberger, dafür zu sorgen, daß seine Spieler nicht an die Front geschickt wurden. Oft war er in seinen Bemühungen erfolgreich. Immer wieder konnte er die politisch und militärisch Verantwortlichen davon überzeugen, daß Fußballspiele in der Heimat eine aufbauende Wirkung auszuüben vermochten. Die internationalen Verbandsbeziehungen wurden weiter aufrechterhalten. Trotz des Krieges plante man unter Mitwirkung Felix Linnemanns die Einführung eines Europapokals. Um die Auswahlspieler nicht über Gebühr zu beanspruchen, unterbrach man die Spiele um den Bundespokal der Gau-Mannschaften. Aber der Hitler-Krieg verschonte Herbergers Nationalmannschaft nicht länger. Am Ende des Krieges zählte man 34 als Soldaten umgekommene Nationalspieler. Wahrscheinlich wären es ohne Herbergers Interventionen noch mehr gewesen. Für die vielen Privilegien und Erleichterungen, die man den Nationalspielern zugestand, mußten sie am propagandistischen Unternehmen mitwirken. Goebbels, als Reichsminister für Volksaufklärung und Propaganda, nahm den Sport mehr und mehr unter seine Fittiche. Unter der Regie von Herbergers früherem Vorgesetzten von Mengden wurden Kriegsprogramme des NSRL auf ihren Beitrag zur politischen Stimmungsführung festgelegt. Ein weiteres Produkt der Zusammenarbeit zwischen Sport und Propagandaministerium ist der 1941 gedreht Ufa-Spielfilm »Das große Spiel« unter Beteiligung einiger Nationalspieler. Mit von der Partie war auch ein Neffe Josef Herbergers, der nach dem Krieg in die USA auswanderte und dort als Trainer arbeitete. Für alle Beteiligten bedeuteten die Dreharbeiten fraglos ein großes Privileg, denn die Folgen des Krieges wurden immer deutlicher spürbar.

Im Sommer 1942 fuhr die deutsche Mannschaft abermals nach Bern zu einem Spiel gegen die Schweiz. Wichtiger als die 90 Minuten auf dem Platz wurde für die Spieler die Reise selbst. Man konnte eine Stadt im Frieden genießen. Herberger besorgte Theaterkarten und steckte den Spielern sogar ein paar Franken fürs Kasino zu. Er ahnte bereits, daß es mit dem Länderspielverkehr zu Ende gehen würde. Möglicherweise war er schon durch seine politischen Informationsquellen davon in Kenntnis gesetzt. Je länger der Krieg dauerte, desto weniger machten internationale Fußballspiele Sinn. War Herbergers Projekt Nationalmannschaft bereits am Ende? Fritz Walter berichtet von einer Episode mit dem Schalker Allan Urban, der auch nach einer Siegesfeier nicht den Weg von der Bar ins Bett fand. Herberger habe Verständnis gezeigt für die Vergnügungsgelüste seines »Mannes« und sich später über seine Nachsicht gefreut. Der Soldat Urban kam 1943 um.

Zwischen Reichssportführung, Partei und Ministerien gab es wiederholt Konflikte. Reichsorganisationsleiter Robert Ley und von Tschammer fochten fortwährend um Zuständigkeiten. Neben der HJ versuchte auch die NS-Gemeinschaft »Kraft durch Freude« Einfluß auf den Sport zu gewinnen. Nach ihren ständigen Streitereien und Abgrenzungskämpfen wurden Ley und von Tschainmer 1941 jedoch zur gegenseitigen Anerkennung gezwungen.

Über die Rolle des Fußballs herrschten geteilte Auffassungen. Nach einer Länderspielniederlage soll Goebbels getobt haben, weil Niederlagen wenig zur guten Stimmung beitragen konnten. Von Tschammer hingegen legte Wert darauf, bekannte Spieler an die Front zu schicken, um sie als Vorbilder herauszustellen. Zu einem Einsatz in einer Soldatenmannschaft in Paris kam Fritz Walter deshalb unter falschem Namen. Als die Sache dennoch herauskam, mußte Herberger, den Walter um Erlaubnis gebeten hatte, sich vor von Tschammer rechtfertigen. Die Verbindung des Reichstrainers zu von Tschammer und Osten währte mittlerweile schon fast zehn Jahre. Ein Rapport bei von Tschammer war für Herberger kein schwerer Gang. Der Sportkommissar kannte den Reichstrainer als zuverlässigen und pflichtbewußten Vertreter des Fußballsports im Sinne der nationalsozialistischen Sache. Wenn Herberger hier und da listig war, um alles Erdenkliche für seine Unternehmungen zu erreichen, so kannte er doch auch seine Grenzen. Von Tschammer und Osten, so meint jedenfalls Guido von Mengden, sei ohnehin alles andere als ein SA-Rabauke gewesen. Er war überzeugter Nationalsozialist, aber zugleich sei es ihm möglich gewesen, mit einer gläubigen Christin der Herrnhuter Gemeinde zusammenzuleben. Herberger gelang es, den ranghohen Nazipolitiker durch seine menschliche Integrität für sich einzunehmen. Für den sportfremden Tschammer war die Nationalmannschaft immer ein wichtiges propagandistisches Instrument gewesen. Guido von Mengden rühmt in seiner Rechtfertigungsschrift Tschammer für dessen Weitsicht, im Sport vieles beim alten belassen zu haben, und daß »die Vereine leben konnten, wie sie vorher gelebt hatten ... Ihm wurde fast immer zugejubelt.« Von Mengden räumt ein, daß es Ausnahmen von der Begeisterung für den Reichssportführer gab: »... und schließlich alle jüdischen Sportler. Ihnen waren zu viele Ideale zerschlagen worden.« Wenn es nur die Ideale gewesen wären.

Vor dem Länderspiel am 1. November 1942 gegen Kroatien tauchte ein Major der Wehrmacht mit Namen Graf bei Herbergers Mannschaft auf. Er war als Jagdflieger mit zahlreichen Abschüssen ebenso populär wie die Sportler. Ja, es erschienen Artikel über ihn und seine Heldentaten als Jagdflieger, die im Ton der Sportberichterstattung aufs Haar glichen. »Langes Zögern ist nicht Grafs Sache«, hieß es im *12-Uhr-Blatt* vom 9. September 1943, »und da er einen günstig fliegenden viermotorigen Bomber entdeckt hatte, griff er ohne Rottenflieger oder sonstige Rückendeckung an, schoß, drehte ab und ging wieder auf Höhe.« Anlaß dieses Kriegsberichts war Grafs 203. Abschuß. »›Da ich in der Nähe landen konnte‹, erzählte Graf weiter, ›habe ich mit dem gefangenen Flugzeugführer, einem Amerikaner, gesprochen. Er hatte die Flegelhaftigkeit, während des Gesprächs die Zigarette im Mund zu behalten und die Hände immer tiefer in den Hosentaschen zu vergraben.‹« Solche Respektlosigkeit erfuhr der Major im Kreise der Fußballfreunde nicht. Fußball war das Hobby des soldatischen Helden, der als Torwart schon an einigen von Herbergers Lehrgängen teilgenommen hatte.

Graf nutzte Popularität und Dienstgrad dazu, eine Soldatenmannschaft zusammenzustellen, die unter dem Namen »Rote Jäger« einige Berühmtheit erlangen sollte, als es schon keine Länderspiele mehr gab. Das letzte Länderspiel fand am 22. November gegen die Slowakei in Preßburg statt. Fritz Walters Erinnerungen an das Spiel sind alles andere als gut. Die Mannschaft wurde widerwillig empfangen. Es kamen nur wenige Zuschauer zum Spiel, und auch die wollten nur sehen, wie der Mannschaft Hitlers eine Niederlage beigebracht werden könnte. Es sei ein hartes, von den Slowaken unfair geführtes Spiel gewesen, das die Deutschen schließlich mit 5:2 gewannen. Das übliche Bankett nach dem Spiel verlief in deprimierter Stimmung. Fritz Walter verlor für einige Zeit den Glauben an den unpolitischen Fußballsport. »Diese Bolzerei machte wirklich keinen Spaß«, befand er. In der DFB-Statistik war es der 100. Sieg seit 1908 im 198. Spiel.

Das offizielle Ende aller internationalen Sportbegegnungen wurde am 15. Februar 1943 verkündet. Weiter hoch im Kurs standen die nationalen Spiele, doch nichts war mehr so wie vorher. Teilweise hatten sich Vereine zu Kriegsgemeinschaften zusammengeschlossen, um noch spielfähige Mannschaften zusammenzubringen. Die Soldatenmannschaften wie die des Majors Graf rückten immer mehr in den Mittelpunkt des Interesses. Eine Mannschaft, die ähnlich viele Auswahlspieler zusammenzog, war der Luftwaffen-Sportverein Hamburg. Das Endspiel um die Kriegsmeisterschaft 1943 bestritten jedoch die bewährten Mannschaften des Dresdener Sport-Clubs und FV Saarbrücken 05. Auch die Mannschaftsspieler mußten erst von ihren Einheiten her anrücken. Dresdens Torwart Willibald Kress kam von einer Bewachungsabteilung für V-Raketen. V stand für Vergeltung. Die V-Raketen galten als Wunderwaffe der Wehrmacht, mit der man das Volk bei guter Laune zu halten versuchte. Kress erhielt einen Passierschein für die »Kettenhunde«, besonders gefürchtete Soldaten, die darauf angesetzt waren, Deserteure aufzugreifen. Ordentliche Papiere mit sich zu führen war auf Inlandsreisen nun oberstes Gebot. Unter den Dresdener Spielern ging das Gerücht um, Fritz Walter, der in der Nähe von Saarbrücken stationiert war, werde die Saarbrükker verstärken. Auf Dresdener Seite hatte man derweil den Alt-Internationalen Richard Hofmann reaktiviert, der in seiner Karriere noch nie Deutscher Meister geworden war.

Unter den Fußballern herrschte neben der sportlichen Spannung aber auch die Angst, beim Endspiel Opfer eines britischen Luftangriffs zu werden. In Berlin, wo das Endspiel am 27. Juni stattfand, heulten bereits Nacht für Nacht die Luftschutzsirenen. Trotzdem kamen 80000 Zuschauer zum Spiel, das Dresden mit 3:0 gewann. Herberger, der, aus dem Soldatenalter bereits heraus, nach wie vor in Berlin wohnte, konnte sich ein Bild vom Leistungsvermögen seiner Spieler machen. Es war nicht zum besten bestellt. Unter den Zuschauern war auch Dr. Otto Nerz, der nunmehr als Arzt in einem Berliner Lazarett arbeitete.

Große Zuschauer-Veranstaltungen – alle wichtigen Pferderennen der Galopper und Traber wurden in Berlin bis in die letzten Tage des Krieges hinein ausgetragen – hatten nicht bloß einen propagandistischen Sinn. Für die Menschen waren sie ja tatsächlich eine willkommene Ablenkung trotz aller berechtigten Befürchtungen und Ängste. Einer wie Fritz Walter konnte die Situation auf eine einfache Formel bringen. »Sport und Propaganda – wo lagen die Grenzen? Wir fragten nicht nach den Hintergründen. Wir waren glücklich, wenn wir spielen durften.« Daß es nicht bloß eine reine Freude war, seinsvergessen dem Ball hinterherzulaufen, schildert Helmut Schön. Während eines Spiels im Dresdener Ostragehege hörte er nach einer gelungenen Aktion plötzlich Sprechchöre der gegnerischen Anhänger. »Schön k.v.«, skandierten sie, »Schön k.v.« K.v. hieß kriegsverwendungsfähig. Die hämischen Fans behielten recht. Der knieverletzte Schön wurde bald ebenfalls zur Wehrmacht eingezogen. Immer mehr Fußballspieler wurden Soldaten, auch wenn der Sport 1943 offiziell als »kriegswichtig«, und das hieß lange Zeit, propagandistisch wichtig, anerkannt worden war.

Jetzt war freilich nicht mehr nur von einer Hebung der Stimmung die Rede. Guido von Mengden ordnete an, sämtliche Sport- und Gemeinschaftsveranstaltungen unter die Parole des »Endsiegs« zu stellen. »Bei allen bis Ende November 1943 stattfindenden Wettkämpfen und Wettspielen«, heißt es in einer Mitteilung des NSRL an die Sportveranstalter, »ist an geeigneter Stelle – zu Beginn, nach der Pause, bei der Siegerehrung – mit wenigen Sätzen unser unerschütterlicher Wille zu bekunden, im Glauben an den Führer den Kampf bis zum Siege durchzustehen ... Geeignete Aussprüche werden im ›NS-Sport‹ veröffentlicht, weitere können den Reden des Führers und seiner Mitarbeiter entnommen werden.« Herberger, nunmehr Reichstrainer ohne Mannschaft, benötigte solche Handreichungen nicht. Er war in Gedanken noch immer mit der Nationalmannschaft beschäftigt, auch wenn vorerst ungewiß war, ob es wieder eine unter seiner Regie geben würde. Er nahm regen Anteil an der Soldatenmannschaft Grafs, und man darf vermuten, daß er ihr heimlicher Drahtzieher war. Über den Fachamtsgeschäftsführer Dr. Georg Xandry hatte die Mannschaft einen Satz knallroter Trikots erhalten, weshalb diese sich den Namen »Rote Jäger« gab. Manch einem Offizier war dieser Name nicht geheuer. Man witterte kommunistische Propaganda. Doch nichts dergleichen hatten die Fußballer – »Wir waren glücklich, daß wir spielen konnten« (Fritz Walter) – im Sinn. Herberger ließ es sich nicht nehmen, bei seinen Besuchen die Mannschaft nach seinen taktischen Maßgaben einzustellen. Während eines achttägigen Aufenthalts in Wiesbaden stellte er die Hintermannschaft auf Manndeckung um, berichtet Fritz Walter.

Die »Roten Jäger« spielten jedoch keineswegs bloß zum Spaß. Zu ihren Spielen kamen Zuschauer, viele Zuschauer, manchmal 10000 und mehr. Weil die »Roten Jäger« keinen eigenen Platz hatten, teilten sie stets die Einnahmen mit den ausrichtenden Vereinen. Sie häuften so ein kleines Vermögen an, aus dem sie unter anderem den Hinterbliebenen von Gefallenen Geschenke machten. Das überzeugte wiederum die Widersacher der Fußballtruppe unter den einfachen Soldaten, die nicht in den Genuß des Privilegs kamen, sich so oft zwecks Körperertüchtigung mit Erlaubnis von der Truppe zu entfernen. Die Spieler selbst erhielten ein Taschengeld, aber man plante bereits über die Kriegstage hinaus. Major Graf unterbreitete seinen Spielern in einem Moment größter Kriegsgefahr sogar den Vorschlag, die Soldatenelf auch nach dem Krieg als Profimannschaft zusammenzuhalten.

Auch Herberger, der mit seiner Frau weiterhin in der Bülowstraße 89 in Berlin wohnte, plante intensiv für eine Zeit nach dem Krieg. Wenn es in der Geschichte der Bundesrepublik je eine Stunde Null gab, so liegt sie ein Dutzend Monate vor Mai 1945, in jenen Monaten des Krieges, in denen die mit einem halbwegs tauglichen Realitätssinn ausgestatteten Menschen begriffen, daß das Dritte Reich nicht überdauern konnte. Sooft er konnte, sah Herberger sich die Soldatenspiele an. Gemeinsam mit Graf bemühte er sich, möglichst viele gute Fußballspieler zu den »Roten Jägern« zu bekommen. Zu den Motiven eines solchen auf den Fußball fixierten Aktionismus verstieg sich sogar der »Stoppelhopser« – so nannte man das Bodenpersonal der Luftwaffe – Fritz Walter hinauf in luftige philosophische Höhen: »Das Prägnanteste an Grafs Soldatenleben aber ist ganz ohne Zweifel eine in ihrer vollen Wahrheit nur begeisterten Sportlern verständliche Tatsache: Mag es an der Front, mag es in der Luft drunter und drüber gehen – es gibt den Fußball! Er ist Narkotikum und Belebung zugleich. Er bedeutet Kameradschaft und Ehrgeiz auf einer menschlichen, versöhnlichen Ebene. Dieser Ausgleich erst macht das übrige Leben – sofern man es überhaupt noch Leben nennen kann – erträglich.«

Fußball als Ablenkung und Ausgleich, damit stand Fritz Walter in krassem Widerspruch zur Sichtweise von Sportführern wie Guido von Mengden und Carl Diem. Bereits 1931 hatte Diem in einem Vortrag über Wehrhaftigkeit befunden, es existiere eine seelische Übereinstimmung zwischen dem »heiligen Spiel« des Sports und dem »blutigen Ernst« des Krieges. »Sport ist freiwilliges Soldatentum«, betonte Diem 1933 in einem Aufsatz über »Wesen und Wert des Sports«, und in den ersten Kriegsmonaten schrieb er fasziniert: »Die fröhliche Begeisterung, die wir in friedlichen Zeiten bei einem kühnen kämpferischen sportlichen Wettstreit empfanden, ist in die Höhenlage des kriegerischen Ernstes hinaufgestiegen ...« Diem, meint der Sportwissenschaftler Thomas Alkemeyer, habe den Olympismus Coubertins ideologisch in den Nationalsozialismus eingearbeitet. Er habe insbesondere den modernen Wettkampfsport für geeignet befunden, einen neuen Soldatentypus zu formen. Der Sport, heißt es bei Diem, sei für den »Soldaten von heute besonders notwendig, der nicht mehr im Gleichschritt in die Schlacht marschiert, sondern auf sich selbst gestellt ist und alle seine Kräfte selbstverständlich regen muß, doppelt notwendig für ein Volk wie das unsere, dessen Soldaten, wenn sie eingesetzt werden, gegen Übermacht und überlegene Waffen kämpfen.« Und in einem Artikel der *Donau-Zeitung* vom 12. September 1943 beteuerte Diem: »Wenn Sport und Olympische Spiele uns etwas zu Nutzen gewesen sind, dann haben sie uns diesen Geist des Angriffs und der blitzschnellen Entschlußkraft gelehrt.« In solchem Denken konnte der Sport keine Ablenkung vom Leid des Krieges sein, aller Sport hatte den Krieg als höchstes Ziel. Der Stabsleiter des NSRL, von Mengden, sah im Anschluß an Goebbels' Sportpalast-Rede vom 18. Februar 1943, in der dieser zum totalen Krieg aufrief, das einzige Ziel des Sports darin, »der Kampfkraft und der Siegentschlossenheit der Nation zu dienen«. Sportveranstaltungen wie die Spiele der Soldatenmannschaften waren für von Mengden nun »Lagersport« und gehörten zu »den wenigen Gütern, die auch im Feldlager des Volkes unentbehrlich sind«. Als exponierte Funktionäre des deutschen Sports waren Diem und von Mengden bis in die letzten Kriegswochen hinein bemüht, Krieg und Sport ideologisch kurzzuschließen. In der Zeitschrift *NS-Sport* veröffentlichte von Mengden einen Aufsatz über den »Führer und die Leibesübungen«: »Wir sind dem Führer nicht nur verbunden, weil wir sein deutsches Glaubensbekenntnis mit ihm teilen oder weil wir dem Staatsmann, der den Leibesübungen eine zentrale Stelle im Leben der Nation gab, so viel Dank schulden, auch der Mensch Adolf Hitler hat unser Herz gefangen und unsere Liebe gewonnen ... Im fünften Jahre des Krieges trägt dieser Mann nun die ungeheure übermenschliche Last der höchsten Verantwortung für Leben oder Sterben seines Volkes.Selbst in dieser Zeit hat er uns nicht aus den Augen verloren und uns noch unlängst geheißen, weiterzumachen. Indem wir dieser Weisung gehorchen, tun wir unsere Pflicht.«

Die militärische Lage Deutschlands verschlechterte sich zunehmend. Erneut hatte der Sport die Aufgabe, die sinkende Stimmung der Arbeitermassen in den Rüstungsbetrieben zu heben. Am 26. Mai 1944 kam es zu einer Vereinbarung zwischen Propagandaministerium und NSRL über die Ausrichtung von Sportschauveranstaltungen für »Fremdarbeiter«. Als Verbindungsmann zwischen den beiden Dienststellen fungierte Dr. Georg Xandry, der Geschäftsführer des Reichsfachamts Fußball. Zu dessen Entlastung schrieb von Mengden später lapidar: »Das war doch wohl eine kleine Hilfe für die bedauernswerten Deportierten.«

Am 18. Juni 1944 stand der Dresdener SC erneut im Endspiel um die Deutsche Meisterschaft. Endspielgegner war diesmal der Luftwaffen-Sportverein Hamburg. Bis zuletzt hatte man Austragungsort und Termin verschwiegen. Man hatte Angst, die Alliierten könnten das vollbesetzte Olympiastadion bombardieren. Und trotzdem kamen schließlich 70000. Kurz zuvor waren die Alliierten in Frankreich gelandet, die Sowjets setzten in Weißrußland zu einer großen Offensive an. Es war das letzte Spiel um die Deutsche Meisterschaft bis 1948.

Bei einem Bombenangriff auf Berlin war die Wohnung der Herbergers in der Bülowstraße völlig zerstört worden. Eva und Sepp Herberger zogen zu Evas Eltern nach Weinheim, von wo aus die Schwiegermutter das Ehepaar Herberger in Berlin, wenn sie konnte, mit Naturalien versorgt hatte.

Für den Fußball war nun an keinem Ort in Deutschland noch etwas zu tun, auch wenn weiter gespielt wurde. Das Reichsfachamt erließ sogar eine Verordnung, derzufolge Spiele mit nur sieben Spielern in zweimal 30 Minuten erlaubt sein sollten. Das trug der sich immer mehr verringernden Zahl zur Verfügung stehender Sportler Rechnung. Major Grafs Soldatenmannschaft freilich spielte in voller Besetzung, und das sogar international. Anfang Mai flog sie zu einem Spiel gegen eine Soldatenauswahl Ungarns, in der viele Nationalspieler standen. Herberger blieb auch von Weinheim aus in Verbindung mit Graf und äußerte seine Wünsche, bestimmte Spieler zu den »Roten Jägern« zu holen. Für den Daxlandener Klingler und den Frankfurter Kalb waren bereits Anträge gestellt, doch wegen einer Verwundung konnte Graf sich nicht mit Nachdruck für die Fußballer einsetzen. In der Heeresleitung gab es außerdem Fußballgegner, die, wenn sie konnten, die Pläne Herbergers durchkreuzten. Klingler wurde an die Ostfront geschickt und später als vermißt gemeldet. Am 6. Juni 1944 landeten die Alliierten an der nordfranzösischen Küste zwischen Le Havre und Cherbourg, das vorzeitige Ende des 1000jährigen Reichs war längst eingeläutet. Dessenungeachtet versuchte man weiterhin, so gut es ging, den Alltag zu organisieren. Am 6. August gingen 8000 Zuschauer zum Spiel der »Roten Jäger« gegen eine kombinierte Dortmunder Stadtmannschaft. Im Oktober 1944 bekam Oberstleutnant Graf ein Kommando in Krakau, und emeut gelang es ihm, seine Fußballertruppe dort zusammenzuziehen. Fritz Walters Sportlerherz ist ganz in seinem Element, wenn er schreibt: »Mit 14:1 (wenn ich mich recht erinnere) fegten wir die Gegner vernichtend vom Feld.«

Die Sportführer, die einst die Losung vom Krieg als oberstem Ziel des Sports ausgegeben hatten, wurden in den letzten Tagen selbst als Soldaten reaktiviert. In einem Volkssturmbataillon des nach dem Tod von Tschammers zum Reichssportführer emannten IOC-Mitglieds Karl Ritter von Halt befanden sich neben Carl Diem und Guido von Mengden weitere Sportfunktionäre wie der Turner Heinrich Meusel. Sie kümmerten sich um den Ausbau von Stellungen an der »Havelfront«. Von Mengden war unterdessen noch immer damit beschäftigt, Aufrufe an die »Männer und Frauen des deutschen Sports« zu verfassen, die sich als nie versiegender »Kraftquell der Nation« erweisen sollten. Carl Diem wandte sich derweil an die Schar von Hitlerjungen, um sie in kernigen Reden auf den »Opfertod« vorzubereiten. Einer der Zuhörer als Angehöriger der HJ-Division »Großdeutschland« war der 17jährige Reinhard Appel, der spätere Chefredakteur des ZDF. »Leute wie Diem«, sagte Appel, »haben ihre Autorität im Sport genutzt, um uns in den Kugelhagel zu schicken.« Während des Gefechts auf dem Olympiagelände starben Hunderte Hitlerjungen. In der Murellenschlucht hinter dem Stadion wurden Minderjährige wegen Desertion und Wehrkraftzersetzung erschossen. Dabei war das Ende des Krieges nur noch eine Frage von kurzer Zeit. Es klingt beinahe märchenhaft, daß es für einen wie Fritz Walter schon bald nach Kriegsende wieder ein wichtiges Spiel gab, das »wichtigste Spiel meines Lebens«. Walter war mit den »Roten Jägern« zunächst in amerikanische und dann russische Gefangenschaft gelangt. Ein Malariaanfall verhinderte jedoch, daß er mit den anderen an die Russen ausgeliefert wurde. Statt dessen kam er in ein rumänisches Auffanglager, wo die Soldaten die Gelegenheit fanden, sich die Zeit mit Fußballspielen zu vertreiben. Der auch bei Ungarn und Rumänen nicht ganz unbekannte Fritz Walter wurde erkannt und gelangte so wieder in den Genuß der früher so gewohnten Bevorzugungen. Eine längere Gefangenschaft, der drohende Abtransport nach Sibirien blieben ihm und seinem Bruder Ludwig, den er im Lager getroffen hatte, erspart.

Was der Zusammenbruch für einen Sportsmann bedeutete, kann man staunend den eindrucksvollen Beschreibungen Carl Diems entnehmen, der kaum nachdem die Waffen ruhten, das ehemalige Reichssportfeldgelände aufsuchte. »Ich wanderte und wanderte, am Tschammer-Haus erlebte ich noch einmal die letzten mit Ritter von Halt dort zugebrachten Stunden, noch einmal kam der Augenblick in Erinnerung, wo ich von dem Luftdruck einer Granate in den Korridor geworfen wurde und der begleitende Volkssturmmann sein Leben verlor, ich erinnerte mich der blutenden Hitlerjungen, die dort zusammengeschossen wurden ... Und durch all diese Eindrücke hindurch immer wieder wie eine Fata Morgana die Erinnerung an die olympischen Stunden. Ich sah im Geiste die Fahnen der Völker wehen, ihre wohlgekleidete Jugend lachend und plaudernd umherstreifen, begleitet von den weißgekleideten Knaben oder Mädchen des Ehrendienstes, ich sah die 10000 Kinder die Treppe zum Olympischen Festspiel heruntereilen, vor meinem

Ansicht der »Spiegelkolonie« in Mannheim-Waldhof

Sportplatz des SV Waldhof, das sogenannte Schlammloch um 1911

Mannschaft des SVW von 1920 (mit Herberger, fünfter von links) in den dunklen Trikots

Herberger beim Torschuß gegen Hertha-Torhüter Gehlhaar im Spiel Hertha BSC – Tennis Borussia, Berlin 1928

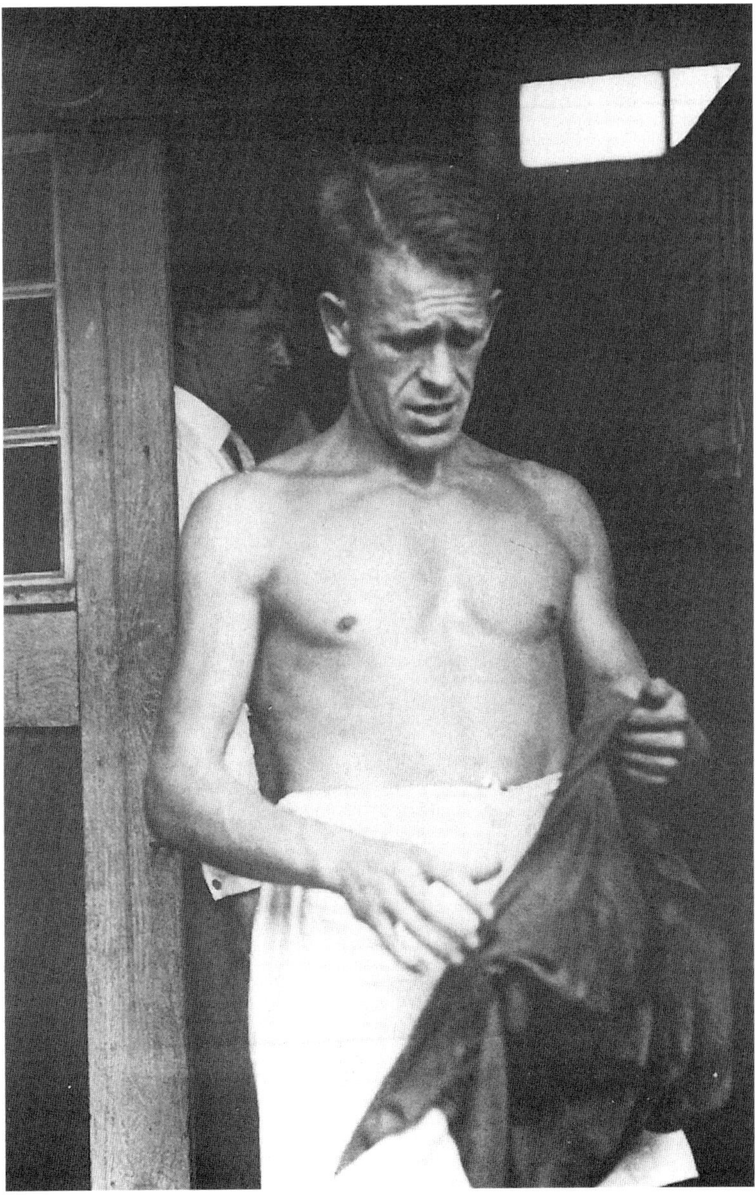

Herberger als durchtrainierter Spieler Ende der 20er Jahre

Reichstrainer Otto Nerz

Die Mannschaft und der »Deutsche Gruß« (1935)

Essen im Trainingslager (Herberger zweiter vorn rechts)

Die Nationalmannschaft als singende Truppe (1936)

Die englische Mannschaft im Berliner Olympiastadion mit dem »Deutschen Gruß«

Der junge Fritz Walter im Trikot der Reichsauswahl (1942)

Fußball-Lehrer Herberger als Vorbild

Lagebesprechung vor dem VBB-Heim in Berlin-Wannsee mit Gerhard Graf (links) und dem Berliner Idol »Hanne« Sobek

Die deutsche Mannschaft auf dem Weg zu einem Vorbereitungsspiel auf die Weltmeisterschaft (1953)

Spielerlehrgang in der Kölner Sporthochschule

Ankunft der Mannschaft in Basel (1954)

Freizeit 1954: Bootsfahrt auf dem Thuner See

Der Bundestrainer in typischer Pose

Herberger bei Fritz-Walter-Wetter in Bern

»Toooor, Toooor, Tooooor« – Deutschland auf dem Weg zur Weltmeisterschaft

Die WM-Elf nach dem Endspiel in Bern

Jules Rimet überreicht den nach ihm benannten Pokal an Fritz Walter

»Den geb' ich nicht mehr her.« Der ungarische Spieler Puskas gratuliert Fritz Walter

Der Trainer auf den Schultern seiner Spieler

Herberger mit DFB-Präsident Bauwens

Weltmeister auf Werbetour (links Helmut Rahn)

Reklame im Stil der 50er Jahre

Fritz Walter mit seiner Frau Italia

Herberger und sein treuer Gefolgsmann Fritz Walter

»Der Alte« und sein Nachfolger Helmut Schön

Herberger und seine Frau Ev

Herberger mit dem berühmten Notizbuch

geistigen Auge schossen die Strahlen der Scheinwerfer zum Himmel und bildeten den Dom, während die ewigen Klänge Beethovens zu Schillers Lied an die Freude zum Himmel drangen.« Dem dieses ästhetische Gesamtkunstwerk in den Trümmern, die auch Ergebnis seiner von soldatischen Tugenden inspirierten Sportideale waren, in den Sinn kam, war es schon bald wieder beschieden, am Aufbau des deutschen Sports mitzuwirken.

Kapitel 6
Auf dem Weg nach Bern

Fritz Walter war also nicht in russische Gefangenschaft gekommen, sondern befand sich daheim in der Pfalz, ein wenig abgemagert zwar, aber frohen Mutes. Der Krieg war zu Ende. Nicht allzu weit entfernt von Kaiserslautern, in Weinheim an der Bergstraße, hatte der Fußballtrainer der nicht mehr existierenden Reichsmannschaft die letzten Kriegstage miterlebt.

Herberger war älter geworden – er ging bereits auf die Fünfzig zu – aber nicht zu alt, um sich umgehend wieder ans Werk zu machen; ein Werk, das er insgeheim nie aufgegeben hatte. Noch wußte er nicht, wie seine Pläne zu verwirklichen wären. Also erkundigte er sich zunächst erst einmal nach denen, die bis in die ersten Kriegsjahre hinein daran mitgearbeitet hatten. Und nicht nur das. Der Herberger-Biograph Maibohm schreibt dazu: »Er kümmerte sich übrigens nicht nur um seine deutschen Schützlinge. Er forschte auch nach bedrängten ausländischen Sportkameraden wie zum Beispiel nach dem ehemaligen Mittelläufer des Hamburger Sportvereins und späteren norwegischen Verbandssekretär, Assi Halvorsen. Dieser war nach der Besetzung Norwegens durch die Deutsche Wehrmacht wie viele seiner norwegischen Landsleute ... in Konzentrationslager gekommen. Erst lange nach dem furchtbarsten aller Kriege erfuhren sie, daß die von Sepp Herberger und Dr. Georg Xandry in dieser Zeit bewiesene Sportkameradschaft kein leerer Begriff war.« Das klingt ein wenig undurchsichtig und verschwommen. Wenn es tatsächlich nachweisbare Akte der Menschlichkeit seitens Herbergers und Xandrys gegeben hat, warum hat sie ein so medienbewußter Mann wie Herberger nach dem Krieg nicht deutlicher herausgestellt? Worin bestand die bewiesene Sportkameradschaft konkret? Nicht zuviel Staub aufwirbeln, das war hinter all den noch frischen Erlebnissen der jüngst vergangenen Geschichte wohl die Devise. Neben den guten Taten gab es in der Geschichte des DFB doch allzu viele wunde Punkte, über die man lieber nicht sprechen wollte.

Es wurde schon wieder Fußball gespielt in Deutschland. Zum Beispiel in Schweinfurt, wo die Alt-Internationalen Kupfer und Kitzinger zu Hause waren. Ende 1945 spielte Schweinfurt 05 gegen die Waldhof-Buben aus Mannheim, und der eben erst heimgekehrte Fritz Walter, mit dem kahlgeschorenen Kopf eines Kriegsgefangenen, wollte es sich nicht nehmen lassen, seine früheren Nationalmannschaftskollegen zu begrüßen. Er ging in die Umkleidekabine und traf dort die beiden früheren Mannschaftskameraden im Gespräch mit Sepp Herberger. Dieses kleine Fest der Wiedersehensfreude war so etwas wie der Gründungspakt einer neuen deutschen Fußballnationalmannschaft. Der jugendliche Männerbund, als welchen Herberger seine Mannschaft stets geführt hatte, sollte so schnell als möglich wieder aufleben. Dem Privatier aus Weinheim war klar, daß auch sein zukünftiges Berufsfeld allein im Bereich des Fußballs liegen konnte. Fritz Walter mühte sich allerdings vergeblich, den früheren Reichstrainer als Übungsleiter für die »Roten Teufel« aus Kaiserslautern zu gewinnen. Aber ein einfacher Vereinstrainer hatte Herberger nie sein wollen.

Die Situation war äußerst unübersichtlich. Überall hatte es schon wenige Wochen nach Kriegsende wieder Fußballspiele gegeben, aber unter was für Bedingungen! Vereine und Verbände waren aufgelöst worden, gerade in ihnen, den traditionsgesättigten Keimzellen nationaler Gesinnung, fürchteten die Militärverwaltungen ein Wiederaufblühen nationalsozialistischer Regungen. In München war ein Funktionär des provisorisch wieder ins Leben gerufenen FC Bayern verhaftet worden, weil er ohne Genehmigung ein Spiel ausgerichtet hatte. In den meisten Vereinen waren die Spitzenpositionen bis 1945 durch Nazis besetzt gewesen. Wo dies nicht der Fall war, mußten Nachweise politischer Unbeflecktheit erbracht werden. Überall bemühte man sich, unbelastete Personen zu finden, die bei der jeweiligen Stadtkommandantur Spiele beantragen konnten. Und gespielt werden sollte; in allen Zonen fanden bereits in den

Sommermonaten 1945 wieder zahlreiche Sportveranstaltungen statt. Es gab ein reges öffentliches Leben nach dem Krieg. Dem Sport, das hatten auch die Militärregierungen erkannt, kam eine stabilisierende Rolle zu. Zerstörte Plätze und Stadien wurden notdürftig hergerichtet. Arenen, die frei von Bombenschäden waren, befanden sich meist ebenfalls in einem trostlosen Zustand, weil sie vielfach zweckentfremdet worden waren. Entsagung und Mangel gehören zu den Kernvokabeln der Erzählungen vom Nachkriegsfußball. Es gab nicht genügend Schuhe und kaum Bälle. Zeitungen gaben Tips, nach welcher Pflege Fußballstiefel besonders strapazierfähig bleiben.

Als sei es ein Ausdruck kollektiver Erleichterung, gingen die Deutschen, die eben erst den Hitler-Krieg überlebt hatten, in Massen zu Sportveranstaltungen, allen voran zu Fußballspielen, die rasch den Beinamen Kalorien- und Kartoffelspiele bekamen. Man spielte nicht nur zum Vergnügen. Jahrzehntelang hatte sich der DFB unter Aufbietung pädagogischer und moralischer Leitgedanken gegen eine Einführung des Profifußballs gewehrt. Jetzt, wo pathetische Formeln nicht mehr viel zu gelten schienen, regte sich der Fußball an der Basis wieder als bezahlter Fußball. Es wurde gespielt für Schinken und Bier, einen Sack Kartoffeln oder eine Kiste Zigarren. Ein Fußballspiel mit ungewissem Ausgang konstituierte ein Marktgeschehen. Die Mannschaften brachten sich gegenseitig die lokal verfügbaren Güter und Lebensmittel mit. Es ging um Naturalien aller Art. Wo 10000 und mehr Fußballanhänger kamen, waren auch andere kleine Geschäfte zu machen. Gelegentlich wurde auf Sieg und Niederlage gewettet. Und es ging ganz konkret um Geld. »Bei wichtigen Spielen«, meint der Fußballer Matthes Mauritz, »habe ich in der Halbzeit in der Kabine nachgesehen, wieviel sie mir in die Jackentasche gesteckt hatten. Wenn es mir zuwenig war, tat mir plötzlich das Knie weh.« Die begabten Balltreter jener Jahre waren noch nicht von einem Troß von Managern, Spieler- und Anlageberatern umgeben, aber den Wert ihrer Kunst kannten sie allemal.

Der Fußballreisende Sepp Herberger war unentwegt bemüht, sich einen Überblick zu verschaffen, welche Spieler in seinen Zukunftstraum Nationalmannschaft mit aufzunehmen waren. Bis in die letzten Kriegstage hinein war er darüber informiert, bei welchen Einheiten seine Spieler waren oder wohin sie in Gefangenschaft gekommen waren. Der Trainer machte Bestandsaufnahme. Wer hatte den Krieg gut überstanden, wer war noch in der Verfassung, wieder an alte Leistungen anzuknüpfen? Herberger hatte bereits wieder Pläne geschmiedet und Kontakte geknüpft. Der Nürnberger Nationalspieler Billmann berichtete, daß Herberger ihm heimlich Lebensmittelkarten zusteckte. Wem der Trainer in seinem Traum eine Rolle zugedachte, der sollte nach Kräften gefördert werden. So hatte es Herberger im Grunde schon immer gehalten. Als Reichstrainer hatte er ein Gratifikationssystem entwickelt, das Bevorzugung über Geld stellte, Anerkennung über materielle Belohnung.

Billmann vermutet, daß der als äußerst sparsam bekannte Herberger aus unbekannten Quellen gesponsert wurde. Sein altes Netz der Beziehungen hielt noch, auch wenn es hier und da aufgrund des Alliiertenprogramms der »Entnazifizierung« löchrig geworden war. Billmanns Vermutung legt nahe, daß die alten Kräfte des DFB längst wieder daran arbeiteten, den Verband aufzurichten. Es war bloß eine Frage des richtigen Zeitpunkts. Ein zu rascher Vorstoß konnte das Unternehmen politisch gefährden. Taktisches Fingerspitzengefühl war beim Wiederaufbau des Sportsystems gefragt. Herberger steckte zu, aber er nahm auch an. Da er nicht in Lohn und Brot stand, war er auf die Unterstützung der Vereine angewiesen. »Wenn er nach Kaiserslautern kam«, schreibt Fritz Walter, »wohnte er bei Freunden am Stadtrand, oft auch bei ›meiner‹ Metzgerfamilie Speyerer. Trotz der kalorienarmen Versorgungsperioden mit grammweiser Zuteilung konnte er sich hier jederzeit an einen reichlich gedeckten Tisch setzen. Ab und zu brachte er seine Frau mit.« Die Metzgerfamilie hatte seinerzeit schon den schmächtigen Fritz aufgepäppelt, da nahm man sich nun auch gern des früheren Reichstrainers an, der noch viel vorhatte.

Herberger war wieder Wandertrainer, ohne einen Auftrag und ohne finanzielle Absicherung. Worauf es im deutschen Fußball hinauslaufen würde, zeichnete sich jedoch in den ersten

Nachkriegsmonaten bereits ab. Es tauchten noch viele Hemmnisse auf, aber daß es in irgendeiner Form wieder Fußball geben würde, daran bestand kein Zweifel. Die Deutschen sollten nach der Kriegsniederlage nicht von politischer, kultureller und wirtschaftlicher Aktivität ferngehalten werden. Herbergers bewährte Qualitäten, Netzwerke zu spinnen, die Kunst des Wartens und sein Beharrungsvermögen waren wieder gefragt. An Motivationshäppchen für Spieler und Mannschaften mangelte es nicht. Wie während des Krieges bot der Fußball auch in der Nachkriegszeit für die Besten die Chance, einigermaßen über die Runden zu kommen. »Wer im deutschen Fußball nichts gekriegt hat«, meint der Trainer und Herberger-Schüler Dettmar Cramer lakonisch, »der hat auch nichts gekonnt. Und wer mehr konnte, der hat auch mehr gekriegt.« Das galt schon vor der Nazi-Zeit das galt während des Krieges, und das galt in den ersten Nachkriegsjahren, als man zunächst weit davon entfernt war, Berufsfußball offen ins Auge zu fassen.

Die Reorganisation des Fußballs verlief regional unterschiedlich. Viel hing davon ab, ob sich in der jeweiligen Militärregierung Sportbegeisterte fanden oder nicht. Ein Interzonenausschuß, eine Art Vorläufer des DFB, war unter dem Vorsitz von »Peco« Bauwens 1947 gegründet worden. Ein Jahr später starteten in den drei Westzonen Oberligen mit regulären Punktspielen, und im selben Jahr wurde mit dem 1. FC Nürnberg erstmals nach 1944 wieder ein Deutscher Meister ermittelt. Die Zahl der Spiele zwischen Mannschaften verschiedener Besatzungszonen stieg an. Freilich zeichnete sich schon zu diesem Zeitpunkt ein Sonderweg der sowjetischen Besatzungszone ab. In den ersten Nachkriegsjahren gab es keine verbindlichen Statuten für den Spielbetrieb. Die Spieler wechselten nach Belieben die Vereine. So spielte Helmut Schön abwechselnd in Hamburg für den FC St. Pauli, weil er dorthin oft beruflich unterwegs war, und für seinen Verein SG Friedrichstadt, den Nachfolger des Dresdener SC. Es war ein wenig wie im Krieg, Soldaten spielten dort, wo sie kaserniert waren.

In Berlin war ein hochgeschätzter Freund Herbergers mit dem Wiederaufbau des deutschen Sports beschäftigt, der in dessen, Carl Diems, Worten, so seinen Anfang nahm: »›Sie sind politisch unbelastet, treten Sie wieder an unsere Spitze!‹, ging der Ruf an mich, und ich antwortete: ›Fangen wir an, räumen wir auf!‹« Einer, der großen Gesten nicht abgeneigt war, übte sich in zupackender Bescheidenheit. Diem, der keiner nationalsozialistischen Organisation angehört hatte, machte sich wieder daran, Aufgaben und Ämter zu übernehmen. Er wurde Mitglied des Zentralen Sportausschusses Groß-Berlin, dem auch der Schiedsrichter und spätere DFB-Chronist Koppehel angehörte, von dem die verschiedenen Quellen nicht müde werden zu berichten, daß er in seiner Jugend Sozialist gewesen sei. Politische Aktivität vor 1933 in einer demokratischen Organisation oder Partei kam nun einer Unbedenklichkeitserklärung gleich, und es waren viele Posten zu vergeben. Im Auftrag der britischen Militärverwaltung arbeitete Diem als Reichssportfelddirektor an eben jenem Ort, an dem er mit den Olympischen Spielen von 1936 sein Lebenswerk errichtet hatte. Diem war natürlich auf seine politische Vergangenheit hin überprüft worden, was ihm offenbar eher lästig als berechtigt vorkam: »Ich bin im Laufe der Zeit noch einige Male vernommen worden, und es begann auch das Ausfüllen von Fragebogen.« Es dauerte nicht lange, da lehrte Diem an der Berliner Universität und hatte auf dem Reichssportfeld die Turnlehrerausbildung wieder aufgenommen. Einer wie er, rastlos im Dienst des Sports, duldete kein langes Nachdenken oder grüblerisches Zurückschauen. Als bei der Konstituierung eines Olympischen Ausschusses im Juni 1946 Vorwürfe gegen Diem wegen zahlreicher Schriften mit zweifelhaftem politischem Inhalt laut wurden, wischte er diese lapidar beiseite: »Ich gestand ihm, im Laufe meines Lebens viel geschrieben zu haben, mehr als irgendein anderer im deutschen Sport, überschläglich eine Million Druckzeilen. Da wäre sicher mancher Unsinn dabei.« Der Unsinn wurde nicht zu schwer befunden, er wurde nicht einmal gewogen.

Aufgrund seiner guten Beziehungen wurde Diem bald die Ehre zuteil, mit der Gründung einer Sporthochschule betraut zu werden. Die Wahl fiel schließlich auf Köln, obwohl die Bedingungen dort zunächst alles andere als rosig waren. Diem hatte im Vorfeld diverse potentielle Lehrer angesprochen. »Welch Wunder, daß der ein oder andere sonst Geeignete nicht annahm. Diese ganze Zerfahrenheit wurde aber durch eine Kraft überwunden: Begeisterung. Es gab eben doch noch Männer und Frauen, die die Aufgabe lockte und die ihre persönliche Sicherheit und das persönliche Wohlbefinden hinten anstellten. Ich erhielt noch mehrere schöne Zuschriften: Rufen Sie mich und ich komme, wie es dort auch werden mag. Ich rief und sie kamen.« Eine ähnlich überschwengliche Antwort dürfte Diem auch von seinem Freund Herberger bekommen haben, den er seit Ende der 20er Jahre kannte. Den Reichstrainer Herberger und die Nationalmannschaft hatte Diem wiederholt in offizieller Mission begleitet. Fritz Walter zufolge suchte Diem Herberger sogar in Weinheim auf. Große Überredungskünste wird er nicht aufgewandt haben müssen. Endlich, nach fast zwei Jahren ohne feste Aufgabe und Verdienst, bot sich Herberger die Chance zu einer Anstellung. Wichtiger noch als regelmäßige Bezahlung aber dürfte ihm die Möglichkeit gewesen sein, an seinem vom Traum zum realen Projekt werdenden Aufbau einer Nationalmannschaft weiterarbeiten zu können. Das Gerüst stand schon, die ersten Hürden waren genommen. Als Lehrer würde er intensiven Kontakt zu Trainern und zukünftigen Trainern bekommen.

Nach dem Vorbild der »Deutschen Hochschule für Leibesübungen« sollten an der Kölner Sporthochschule Sportlehrer ausgebildet werden. Herberger saß gewissermaßen an der Quelle zur zukünftigen Nationalmannschaft. Auch später ließ er den Kontakt zur Kölner Hochschule nicht abreißen. In bewährter Manier brachte er talentierte Spieler dort unter, auch wenn ihnen die formalen Voraussetzungen fehlten. Wie Diem hatte Herberger es sich nach dem Krieg gefallen lassen müssen, Fragebögen bezüglich seiner politischen Vergangenheit auszufüllen. Seine exponierte Tätigkeit im Dienst des nationalsozialistisch kontrollierten Fachamts Fußball, seine Mitgliedschaft in der NSDAP ließen sich nicht verbergen. Vor Anzeigen durch Dritte war ohnehin niemand sicher. Es herrschte reger Briefverkehr im Lande, um aussagefähige Zeugnisse von des Nazismus unverdächtigen Personen zu erhalten. Für eine integre Persönlichkeit wie Herberger war das kein Problem. Obwohl er intensiven Kontakt zur Führungsspitze des nationalsozialistischen Sports und der Obersten Heeresleitung gehabt hatte, hatte er sich doch beinahe ausschließlich auf sportliche Dinge eingelassen. Parteiabzeichen bedeuteten ihm wenig, und pathetische Reden über die Ziele des Sports hinaus waren seine Sache nicht. Herberger war ohne Frage zum Kollaborateur des Nazi-Regimes geworden, aber ihm gelang das Kunststück, sich und der Öffentlichkeit weiszumachen, daß er in einer Art politikresistentem Raum des Sports agiert hatte. »Wir waren glücklich, daß wir spielen durften«, hatte Fritz Walter gesagt. Das galt für alle, die im Bereich des Sports mit den Nazis kooperiert hatten.

Zahlreiche Bittbriefe zum Ausstellen von Persilscheinen erhielt auch Carl Diem, nachdem er erst einmal als Sportsmann mit weißer Weste anerkannt war. Einer der Briefschreiber war Guido von Mengden, über den Diem geschrieben hat, daß er sich den Nationalsozialisten mit Leidenschaft in den Arm geworfen hatte. Von Mengden konnte nicht für sich beanspruchen, pflichtbewußt, aber bescheiden und ohne eigene Befugnis für die Sache des Sports gewirkt zu haben. Er war offizieller Funktionsträger der Nazis mit einschlägiger Zugehörigkeit zu deren Organisationen gewesen. In seiner Bitte an Diem äußerte er den Wunsch, »ganz still und bescheiden« in seine alte Heimat des Sports zurückzugelangen. Diem trug dem denn auch Rechnung, indem er von Mengden bescheinigte, daß »sein Weiterwirken dem deutschen Sport zum Vorteil gereichen würde«. Und weiter heißt es über von Mengden in einem Schreiben Diems vom 17. Juli 1948, daß dieser als anfänglich überzeugter Nationalsozialist schließlich »Hohlheit und Lüge« der nationalsozialistischen Machthaber »durchschaut« habe. Das von Diem empfohlene Weiterwirken im deutschen Sport nahm seinen Lauf. Von Stille und Bescheidenheit konnte schon bald nicht mehr die Rede sein. Von Mengden schrieb, redete und räsonierte wieder. 1951 wurde er Geschäftsführer der Deutschen Olympischen Gesellschaft und 1961 Generalsekretär des Nationalen Olympischen Komitees. Zwischen 1954 und

1963 war er Hauptgeschäftsführer des Deutschen Sportbundes und Präsidialmitglied des Wissenschaftlichen Beirats. Bei den Vorbereitungen der Olympischen Spiele von 1972 in München gehörte er, 76jährig, wieder zu den Organisatoren. Daß das Verteilen von Persilscheinen nach anfänglichen Hemmungen zu einer recht saloppen, geradezu sportlichen Angelegenheit wurde, mit der vielleicht sogar über mögliche eigene Verstrikkungen hinwegzukommen war, verrät die Tatsache, daß Carl Diem auch dem 1943 verstorbenen Reichssportführer Hans von Tschammer und Osten in einer eidesstattlichen Erklärung ein »herzliches und freundschaftliches Andenken« attestierte.

Im Fußball kamen »alte Führer« vom Schlage von Mengdens nicht mehr zum Zuge. Der DFB-Präsident Linnemann, der bei der Auflösung des alten Reichsausschusses für Leibesübungen eine unrühmliche Rolle gespielt hatte, kam für einen Neuanfang nicht mehr in Frage. Er starb 1948. Koppehel bescheinigte ihm, »in guten und schlechten Zeiten erfolgreich für den Fußball gearbeitet zu haben«. Der DFB-Schatzmeister Arthur Stenzel, den von Mengden auch zum Schatzmeister des NSRL gemacht hatte, fand noch im März 1945 den Tod durch Erschießen. Otto Nerz geriet in sowjetische Gefangenschaft und kam als politischer Gefangener in das ehemalige Konzentrationslager Sachsenhausen. Robert Nerz vermutet, sein Vater sei von anderen denunziert worden. Vielleicht war ihm aber auch sein Drang, sich in programmatischen Schriften über den Sport zu äußern, zum Verhängnis geworden. Viele Druckzeilen, darunter einige offensichtlich dem Hitler-Regime ergeben, waren allgemein zugänglich. Sein Bekenntniszwang unterschritt freilich den seines Entdeckers Diem erheblich. Möglicherweise hatte sich der sture Otto Nerz in den entscheidenden Augenblicken seines Lebens als zuwenig wandlungsfähig erwiesen. Obwohl Otto Nerz sportlich durchtrainiert war – vor seiner Gefangenschaft hatte er täglich 5000-Meter-Läufe absolviert –, bekam ihm die Gefangenschaft schlecht. Zur Bewegungslosigkeit verdammt, baute er körperlich rasch ab und konnte dem Hunger nicht mehr viel entgegensetzen. Mehrere Male, so hat die Familie Nerz später erfahren, sei er durch tagelangen Aufenthalt im

Stehbunker bestraft worden. Robert Nerz und seine Mutter versuchten, Otto Nerz in Sachsenhausen zu besuchen, aber eine Begegnung wurde nicht erlaubt. Einmal trat Ella Nerz mit ihrem Sohn Robert auf eigene Faust den Weg nach Sachsenhausen an. Robert Nerz sah seinen ausgemergelten Vater so zum letzten Mal, aus mehr als 100 Metern Entfernung. Otto Nerz, so wird später von der Militärverwaltung bekanntgegeben, sei am 26. Februar 1949 an Dystrophie, Ernährungsschwierigkeiten, verschieden. Mitgefangene hatten schon zuvor behauptet, Nerz sei in Wahrheit bereits Ende 1947 gestorben. Ein genaues Todesdatum ist jedoch nicht mehr feststellbar.

Eigenartig nebulös erscheint auch der öffentliche Umgang mit der Nachricht von Nerz' Tod. In der *FAZ* vom 28. Februar 1950 erschien ein Nachruf auf Nerz erst, nachdem der Frankfurter Trainer Walter Hollstein die Redaktion dazu aufgefordert hatte. »Man mag zu dem Menschen Nerz stehen, wie man will«, schrieb Hollstein, »aber als Fachmann in der Sache des Fußballs ist er in Deutschland unerreicht.« Die Redaktion zeichnete auf diese prominente Aufforderung hin ein sehr wohlwollendes Bild von Nerz, das jedoch mehr dem Menschen Nerz denn historischer Genauigkeit verpflichtet war. Schon vor der Olympiade 1936, heißt es in der *FAZ*, habe Nerz seinen Abschied von der Nationalmannschaft genommen. Warum wußte man plötzlich so wenig über den ersten Reichstrainer? Die ganze Tragik des Otto Nerz drückt sich in einer DPA-Meldung vom 21. Januar 1950 aus, in der neben der Todesnachricht von Nerz ferner verkündet wird: »Der frühere Präsident des Deutschen Olympischen Komitees, Ritter von Halt, wurde am Freitag aus dem KZ Buchenwald entlassen.« Der letzte Reichssportführer, der aus seiner nationalsozialistischen Vergangenheit später nie ein Hehl gemacht hat und sich seiner Freundschaft zum SS-Reichsführer Heinrich Himmler rühmte, war neben einigen anderen Ämtern im Sport zwischen 1951 und 1961 Präsident des Nationalen Olympischen Komitees (NOK) und Präsidiumsmitglied des DSB.

Der frühere Reichstrainer Nerz hatte angesichts solcher biographischer Gleichförmigkeit im deutschen Sport schlicht Pech gehabt. Andere schafften den Übertritt in die sich nun wieder demokratisch organisierenden Gremien denn auch mühelos. Wilhelm Erbach, Verfasser von »pädagogisch wertvollen Büchern«, wie Koppehel bescheinigte, war auch nach 1947 wieder Mitglied des DFB-Jugendausschusses und DFB-Ehrenmitglied. Die Aufgabe der Geschäftsführung übernahm Dr. Georg Xandry, der diese Tätigkeit schon im Fachamt Fußball ausgeübt hatte. Ein »alter Kämpfer« wie Josef Klein, der den Westdeutschen Spielverband schon vor Hitlers Machtübernahme auf Parteilinie trimmen wollte, konnte sich darüber freuen, anläßlich eines Repräsentativspiels 1947 wieder als verdienter Sportführer vorgestellt zu werden.

Zur Galionsfigur beim Wiederaufbau der Fußballorganisationen wurde indes Peter Josef »Peco« Bauwens, Jahrgang 1886, der zwischen 1932 und 1945 Mitglied im Executive Board der FIFA und Schiedsrichter des Olympia-Endspiels von 1936 war. Der konservative Bauwens habe stets Distanz zu den Nazis gehalten, heißt es. Das lag gewiß daran, daß seine Frau aus einer jüdischen Familie stammte. Bauwens konnte während der Nazizeit nie sicher sein, den Mißmut der Nazis doch noch zu erwekken. Andererseits verfügte er über gute internationale Sportbeziehungen, die auch von den Machthabern nicht unterschätzt wurden. Außerdem war Bauwens Mitinhaber einer großen Baufirma, die Aufträge beim Ausbau von Verteidigungsanlagen, dem »Westwall«, erhalten hatte. Politisch belastet war Bauwens nach Kriegsende nicht. Daß er in engem Kontakt zu Entscheidungsträgern der eben erst untergegangenen Epoche stand, geriet ihm eher zum Vorteil. Darüber hinaus verfügte Bauwens über gute Kontakte zur englischen Besatzungsmacht und wurde bereits 1945 Sportbeauftragter für die Stadt Köln. Sein Baubüro war gewissermaßen eine Aktivzelle beim Wiederaufbau des deutschen Sports. Es schien fast schon konspirativen Charakter zu haben, wenn man sich regelmäßig in Bauwens' Räumen traf, um über die Lage des Sports zu beraten. Zum Kreis der Planer bei Bauwens gehörte auch Guido von Mengden, der für Firmenverwaltung und Werbung zuständig war und sich in Fragen der Sportorganisation einmischte. Aus bekannten Gründen trat von Mengden in der Gründungsphase noch nicht in vorderster Linie auf. Bauwens, der im Vorfeld der Gründung des Nationalen Olympischen Komitees eng mit Carl Diem zusammenarbeitete, wurde zu einem wichtigen Repräsentanten des Fußballs. 1947 übernahm er den Vorsitz im Westdeutschen Fußball-Verband, der Nachfolgeorganisation des WSV, dem auch von Mengden, gewissermaßen als Urahn, stets verbunden blieb. Gleichzeitig wählte man Bauwens an die Spitze des Deutschen Fußball-Ausschusses. Wenig später nahm dieser wieder den traditionellen Namen DFB an, und Bauwens wurde sein erster Vorsitzender. Er war nicht bloß Repräsentant des Fußballs, sondern wies ihm auch politisch wieder dessen Position an, die sich gegenüber früheren Tagen nicht allzusehr gewandelt hatte. Bald war wieder vom Haltungsverfall der Jugend die Rede, und das war nicht bloß physiologisch gemeint. Ganz in Bauwens' Sinne raunte der Jugendausschußvorsitzende des DFB, Wilhelm Erbach: »Man beobachte, wie sich Jugendliche vor den Zeitschriftenkiosks und den Schaukästen der Kinos stauen und gierig die dort ausgehängten Bilder und die auf Sinnesreiz abgestellten Aktfotografien der Magazine in sich aufnehmen, wie sie nach den aufregend schaurigen Kriminalgeschichten und Wildwestromanen greifen oder die von versteckter Sinnlichkeit strotzenden Ehebruchsgeschichten verschlingen . . . Das Haus, in dem die Jugend eine Heimat finden sollte, ist ausgebrannt oder steht in Flammen, und daraus ergibt sich dieselbe Verpflichtung, die wir alle während der Bombennächte des Krieges empfanden. Im Regen der Bomben war für jeden selbstverständliche Pflicht, seine ganze Kraft einzusetzen, um zuallererst die Jugendlichen und Kinder in Sicherheit zu bringen und vor weiteren drohenden Gefahren zu bewahren.« Der Fußballsport hatte offensichtlich noch viel Modernisierungsarbeit vor sich.

Sepp Herberger verschickte unentwegt Briefe an seine potentiellen Nationalspieler. Mit bewährter Methode arbeitete er ohne viel Aufhebens an seiner Sache, offenbar mit dem vollen Einverständnis jener, die in den neu geschaffenen Institutionen zu Verantwortung gelangt waren. Noch war es nicht angebracht, wieder von der Nationalmannschaft zu sprechen. Eine deutsche Mannschaft auf internationalen Spielfeldern, das weckte furchtbare Assoziationen. Aber Herbergers Aktivitäten genossen längst die Rückendeckung der Offiziellen. »Eine Nationalelf in Sicht!« hieß es dann aber doch 1948 im *Sport-Magazin.* Anlaß dafür war ein Spiel im Mai, in dem Herberger eine Nordwest-Auswahl auf eine Südwest-Mannschaft hatte treffen lassen. Streitle, Kupfer, Lehner, Kitzinger und Walter standen neben anderen in der Südauswahl, während der Westen durch die Schalker Szepan, Kuzorra und Tibulski sowie den Rekord-Internationalen Janes vertreten war. Es war das bewährte Rezept. »Man muß den Spielern im Nacken sitzen wie ein Mungo, darf sie nicht loslassen, muß sie immer wieder schütteln wie ein Mungo. Das habe ich von Herberger gelernt«, sagte einmal der Herberger-Schüler Dettmar Cramer. Wer zum Kreis der Auserwählten gehören wollte, hatte Sondereinheiten nach Anweisung des Trainers zu absolvieren. Herberger saß ihnen im Nacken. Er kontrollierte die Lebensgewohnheiten der Spieler und prüfte, wenn es sein mußte, ihre Eßgewohnheiten und ihr Gewicht. Und es funktionierte, wie Cramer bestätigt. Herberger war aufsässig, aber die Kaderspieler, die bis auf einige Ausnahmen als junge Soldaten die letzten Kriegstage miterlebt hatten, machten ihre Hausaufgaben, wie vom »Chef« befohlen. Es waren die BMW-Zeiten, sagt Cramer. »Bäcker, Metzger und Wirte spielten eine wichtige Rolle in vielen Klubs.« Sie engagierten sich in den Klubs, das brachte Ansehen und Anerkennung ein und schadete auch ihren Geschäften nicht. Neben einem spärlichen Gehalt gab es für Trainer und Spieler vor allem Naturalien.

Im November 1949 wechselte Cramer nach einigen Trainerposten bei westfälischen Klubs zum Westdeutschen Fußball-Verband und wurde enger Vertrauter Herbergers an dessen alter Wirkungsstätte in Duisburg-Wedau. Zweimal im Monat führte er dort nach der Regie Herbergers Lehrgänge für Nationalspieler durch. Noch ehe sich der DFB am 21. Januar 1950 wieder konstituierte, war es Herberger gelungen, dort anzuknüpfen, wo Nerz und er einst aufgehört hatten. Die alten Seilschaften waren längst wieder in Schuß.

Mit der Einführung des Fußballtotos, auf die vor allem Bauwens gedrungen hatte, war dem Fußball eine enorm wichtige Einnahmequelle entstanden. Das Fußballtoto boomte, zumal es noch kein Lotto gab, das nach seiner Einführung rasch die Vorherrschaft auf dem Glücksspielmarkt übernahm. Zahlreiche Fußballheime, Trainingsstätten für die regionalen Auswahlmannschaften, konnten aus den Totomitteln errichtet werden. Der DFB war bis zu seiner Auflösung 1936 ein reicher Verband gewesen, und er wurde es bald nach seiner Wiedererweckung erneut.

Herbergers Konzept ging auf. Über seine Arbeit an der Hochschule hatte er in kurzer Zeit ein Beziehungsnetz von Trainern geknüpft, die ihm als künftigem Nationaltrainer zuarbeiten konnten. Zur Hochschule hielt er auch später Kontakt und schleuste dort auf gewohnt unbürokratische Weise Spieler ein, wenn er sie für befähigt hielt. Mit seiner Freundschaft zu Diem schien er gegenüber seinen Spielern zu kokettieren. Der großen Gemeinschaft der Fußballfreunde anzugehören war in Herbergers Augen stets eine Auszeichnung gewesen. Als solche sollten sie auch die Spieler empfinden. Bald nach der Gründung des DFB war es dann soweit. Herberger wurde vom DFB offiziell als Bundestrainer angestellt. Eine wichtige Änderung gegenüber früheren Modalitäten hatte er jedoch zur Vertragsvoraussetzung gemacht: Herberger wollte die volle Verantwortung für die Mannschaft. Kein Spielausschuß sollte ihm in Aufstellungsfragen in die Quere kommen. Bauwens, wie eh und je machtbewußt, hatte das zunächst abgelehnt, aber Herberger ging so weit, die ihm eben erst zugesicherte Stelle zur Disposition zu stellen. Seine Zeit war längst gekommen, wichtige Jahre hatte er bereits verloren, da wollte er sich nicht länger mit Kompetenzgerangel aufhalten. Wozu Eitelkeiten von Funktionären im Sport führten, hatte er während seiner Jahre als Reichstrainer zur Genüge erfahren. Es ging dem als geizig bekannten Fußballehrer nicht um Geld, er wollte der Chef sein. Das »Referat Herberger« wurde schließlich nach den Wünschen des ersten Bundestrainers eingerichtet.

In einer anderen Frage war er weniger starrköpfig. Sein Lieblingsschüler Fritz Walter hatte angefragt, ob Herberger als sein Trauzeuge fungieren könne. Herberger, der seinen Spielern weiter wie ein Mungo im Nacken saß, war mit der Wahl von Fritz Walter nicht einverstanden. Italia war ihm eine Spur zu mondän. Sie lackierte sich die Fingernägel und trug hochhakkige Schuhe. Sie war ganz und gar nicht im Sinne einer Erbachschen Pädagogik sozialisiert worden und hatte für die frühen 50er Jahre eine viel zu erotische Ausstrahlung. Aber die andere Seite des prinzipientreuen Sepp Herberger war seine menschliche Wärme. Wem er zugeneigt war, der konnte auf ihn zählen. Das gehörte zum Kernbestand seines Gemeinschaftssinns. Herberger wurde der Trauzeuge der Walterschen Ehe, nicht wegen, sondern trotz Italias Sex-Appeals.

An der ersten Fußball-Weltmeisterschaft 1950 in Brasilien durfte Deutschland noch nicht teilnehmen, da der DFB eben erst wieder in den internationalen Verband, die FIFA, aufgenommen worden war. Erst im Mai 1949 hatte die FIFA das Verbot aufgehoben, Spiele gegen deutsche Mannschaften auszutragen. Bis zur Länderspielpremiere nach dem Krieg sollten noch einige Monate verstreichen, doch Herberger arbeitete nun unter Volldampf auf sein Ziel hin. Einige der »Alten« wie Streitle, Fritz Walter und Kupfer zählten noch zum Kader, aber Herberger hatte stark verjüngt. Für die späteren Weltmeister Turek, Morlock, Klodt und Ottmar Walter, den jüngeren, aber sehr viel robusteren Bruder von Fritz Walter, begann die Länderspielkarriere erst Ende des Jahres 1950. Auf den Tag genau acht Jahre nach dem letzten Spiel einer deutschen Mannschaft kam es am 22. November 1950 wieder zu einem Länderspiel. Im Stuttgarter Neckarstadion war die Schweiz der erste Gegner der neu formierten Herberger-Elf, die nach einem von Herbert Burdenski verwandelten Elfmeter mit 1:0 gewann. Eine bescheidene Prämie von 100 Mark hatte der DFB den Spielern zugestanden. Der Torschütze Burdenski äußerte jedoch einen Sonderwunsch: Weil seine Frau ein Kind erwartete, hoffte Burdenski, für die Rückreise nach Bremen ein Flugticket für sein Tor spendiert zu bekommen. Dafür habe man kein Geld, war die ablehnende Antwort des DFB-Geschäftsführers Xandry.

Noch immer stand man dem Profifußball in allen seinen Ausformungen feindlich gegenüber. Burdenski kam dennoch nicht zu spät, erst vier Tage später wurde sein Sohn Dieter geboren, der später einer der erfolgreichsten Bundesliga-Torhüter wurde.

Wegen einer Verletzung hatte Fritz Walter beim Spiel gegen die Schweiz gefehlt. Beim Rückspiel 1951 in Zürich feierte er sein Comeback mit einem Treffer. Es war Fritz Walters 25. Einsatz in einer deutschen Nationalmannschaft. Bald darauf stand der patriotische Walter vor einer sehr viel schwereren Bewährungsprobe. Seine fußballerische Klasse hatte sich herumgesprochen. Sein Name fiel, wenn Vereinsbosse in Spanien oder Italien nach neuen Spielern Ausschau hielten. In den südeuropäischen Ländern war man auf dem Weg zum Profifußball um Jahre voraus. Aus Madrid erhielt Fritz Walter ein Angebot über 225 000 Mark Handgeld sowie ein stattliches Monatsgehalt für einen Zweijahresvertrag. Kein deutscher Fußballer hatte zuvor eine solch großzügige Offerte erhalten. Fritz Walter war eher mulmig als übermütig zumute, und er suchte Rat bei seinem Bundestrainer, dem der nunmehr 31jährige seit über 10 Jahren in allen sportlichen und menschlichen Fragen vertraute. Der »Chef« war ein entschiedener Gegner des Profifußballs, obwohl sein Bild vom modernen Fußballer seit seiner eigenen aktiven Zeit ganz dem des heutigen Profis ähnelte. Geld, so lautete seine kulturpessimistische Befürchtung, würde den Fußball auf lange Sicht zerstören. Konnte sein treuer Vasall da einen guten Rat von ihm erwarten? Herberger sah sein Werk Nationalmannschaft gefährdet, falls es Walter in Richtung Spanien ziehen würde. Ein Fritz Walter in Madrid wäre seinem Einflußbereich entzogen. Herberger redete dem sensiblen Walter nicht nur zu, in Kaiserslautem zu bleiben, er wurde auch aktiv. Obwohl es seiner inneren Überzeugung zutiefst widersprach, so wußte er doch ganz genau: Wenn der deutsche Fußball international wettbewerbsfähig werden sollte, dann mußte man die Spitzenkräfte angemessen belohnen. Auf Herbergers Initiative hin erhielt Walter vom 1. FC Kaiserslautem ein Darlehen in Höhe von 40000 Mark, mit dem sich Walter eine wenig erfolgreiche Wäscherei einrichtete. Herberger hatte seinen Einfluß geltend gemacht, und man war ihm wieder einmal gefolgt.

Ironischerweise geriet sein unbürokratisches Einschreiten in Widerspruch zum Vertragsspielerstatut des DFB. Das Darlehen an Walter wurde nach 1954 Gegenstand einer Verhandlung vor dem DFB-Gericht, denn es war ohne die Regelung von Rückzahlungsmodalitäten ausgegeben worden und stellte einen Verstoß gegen das Vertragsspielerstatut dar. Herberger trat dabei erneut auf den Plan und erreichte, daß sein Mannschaftskapitän freigesprochen wurde. Ähnliche Verfahren hat es in beinahe allen Klubs gegeben, in denen ernsthaft Fußball gespielt wurde. Alle Beteiligten wußten darum, daß ein solches Verfahren eine Farce war. Aber wenn es verlangt war, Spielchen zu spielen, dann war Herberger der letzte, der gegen die Regeln revoltierte. Durch sein geschicktes Eingreifen jedenfalls hatte er verhindert, daß der wichtigste Mann seiner Pläne vorzeitig dem deutschen Fußball den Rücken gekehrt hatte. Eine solche Intervention war das Werk des beharrlichen Mungos. Im Nacken seiner Spieler sitzend, sah und hörte er alles beinahe wie seine »Männer« selbst, und er konnte ihnen das Seinige einflüstern.

Die erste internationale Bewährungsprobe für eine deutsche Mannschaft bildeten 1952 die Olympischen Spiele von Helsinki. Da die Vertragsspieler, aus denen Herbergers Mannschaft ja weitgehend bestand, wegen des Amateurstatuts nicht an den Olympischen Spielen teilnehmen durften, fuhr er mit einer wenig eingespielten Mannschaft nach Finnland. Sie belegte schließlich den vierten Rang, aber das wurde nicht weiter beachtet, und auch für Herberger war es kaum mehr als eine Pflichtübung. Mit seinem Projekt Nationalmannschaft hatte diese Olympiaauswahl nur wenig gemein. Seine ganze Aufmerksamkeit gehörte der Nationalmannschaft, die sich für die Weltmeisterschaft 1954 in der Schweiz gegen Norwegen und das Saarland zu qualifizieren hatte. Dafür bedurfte es einer gründlichen Vorbereitung. Nach einer Niederlage 1952 in Paris gegen Frankreich hagelte es Kritik an Herberger und der Mannschaft. Der dünnhäutige Fritz Walter trug sich sogar mit dem Gedanken, als Nationalspieler zurückzutreten. Schließlich war er nicht mehr der jüngste, das merkte er nach solch einem Spiel, das er als Gestalter nicht in den Griff bekam, schmerzlich. In solchen Momenten war Herberger hellwach. Wenn das Spiel vorbei war, war seine Arbeit noch nicht getan. Die niedergeschlagenen Spieler saßen in der Hotelhalle und hatten Angst, vor die wartenden Journalisten zu treten. Herberger verhängte kurzerhand ein Redeverbot für seine Spieler und bestimmte: »Was hier zu reden ist, das rede ich.«

Nach den ersten vor allem wegen ihres Symbolwerts stark beachteten Spielen der Nationalmannschaft rückten nun deren sportliche Ergebnisse stärker in den Vordergrund. Es wurde wieder ernst, das heißt, Fußball war wieder Gegenstand des üblichen Sportpalavers. Die Länderspielbilanz der ersten zwei Nachkriegsjahre konnte sich sehen lassen. Acht Siege standen drei Niederlagen und einem Unentschieden gegenüber. Man war noch nicht wieder wer, aber man war auch kein Niemand mehr. Zur Qualifikation für die Weltmeisterschaft in der Schweiz hatte man ein leichtes Los gezogen. Norwegen und das Saarland, das bis auf wenige Ausnahmen identisch mit der Mannschaft des 1. FC Saarbrücken war, sollten lösbare Aufgaben darstellen. Trainer des noch vor Deutschland in die FIFA aufgenommenen Saar-Verbandes war Helmut Schön, der einen von Hermann Neuberger ausgearbeiteten Vertrag einem Engagement bei einem deutschen Verein vorgezogen hatte. Als es im Oktober 1953 in Stuttgart zum Spiel Deutschland gegen Saarland kam, war Schöns Mannschaft Tabellenführer der Qualifikationsgruppe. Herbergers Mannschaft hatte gegen Norwegen nur ein Unentschieden erreicht, während das Saarland gegen denselben Gegner gewonnen hatte. Deutschland gewann mit 3:0, aber Schöns Mannschaft wurde eine gute Leistung bescheinigt. Im Rückspiel an der Saar lief es noch besser für den Fußballzwerg, aber Deutschland gewann schließlich mit 3:1. Da auch Norwegen im Rückspiel gegen die Deutschen nichts mehr ausrichten konnte, war die Mannschaft Herbergers für die Weltmeisterschaft qualifiziert. Als Schön seinem früheren Reichstrainer zum Sieg gratulierte, gab er ihm noch etwas mit auf den Weg nach Bern: »Da das Saarland nun keine Möglichkeit mehr hat, in der Schweiz Weltmeister zu werden, schaffen Sie es doch bitte mit der deutschen Nationalmannschaft.« Herberger lachte und antwortete: »Wir wollen sehen, was sich machen läßt.«

Kapitel 7
1954 – die Gründung der »Berner Republik«

Nicht wenige Zeitgenossen sehen den Gewinn der Fußball-Weltmeisterschaft in Bern als die eigentliche Gründung der Bundesrepublik an. Der vielbeschworene »Geist von Spiez« hatte Symbolcharakter für die Deutschen, die nun nach den ersten Jahren des Wiederaufbaus das Wirtschaftswunder anpackten. Es war nicht politischer Wille, der die Bundesrepublik gebar. Es war das Spiel mit dem runden Ball, das die Bundesrepublik als »Fußballnation« konstituierte. Sie blieb es bis heute, wie der Europameistertitel 1996 erneut zeigte. Der Sieg von Bern war der sportliche Erfolg einer Generation, die Schelsky die skeptische genannt hat. Sie sollte das Leben der Bundesrepublik in nahezu allen Bereichen bestimmen. In einigen Kommentaren war Fußball aber auch Krieg mit anderen Mitteln, und da hatten die Deutschen endlich einen Krieg gewonnen. Zwiespältige Gefühle begleiteten die Gründung der »Berner Republik«, die der *Spiegel* mit den Worten kommentierte: »Deutschland erhob sich, und Europa erbebte, weil Josef Herberger, ein gemütlicher kleiner Mannheimer mit verwittertem Bergbauern-Gesicht, die von ihm trainierte deutsche Mannschaft zum größten Triumph der deutschen Sportgeschichte geführt hatte.« Das verwitterte Bergbauern-Gesicht durfte denn auch vom Titelbild der Ausgabe den Lesern entgegenblicken.

Der 4. Juli 1954 setzte das Glanzlicht. Sepp Herberger und seine »Männer« erklommen den Gipfel nach einem langen Weg, auf dem einige Hindernisse überwunden werden mußten. Der Gewinn des Titels war nicht nur das Ergebnis harter Arbeit, psychologischer und taktischer Maßnahmen des Sepp Herberger, er kam auch überraschend – unerwartet für eine Nation, die sich erst noch in Demut zusammenfinden mußte. Einen Beitrag zum Titelgewinn leistete auch eine große Portion

Glück. Das entsprach durchaus der Philosophie Herbergers, der einmal, auf das Erfolgsrezept für eine gute Mannschaft angesprochen, sagte: »Ein Drittel Können, ein Drittel Kameradschaft, ein Drittel Glück.« 1954 in der Schweiz fügten sich diese Bestandteile in idealer Weise zusammen, und daraus war ein Ganzes geworden. Selbst die Daheimgebliebenen waren darin eingeschlossen, die deutsche »Fußballnation« erlebte ihre Geburtsstunde.

Herberger war im Vorfeld des Turniers bereits in der Presse verspottet worden, weil er für sein Team an dem Block der Spieler vom 1. FC Kaiserslautern um seinen Spielmacher Fritz Walter festgehalten hatte. Knapp vier Wochen vor Beginn des WM-Turnieres mußten die Lauterer Spieler eine schwere Schlappe hinnehmen. Im Endspiel um die Deutsche Meisterschaft waren sie im Hamburger Volksparkstadion der Mannschaft von Hannover 96 klar unterlegen, sie verloren deutlich mit 1:5, und das einzige Lauterer Tor hatte kein Stürmer, sondern der Läufer Horst Eckel geschossen. Doch Sepp Herberger vertraute auf Fritz Walter, um dessen Figur herum er seine Nationalelf aufgebaut hatte. Aber den mußte er erst wieder überzeugen, mit in die Schweiz zu fahren. Denn nach der Pleite gegen Hannover 96 hatte der sensible Fritz Walter angesichts der öffentlichen Kritik mal wieder seinen Rücktritt angeboten. Nach dem Spiel äußerte Herberger sich durchaus kritisch: »Was mir da zu Ohren und zu Gesicht kam«, sagte er, »war im Hinblick auf die bevorstehende Aufgabe in der Schweiz alles andere als ermutigend.« Viel Arbeit lag in den vier Wochen bis zum WM-Tumier noch vor ihm. Seine Zielvorgabe hatte er bereits viel früher formuliert: »Unser Ziel ist es, 1954 bei der Weltmeisterschaft in der Schweiz topfit bis unter die Haarspitzen anzutreten.« Ob er angesichts der Leistung der Lauterer Spieler noch davon überzeugt war, ist nicht überliefert. Seine Zweifel wird er gehabt haben, aber nur im stillen Kämmerlein, wie es seine Art war. Gezeigt hat er sie zumindest nicht. Und so fuhren die Lauterer denn auch mit in die Schweiz.

Im Verlauf des Turniers hatte zunächst nichts auf einen Titelgewinn der deutschen Mannschaft hingedeutet. In ihrer Vorrundengruppe waren sie nicht gesetzt worden, das hieß, sie mußten gegen die beiden gesetzten Teams aus Ungarn, das als klarer Favorit für den Titel galt, und der Türkei antreten. Gegen das in der Vorrundengruppe ebenfalls ungesetzte Südkorea mußten die Herberger-Schützlinge nicht antreten. Der Austragungsmodus war etwas verwirrend. Der Weltfußball-Verband FIFA hatte beschlossen, daß in jeder Vorrundengruppe zwei Teams gesetzt wurden, die nicht gegeneinander antreten mußten. Sie mußten nur gegen die beiden ungesetzten Teams spielen, die wiederum auch nicht gegeneinander anzutreten brauchten. In der deutschen Gruppe mußten also Deutschland und Südkorea jeweils gegen Ungarn und gegen die Türkei antreten. Für den Fall, daß nach den Gruppenspielen zwei Mannschaften punktgleich auf den Plätzen zwei und drei lagen, sollte ein Entscheidungsspiel ausgetragen werden. Anschließend wurde nicht über Kreuz gespielt, wie das heute üblich ist, sondern die Ersten der Gruppen mußten gegeneinander um den Einzug ins Halbfinale spielen, ebenso wie die jeweiligen Gruppenzweiten. Damit waren taktischen Maßnahmen der Trainer Tür und Tor geöffnet. Am 17. Juni 1954 betraten die deutschen Spieler den Rasen im Berner Wankdorf-Stadion zum ersten Gruppenspiel gegen die Türkei. Sepp Herberger hatte seinen »Männern« immer wieder eingeschärft, daß die Türken gegen die Deutschen nur ein Unentschieden brauchten, um weiterzukommen. Denn gegen Südkorea würden sie »bombensicher« gewinnen. Fritz Walter und seine Kameraden sollten möglichst schnell ein Tor machen, um die Türken aus der erwarteten Defensive zu locken. Doch dann kam zunächst alles ganz anders. Bereits nach drei Minuten schienen Herbergers »Männer« auf die Verliererstraße zu geraten, als der türkische Stürmer Suat das 1:0 erzielte. Die taktischen Überlegungen des »Chefs« schienen über den Haufen geworfen. Fritz Walter befand später, daß die deutschen Spieler in der Sekunde des Gegentores »zu Salzsäulen« erstarrten. Doch der Schock verflog fast ebenso schnell, wie er gekommen war. Max Morlock schrie den anderen zu: »Jetzt erst recht!«, und nach zehnminütigem Bemühen schoß Hans Schäfer den Ausgleich. Am Ende konnte die deutsche Elf mit einem deutlichen 4:1-Sieg aufwarten. Alle deutschen Stürmer hatten je ein Tor erzielt, nur Fritz Walter nicht. In der Presse war von einem glanzlosen Sieg die Rede, und die Meinungen über die Leistung von Herbergers Liebling Fritz Walter schwankten zwischen »überragend« und »untertauchend«, einig war man sich nur darin, daß er »unauffällig«, aber mannschaftsdienlich gespielt habe. Herberger befand später, daß vor allem der Sturm in diesem Spiel überzeugt hatte.

Drei Tage später trat die deutsche Elf in Basel zum Vorrundenspiel gegen die favorisierten Ungarn an. Der »Chef« hatte eine taktische Maßnahme ergriffen, für die er zunächst gescholten und später in höchsten Tönen gelobt wurde. Sie betraf weniger die Marschroute für die Mannschaft auf dem Rasen als vielmehr die ganze Begegnung. Der »Alte« buchte die Partie von vornherein als Verlust ab. Und so schickte er die halbe Reserveelf mit aufs Feld, um einige Stammspieler für das wahrscheinliche Entscheidungsspiel um den Einzug ins Viertelfinale gegen die Türkei zu schonen. So lief die Elf ohne Turek, Laband, Morlock, Schäfer und Ottmar Walter auf. Zusätzlich fehlte Karl Mai, der mit Fieber das Bett im Spiezer Quartier hütete. Dem Gesetz der Serie folgend, kassierte die deutsche Elf in der dritten Minute das erste Gegentor. Diesmal sollte es nicht das einzige bleiben. Bereits zur Halbzeit führte Ungarn mit 3:1, am Ende stand es gar 8:3 für die Magyaren. Da blieb das Gejammer und Gezeter in der Heimat nicht aus. Die deutsche Mannschaft habe sich blamiert, hieß es, das Spiel müsse als »nationales Unglück« angesehen werden. Es habe sich gezeigt, daß sie mit den Großen des Fußballs einfach nicht mithalten könne. Immerhin merkte das Fachblatt *Kicker* an, daß den deutschen Amateuren eben die »Kondition der Berufsspieler« gefehlt habe, und schürte damit das Feuer ein wenig weiter, das im Deutschen Fußball-Bund schon länger schwelte. Sepp Herberger blieb von der Kritik anscheinend unberührt, doch leise Zweifel mögen ihn wohl doch ob seiner »taktischen Maßnahme« beschlichen haben. Denn die Niederlage war selbst ihm zu hoch ausgefallen, so ein Debakel hatte er nicht erwartet.

Doch nun trat eine der goldenen Fußballregeln des Sepp

Herberger in Kraft: »Nach dem Spiel ist immer vor dem Spiel.« Damit meinte er, daß der Trainer besonders nach einem Spiel keine Fehler im Umgang mit den Spielern machen dürfe, weil sich das negativ auf das nächste Spiel auswirken könne – und: Direkt nach einem Spiel, egal wie es ausgegangen sei, beginne die Vorbereitung auf das nächste. Der »Chef« begann damit bereits auf der Heimfahrt von Basel ins Spiezer Mannschaftsquartier. Herberger »ging es viel mehr um die moralische Aufrüstung seiner demoralisierten Mannen«, schreibt Ludger Schulze in seiner *Geschichte der Deutschen Fußball-Nationalmannschaft* und fährt fort: »Schon im Bus, bei der Rückfahrt ins Quartier, forderte er sie auf, ein fröhliches Liedchen zu singen. Also kamen die Kicker im Hotel an wie ein Männerchor auf Tournee. In Spiez gestattete er ihnen ein paar Gläschen Bier und einige Zigaretten zur Hebung der miesen Laune. Und am nächsten Tag ließ der kleine Mann mit den großen psychologischen Fähigkeiten ausgerechnet ungarisches Gulasch zum Mittagessen servieren – alles lachte.« In Fritz Walters Erinnerung war die Geschichte mit dem Gulasch lediglich ein als Scherz gemeinter Vorschlag des Ersatzstürmers Pfaff, aber zur Legendenbildung taugte sie allemal. Wichtiger als die legendenbildende Essensmaßnahme war für Herberger die Vorbereitung auf das anstehende Entscheidungsspiel gegen die Türkei. Das wurde denn auch klar mit 7:2 gewonnen, und Max Morlock, der nach der Niederlage gegen Ungarn Fritz Walter für das nächste Spiel versprochen hatte: »Fritz, paß auf, wir machen einen dollen Wirbel!«, hielt Wort und schoß drei Tore. Deutschland stand im Viertelfinale. Die Fußballwelt war wieder in Ordnung.

Sepp Herbergers taktische Maßnahme, zuvor gegen die Ungarn einige Stammspieler nicht spielen zu lassen, wurde nun plötzlich als »ausgetüftelter Plan« gefeiert, und der Bundestrainer selbst widersprach dem nicht. Er bezeichnete sich selbst als »klugen Kopf«. So trug auch diese Episode zur Legendenbildung bei und brachte ihm den Spitznamen »Der Weise von Bern« ein. Immerhin war alles gutgegangen, man hatte die nächste Runde erreicht. 42 Jahre später, bei der Europameisterschaft 1996 in England, kosteten ähnliche Maßnahmen den italienischen Trainer Arrigo Sacchi fast den Kopf – statt dessen trat später der Verbandschef zurück. Sacchi hatte nach einem Sieg gegen Rußland im zweiten Spiel der Vorrundengruppe gegen Tschechien fünf Stammspieler pausieren lassen, um sie für das Spiel gegen Deutschland zu schonen; denn da wäre bei einem Sieg der erste und zweite Gruppenplatz ausgespielt worden. Doch es kam anders, Tschechien besiegte Italien, und nach einem Unentschieden gegen Deutschland schieden die »Azzuri« bereits in der EM-Vorrunde aus. Ähnliches widerfuhr dem kroatischen Trainer, der ebenfalls bewußt eine Niederlage in Kauf genommen hatte, um gegen den vermeintlich leichteren Gegner im Viertelfinale, die Deutschen, antreten zu können. Auch diese Maßnahme entpuppte sich im nachhinein als falsch. Kroatien schied aus, und der Trainer, Miroslav Blazevic, trat nach dem Viertelfinalspiel zurück. Doch Sepp Herberger hatte 1954 mit seinem Planspiel Glück gehabt, denn die Rechnung war aufgegangen. So stand der Legendenbildung um den »Weisen von Bern« nichts mehr im Weg. Der »Chef« erfüllte alle Voraussetzungen dafür.

Der Sportwissenschaftler Gunter Gebauer hat einst den Prozeß der Legendenbildung beschrieben: »Die ›Legende‹ ist die Geschichte einer Person, in der sich Außergewöhnliches ereignet – ein Wunder (oder mehrere). Dabei ist die Person selbst gar nicht außergewöhnlich . . . Das Wunder ereignet sich eines Tages in ihr, ohne daß sie selbst dafür verantwortlich wäre. Der Heilige ist am Wunder unbeteiligt; er ist nicht mehr als ein Mittel, durch das sich die wundertätige Kraft vergegenständlicht. Das Wunder stellt einen Sprung in seiner Biographie dar: Es tritt mit einem Male auf. Eine Reihe von Vorzeichen haben auf das Wunder vorher hingedeutet, aber eine Ursache dafür ist nicht erkennbar.« Das eigentliche Wunder, das in der Biographie des Sepp Herberger einen Sprung darstellte, geschah erst im Finale. Aber die taktische Maßnahme im ersten Spiel gegen die Ungarn deutete, als alles gutgegangen war, bereits als Vorzeichen auf spätere Ereignisse hin. Das Glück sollte den »Bundessepp« in diesem Sommer 1954 in der Schweiz nicht mehr verlassen.

Im Viertelfinale gegen Jugoslawien setzte der Bundestrainer auf Defensive. Tapfer erwehrten sich die Deutschen der Angriffe, um dann eine kontrollierte Offensive zu starten. Dabei kam es dann zu einem unglücklichen Eigentor der Jugoslawen, die fortan um so drängender gegen das deutsche Tor anrannten. Die deutsche Abwehr konnte nur mit Mühe die knappe Führung verteidigen. Erst in der 86. Minute gelang Rahn das zweite Tor. Die deutsche Elf stand im Halbfinale, und Herberger schrieb diesen Sieg der Abwehr zu: »Unsere Spiele gegen die Türkei hat unser Angriff gewonnen. Das Zwischenrundenspiel gegen Jugoslawien in Genf dagegen die Abwehr, obwohl in ihr Jupp Posipal fehlte.« Im Halbfinale gegen Österreich war es dann wieder der Angriff, der dem Team die Teilnahme am Endspiel bescherte. Im Spiel gegen Österreich hatten Herbergers Männer durch ein Tor von Hans Schäfer 1:0 geführt. In den zweiten 45 Minuten erhöhte Morlock zwar auf 2:0, doch die Österreicher schafften den Anschlußtreffer. Dann war es wieder Hans Schäfer, der die endgültige Wende zugunsten der deutschen Elf einleitete, als er im gegnerischen Strafraum gefoult wurde. Den fälligen Elfmeter verwandelte Kapitän Fritz Walter zum 3:1. Der Bann war gebrochen, am Ende stand es 6:1, nachdem die beiden Walter-Brüder noch drei Tore nachgelegt hatten. Die Vorzeichen des »Wunders von Bern« hatten sich gemehrt. Der *Kicker* sah neue Tugenden im Spiel des deutschen Teams, es habe die Österreicher nicht niedergekämpft, »sondern niedergespielt, niedergekreiselt«, hieß es. »Die Zuschauer haben schließlich gelacht und gejohlt, wie sicher, trickreich, witzig, einfallsreich die Deutschen ihren Rivalen deklassierten, spieltechnisch, nicht – kämpferisch.« Das Endspiel war erreicht. Gegner war erneut Ungarn, das im zweiten Halbfinale Titelverteidiger Uruguay mit 4:2 nach Verlängerung aus dem Rennen geworfen hatte.

Der Rest der Geschichte ist bekannt, noch vier Tage bis zum »Wunder von Bern« und der endgültigen Legendenbildung um den »Weisen von Bern«, Sepp Herberger. Die elf »Helden von Bern« hatten erstmals im Halbfinalspiel gegen Österreich in der Endspielformation gespielt. Nach dem Finale sollten sie auch nie wieder in dieser Besetzung antreten. Vor dem Finale galten sie vor allem aufgrund der 3:8-Niederlage in der Vorrunde als krasser Außenseiter. Obwohl der ungarische Trainer Gustav Sebes den 6:1-Halbfinalsieg der Deutschen mit den Worten kommentiert hatte: »Das ist zuviel. Das Resultat ist nicht gut. Die Deutschen sind während des Turniers zu stark geworden.« Das sollte sich für ihn im Endspiel dann endgültig bewahrheiten. Zunächst sah es zwar nicht danach aus, denn bereits nach acht Minuten führten die Ungarn mit 2:0, und es roch wieder nach einer hohen Niederlage. Aber die Wende kam schnell, bereits drei Minuten später spitzelte Morlock einen Ball am ungarischen Torhüter Grocsis vorbei ins Netz. Der Anschlußtreffer ließ Hoffnung aufkeimen. In der 17. Minute erzielte Rahn nach einer Ecke von Fritz Walter den Ausgleich. Das Spiel war wieder offen. In der Pause machte Herberger seinen »Männern«, die am Ende der ersten Halbzeit dominiert hatten, weiter Mut: »Männer, es ist großartig, was ihr bisher geleistet habt. Gebt auch in der zweiten Halbzeit keinen Millimeter Boden preis. Spielt weiter so, dann kann kommen, was mag. Selbst wenn ihr jetzt verliert, wird euch niemand einen Vorwurf machen.« Fritz Walter bemerkte später, daß die Spieler nicht eingesehen hätten, warum sie nun noch verlieren sollten. Hoffnung schöpften die Spieler auch aus der Tatsache, daß in Bern »Fritz-Walter-Wetter« herrschte. Später sollte dies einen entscheidenden Beitrag zur Verwirklichung des »Wunders von Bern« geleistet haben. Hätten die Deutschen verloren, würde wahrscheinlich niemand von »Fritz-Walter-Wetter« gesprochen haben, dann hätte es einfach nur geregnet.

In der zweiten Halbzeit pendelte das Spiel hin und her. Die Ungarn wurden zunehmend nervöser. Sechs Minuten vor dem Ende erkämpfte sich Hans Schäfer den Ball und »läuft zwei, drei Schritte und gibt eine wunderbare Flanke in den ungarischen Strafraum«, schrieb Fritz Walter später in seinem Buch *3:2*. Die entscheidenden Sekunden des Spiels liefen aus seiner Sicht dann so ab: »Max, Ottmar und ein paar Ungarn springen hoch. Der Ball wird vorerst abgewehrt. Da stürmt mit seinen mächtigen Sätzen der Boß herbei. Wer ihn heranbrausen sieht, glaubt, daß er aus diesem wuchtigen Lauf heraus schießen wird, schießen muß. Die Zuschauer glauben es, und wir Spieler auch. Der Torhüter glaubt es, und die Verteidiger werfen sich entschlossen in die vermutliche Schußbahn. Diese Gelegenheit nutzt Helmut Rahn aus, nimmt geschickt und reaktionsschnell den Ball am Fuß mit, an zwei, drei Gegnern vorbei, und läßt aus etwa vierzehn Metern Entfernung mit dem linken Fuß eine Bombe in die untere linke Ecke los.« Das war das Siegtor. Und die deutsche Elf konnte von Glück reden, daß Rahn den Ball tatsächlich »am Fuß« mitgenommen hatte und nicht mit der Hand, denn dann wäre die Chance unwiderruflich vorbei gewesen. Es waren noch sechs Minuten zu spielen, das war die große Zeit von Torhüter Toni Turek, der mehrfach den Ausgleich verhinderte und die von Rundfunkreporter Herbert Zimmermann, der plötzlich in Turek einen Fußballgott sah und die Uhr beschwor: »Der Sekundenzeiger, er wandert so langsam! Wie gebannt starre ich hinüber! Geh doch schneller, geh doch schneller! Aber er tut es nicht, er geht mit der Präzision, die ihm vorgeschrieben ist.« Aber dann war es doch noch soweit: »Aus! Aus! Aus! – Aus! – Das Spiel ist aus! – Deutschland ist Weltmeister, schlägt Ungarn mit 3:2 Toren im Finale in Bern. (Pause) Nach diesen dreißig Sekunden, die Sie dem Reporter verzeihen müssen – ja: müssen, denn Sie können sich nicht vorstellen, was hier los war, wollen wir versuchen, in normaler Lautstärke und einigermaßen ruhig Ihnen das Geschehen hier zu schildern.« Nach dem spontanen Jubel über den überraschenden Erfolg der deutschen Elf machte sich nicht nur bei Herbert Zimmermann verhaltene Freude breit. Es stand den Deutschen noch nicht an, laut zu jubeln. In der Stunde des Sieges war man sich unsicher, wie man als Verlierer des Krieges und als ein von den Siegermächten besetztes Land mit diesem Triumph umgehen sollte. Für viele Fans in der Heimat war nur eines klar: »Wir sind Weltmeister!« Das galt auch für die Bürger der DDR, wo sogar Volkspolizisten in Ostberlin Freudensalven in die Luft schossen.

Die Reportage von Wolfgang Hempel auf Radio DDR war allerdings etwas nüchterner ausgefallen als die seines West-Kollegen Zimmermann: »Das Unvorstellbare ist passiert. Die westdeutsche Nationalmannschaft wird Fußballweltmeister 1954 im Endspiel gegen Ungarn mit einem 3:2-Sieg durch ein Tor von Rahn acht Minuten vor dem Abpfiff. Die ganze Fußballwelt steht auf dem Kopf. Die westdeutschen Spieler liegen sich natürlich in den Armen, die Ungarn sind großartige Verlierer. Sie gratulieren den westdeutschen Spielern, die sich vor Freude einfach nicht mehr zu halten wissen. Nun, das ist natürlich nur zu verständlich.« Das war gut beobachtet. Denn die deutschen Spieler wußten nicht so recht, wie sie sich in der Stunde des Sieges zu verhalten hatten. Und selbst dem »Weisen von Bern« hatte es die Sprache verschlagen. »Sie werden verstehen, daß ich jetzt keine Worte finde. Ich muß zu dem Spiel einen gewissen Abstand haben. Es ist ein herrliches Gefühl, wenn eine Mannschaft das Vertrauen in ihre Leistung so lohnt«, sprach's und drückte seinen Männern stumm die Hand. Später dankte er artig den Spielern und hob deren hervorragende Kameradschaft als Grundlage des Erfolges hervor. Besonders erwähnte er den Kapitän Fritz Walter, den er als engen Mitarbeiter und Freund zu schätzen gewußt habe. Herberger vergaß aber auch die Helfer nicht, die für ihn zur Mannschaft dazugehörten. »Da ist Erich Deuser, unser Masseur. Er ist ein Mann, dessen fachliche Kenntnisse ebenso außergewöhnlich sind wie seine praktische Erfahrung und seine Fertigkeit ... Ein prächtiger Mensch, ein guter Kamerad – er ist unserer Mannschaft ein unentbehrlicher Freund und Betreuer geworden ... Dr. Loogen oblag die ärztliche Betreuung. Selbst ein alter Fußballer, ein hervorragender Arzt und Psychologe, war er in vielen Fällen ein ausgezeichneter Berater und Helfer. Unsere Mannschaft spielt gern auf einem regennassen Platz. Das hat seinen Grund ... Technik und Erfahrung lieben glatten Boden, weil sie ihn für ihre Zwecke auszunutzen verstehen. Deshalb ist Regenwetter unser Wetter. Wenn aber unsere Nationalmannschaft heute sagen kann, daß jedes Wetter ihr Wetter ist, dann deshalb, weil sie eben für jedes Wetter und jede möglichen Bodenverhältnisse den entsprechenden Schuhbelag hat. Und diesen Vorteil verdanken wir in der Hauptsache unserem dritten Mann in der Betreuung der

Mannschaft: Adolf Dassler.« Tatsächlich hatte Dasslers Firma Adidas Fußballstiefel mit schraubbaren Stollen erfunden und die Nationalelf seit Jahren mit Schuhen versorgt.

Sepp Herberger war zu Lebzeiten zu einer Legende geworden, und er wird geahnt haben, daß dieser Sieg nicht nur ein sportlicher Höhepunkt war, sondern zugleich ein Anfang. Sie hatten mit dem Sieg von Bern den Grundstein für die »Fußballnation« Deutschland gelegt.

Die Sprachlosigkeit hatte nicht nur den Reporter, den Trainer und die Spieler ergriffen, sie war ein allgemeines Merkmal der Reaktion auf diesen unerwarteten und überraschenden Sieg. Unsicherheit machte sich breit. Im Jubel griff man alte Traditionen auf. Noch im Stadion wurde, als die Nationalhymne erklang, nicht die inzwischen offizielle dritte Strophe gesungen, sondern die erste. Die Befürchtungen des Bundespräsidenten Theodor Heuss schienen sich zu bestätigen. Er hatte sich für eine neue Hymne mit einem neuen Text ausgesprochen, aber Bundeskanzler Adenauer hatte auf der alten bestanden und sie mit neuem altem Text durchgesetzt. Das Absingen der ersten Strophe im Berner Wankdorf-Stadion führte nicht nur zu einer öffentlichen Diskussion in der deutschen, sondern natürlich auch zu entsprechenden Kommentaren in der ausländischen Presse, die zum Teil in lauten Tönen den Titelgewinn der Deutschen als »dritten Weltkrieg« niedermachte. Die gemäßigteren Stimmen zeigten sich eher besorgt, daß nun ein neuer deutscher Chauvinismus und Nationalismus aufkeimen könne, lobten aber das besonnene Auftreten der deutschen Elf in der Schweiz. Grund zur Sorge gab es allemal. Er wurde von Offiziellen und einigen deutschen Pressestimmen geliefert. Insbesondere DFB-Präsident »Peco« Bauwens vergriff sich in der Giftkiste mit den nationalistischen Spruchschätzen. Zwei Tage nach dem Sieg sprach er im Münchner Löwenbräukeller auf einem Empfang für die Weltmeister. Seine Rede wurde nirgends komplett dokumentiert, aber die inzwischen aufmerksame Presse veröffentlichte Auszüge. Laut *Spiegel* soll Bauwens unter anderem gesagt haben: »Wenn aber andere auf dem Spielfeld herumturnen mit ihren Fahnen vor dem Spiel, dann geht es nicht an, daß unseren Leuten es verboten wird, unsere stolze deutsche Fahne zu führen. Das lassen wir uns nicht gefallen. Unsere Mannschaft hat ihnen die Quittung gegeben.« Und weiter: »Dieser Sieg hat gezeigt, daß es Schlacken auf dem Sport und dem deutschen Volk nicht mehr geben kann, wenn es jemand ehrlich mit uns meint.« Worte dieser Art waren Anlaß für den Bundespräsidenten Theodor Heuss, sich von den Aussagen Bauwens' zu distanzieren. Aber war hier wieder deutscher Chauvinismus erwacht. Oder hatte einfach nur ein vom Sieg der deutschen Elf überwältigter alter Mann versucht, seiner Gefühle Herr zu werden und seinem Stolz und seiner Freude Ausdruck zu verleihen? Man kann die Rede als ungelenken Versuch sehen, in einer Zeit, da Nationalismen den Deutschen ein schlechtes Gewissen bescherten, eine Lobrede auf eine Mannschaft zu halten, die, mit anderen Worten, auch noch etwas anderes war: ein Nationalteam. Mannschaftssportarten wie Fußball eignen sich nun einmal besser als Einzelsportarten zur nationalen Identifikation. Insofern war die Rede Bauwens' eher ein unglücklicher Versuch, dem »Wunder von Bern« einen Sinn als nationales Ereignis zu geben, den es zweifelsohne besaß. In ihr kamen nicht nur aufgrund der enthemmend wirkenden »Wogen der Gemütlichkeit« im Löwenbräukeller nationalistische Dispositionen zum Ausbruch, wie der Journalist Arthur Heinrich vermutete, sondern die Bauwens-Rede kann als symptomatisch für das Unvermögen der Deutschen angesehen werden, nach den Erfahrungen des Nationalsozialismus und des Zweiten Weltkrieges mit nationalen Ereignissen ebenso angemessen wie unbeschwert umzugehen.

Zugleich war diese Rede Ausdruck einer teilweise maßlosen Geschwätzigkeit, mit der Offizielle, Journalisten, Politiker und beteiligte Sportler versuchten, das »Wunder von Bern« auf den Boden rational begründbarer Tatsachen zurückzuholen. Aus der allgemeinen Sprachlosigkeit wollte man wieder in die sinngebenden Regionen des deutschen Wortschatzes und seiner semantischen Konstruktionen vordringen. Das hatte aber zugleich eine mythenbildende Wirkung. Im wesentlichen waren es drei Mythen, die in den Versuchen, den Triumph von Bern zu erklären, geboren wurden: 1) der Mythos des »Weisen von Bern«, von Sepp Herberger als Vater des Erfolges, 2) der Mythos des »Geistes von Spiez«, der einzigartigen Kameradschaft der Nationalspieler nach dem Motto »Elf Freunde müßt ihr sein!« und 3) der Mythos des »Wir sind wieder wer!«, mit dem versucht wurde, das Glücksgefühl des Sieges in seiner gesellschaftlichen Bedeutung zu erfassen.

Mythen erzählen Geschichten aus der Wirklichkeit. Wie Roland Barthes bemerkt hat, handelt es sich um Botschaften, um Mitteilungssysteme, die eine kommunikative Funktion erfüllen. Denn die Mythen gießen erlebte Wirklichkeit für die gesellschaftlichen Individuen in Erzählmuster, in denen man sich und sein Handeln wiedererkennen kann. Zugleich machen sie damit die Welt erklärbar. Mythen sind eigentlich nichts anderes als die Übertragung von Dingen oder Ereignissen in Alltagserzählungen. Sie stellen damit eine Form der kommunikativen Aneignung von Welt dar. Der Philosoph Ernst Cassirer hatte einst den Mythos als eine »Einheit der Anschauung, eine intuitive Einheit« beschrieben, die dem diskursiven Denken vorausgehe, und seine Rolle bei der Weltaneignung dargestellt: »Denn nirgends handelt es sich im Mythischen um das passive Schauen, um die ruhige Betrachtung der Dinge; sondern alle Betrachtung geht hier von einem Akt der Stellungnahme, von einem Akt des Affekts und des Willens aus. Sofern der Mythos sich zu bleibenden Gestalten verdichtet, sofern er den festen Umriß einer ›objektiven‹ Welt von Gestalten vor uns hinstellt – so wird doch die Bedeutung dieser Welt für uns erst erfaßbar, wenn wir hinter ihr noch die Dynamik des Lebensgefühls verspüren, aus der sie ursprünglich erwächst. Nur wo dieses Lebensgefühl von innen her erregt ist, wo es sich in Liebe und Haß, in Furcht und Hoffnung, in Freude und Trauer äußert, kommt es zu jener Erregung der mythischen Phantasie, die aus ihr eine bestimmte Vorstellungswelt erwachsen läßt.« Das »Wunder von Bern« ging mit jenem freudig erregten Lebensgefühl einher, das mit Freude, aber auch Hoffnung verbunden war, der Hoffnung, daß es nun mit Deutschland wieder besser werden und aufwärtsgehen würde. Im Mittelpunkt dieser Freude stand die Leistung der deutschen Elf und ihres Trainers Sepp Herberger, und aus dieser Freude speiste sich die Hoffnung, daß das »Wunder von Bern« über den Sport hinaus seine Bedeutung für Deutschland haben werde.

Mythen enthalten zwar diesen gelebten, wahren Kern, doch verklären sie auch reale Ereignisse. Der Titelgewinn bei der Fußballweltmeisterschaft in der Schweiz 1954 sollte eben nicht nur das Wunder gewesen sein, von dem man so gerne sprach, sondern ein Ereignis, das auf der Leistung der an ihm Beteiligten basierte und das eben auch eine Bedeutung haben mußte. In den Mythen, die sich darum rankten und immer noch ranken, äußert sich damit nichts anderes als das kulturelle und gesellschaftliche Selbstverständnis der Deutschen in der Mitte der 50er Jahre. Weder war der »Weise von Bern« tatsächlich so weise, wie es der Mythos will, noch hatte es den »Geist von Spiez« in der Form gegeben, wie er nachträglich beschworen wurde. Und das ebenfalls vielbeschworene Gefühl des »Wir sind wieder wer!« war nicht mehr als eine Projektion und Wunschphantasie, mit der jenes Gefühl der Hoffnung ausgedrückt wurde, das Cassirer als eine der Grundlagen des Mythos beschrieben hat.

Sicher hatte Sepp Herberger, wie es seiner kontrollierten und kontrollierenden Art entsprach, seinen Beitrag zum Erfolg geleistet, indem er mit zahlreichen Maßnahmen versuchte, optimale Bedingungen zu schaffen und damit zur Risikominimierung beizutragen. Eine ordentliche, penible Vorbereitung zählte zu den Tugenden des Bundestrainers und zu seinen Obsessionen. Herberger überwachte alles, von der Kondition der Spieler über ihren Lebenswandel bis hin zu den Spielerfrauen, die er eigentlich nicht gern in der Nähe ihrer Männer sah. Er ließ sogar die gegnerischen Ungarn ausspionieren und versuchte, sie mit psychologischen Tricks zu verunsichern. Auch sann er sich taktische Maßnahmen aus, die auf genauer Kenntnis des Gegners und der Turnierbedingungen beruhten, und zeigte seinen Spielern zur Vorbereitung auf die Ungarn-Spiele Filmausschnitte des grandiosen Sieges der ungarischen Elf über die Engländer im Londoner Wembley-Stadion. Ebenso verstand er es, die Spieler nach dem Debakel im ersten Spiel gegen Ungarn wieder aufzurichten. Kurzum, als Fußballehrer beherrschte er sein Handwerk. Hinzu kam das von ihm so oft beschworene Quentchen Glück. Sepp Herberger, den »Weisen von Bern«, als den »Vater des Sieges« zu sehen, entsprang jedoch auch dem Bedürfnis, den Erfolg zu personalisieren, weil er sich dann besser erzählen ließ. Seine unbestrittenen handwerklichen Trainerqualitäten halfen, das »Wunder von Bern« doch nicht als zufälliges, glückliches Ereignis zu betrachten, sondern rational zu erklären. Der »Weise von Bern« war er sicher nicht, eher der vorausschauende und wissende »Kontrolleur des Zufalls«.

Bei der Suche nach Erklärungen für den Erfolg machte schnell das Wort vom »Geist von Spiez« die Runde. In Spiez hatte das Hotel gestanden, in dem die deutsche Delegation untergebracht worden war. Herberger selbst hatte das »Belvedere« an den Ufern des Thuner Sees ausgesucht, weil dieser Gründerzeitbau in aller Abgeschiedenheit lag. So konnte er seine Männer vom lärmenden Stadtleben und von allerlei äußeren Einflüssen fernhalten. Das sollte zugleich ihre Kameradschaft und ihr Gruppengefühl stärken. Es war diese Gruppenphantasie, die als »Geist von Spiez« bezeichnet wurde und auch nachträglich von zahlreichen Beteiligten in romantischer Verklärung beschworen werden sollte. Eine der wesentlichen Erkenntnisse des Bundestrainers über den Erfolg im Fußball lautete, wie bereits erwähnt, daß er zu je einem Drittel aus Können, Kameradschaft und Glück bestehe. Können übte man im Training, Glück hatte man auf dem grünen Rasen, und als geschickter Trainer konnte man dem ein bißchen nachhelfen. Kameradschaft aber konnte man in der gemeinsamen Abgeschiedenheit schaffen; dazu gehörte aber auch, daß der Trainer Männer um sich scharte, die bereit waren, sich »für die Sache und die Kameraden zu opfern«. Aufmüpfige, auch außerhalb des Spielfeldes selbstbewußte Gestalten konnte ein Herberger, der mit absoluter Autorität auftrat, nicht gebrauchen. »Was Herberger sagte, war Gesetz. Da wurde nicht viel gefragt«, sollte Horst Eckel später erklären. Den im Herbergerschen

Sinn idealen Spielertypus verkörperte Fritz Walter, einer, der aus dem Bauch heraus geniale Spielzüge ersann und technisch gut am Ball war, der aber auch nicht sonderlich viel Intelligenz an den Tag legte und schon gar nicht aufmuckte, sondern sich als Sensibelchen in Depressionen hüllte, die dann ein väterlicher, psychologisch geschickter Trainer als Vater und Freund wieder vertreiben konnte. Es war Herbergers psychologischem Geschick zu verdanken, daß sich seine Männer als »Truppe« sahen, als verschworene Gemeinschaft. »So wurde der Aufenthalt in Spiez vorübergehend zu einer Art Isolierhaft, instinktiv schotteten sich die Spieler ab. Das aber war von Herberger erwünscht: Die 22 Kameraden sollten im eigenen Saft schmoren, bis sie sich als Häuflein Verlorener sahen, die nur noch die gemeinsame Flucht nach vorne antreten konnten – einer für alle, alle für einen«, so beschreibt Thomas Kistner die Entstehung des »Geistes von Spiez«.

Der Gedanke der Kameradschaft war nicht neu im Fußball. Bereits 1920 hatte Johannes Leschinski, nach einer bekannten Melodie, das Fußballerlied von den elf Freunden geschrieben:

Elf Freunde waren wir, die sich verstanden,
Die sich in schwerer Zeit zusammenfanden.
Wir hab'n aus eigener Kraft
Uns einen Platz geschafft,
Ein Häuflein tofte Jungs mit ein paar Alten.

Der lang ersehnte Tag war angebrochen,
Auf den wir uns gefreut seit vielen Wochen.
Der Platz wurd' eingeweiht,
Wir standen Seit' an Seit'
Und unsere Hände waren voller Schwielen.

Rotweiße Fahnen weh'n im Morgenwinde,
Elf Fußballspieler reichen sich die Hände.
Ein lied erklang im Chor,
Mir klingt's noch heut' im Ohr,
Ein Lied von Kameradschaft und Treue.

Was immer mag gescheh'n,
schließt fest die Reihen,
Wir woll'n zusammensteh'n,
uns nie entzwein.
Wenn ihr in schwerer Zeit
Elf gute Freunde seid,
Wird euer Sportclub blühen und gedeihen.

Vielleicht hat Herberger seine »Männer« in Spiez dieses Lied singen lassen, denn was eignete sich besser, sie mit dem Mythos der »Elf Freunde« vertraut zu machen; überliefert ist es allerdings nicht. Immerhin hatte die Rede von den elf Freunden damals noch eine andere Bedeutung als heute. Denn in einer Zeit, als verletzte Spieler noch nicht ausgewechselt werden durften, mußten wirklich alle elf Spieler zusammenhalten, da im Falle einer Verletzung die Gesunden den Verletzten mitschleppen und ersetzen mußten. Verletzte Spieler wurden meist auf Linksaußen gestellt, wo sie dann an der Linie entlanghumpelten. Der Sportreporter Sammy Drechsel sollte dem Mythos von den elf Freunden später mit einem Jugendroman, *Elf Freunde müßt ihr sein*, ein Denkmal setzen, zu dem Fritz Walter ein Vorwort schrieb.

Nach dem erfolgreichen Finale wurden der »Geist von Spiez« und der Mythos der »Elf Freunde« schnell als eine der Erklärungen für den Erfolg herangezogen. Der deutsche Gesandte in Bern, Holzapfel, würdigte bei der Siegesfeier vor allem »den Verzicht des einzelnen auf die eigene Geltung, die Unterordnung unter die Gemeinschaft«. Es war Herbergers Verdienst, daß sich die Spieler während der WM in diesem Mythos wiederfinden konnten, sie hatten ihre Gruppenphantasie. Er selbst hatte das alles nicht nur erfunden, sondern selbst daran geglaubt. Auch nach der Weltmeisterschaft von 1954 beschworen die Spieler diesen Mythos immer wieder. Oft kamen sie zu Sepp Herbergers Geburtstag in dessen Haus in Hohensachsen zusammen und schwärmten von den alten Zeiten. Doch wie wenig der »Geist von Spiez« und der Mythos der »Elf Freunde« der Realität entsprach, zeigte sich allein schon daran, daß die elf

Spieler, die im Endspiel auf dem Platz gestanden hatten, nur zweimal in genau dieser Formation zusammen spielten. Nach der WM sollte nie wieder eine deutsche Nationalelf in dieser Aufstellung auflaufen. Auch privat lebte man sich nach und nach auseinander, und der Schütze des Siegtores, Helmut »Boß« Rahn, distanzierte sich zunehmend von seinen Kameraden und erschien nicht mehr zu den Treffen. Er gab zu Protokoll, Stammtischnostalgie sei nicht sein Fall. Damit entlarvte er den »Geist von Spiez« als zeitlich gebundene Gruppenphantasie, die nur in der Erinnerung überdauerte.

Die Gründung der »Berner Republik« wurde nach Auffassung zahlreicher Kommentatoren und Interpretatoren von einem Wir-sind-wieder-wer-Gefühl begleitet. Doch nach dem Sieg herrschte vor allem politische und kulturelle Unsicherheit vor, wie man denn mit diesem Ereignis umzugehen habe. Man hatte eine böse Ahnung, daß man »wieder wer war«, etwas, was man noch nicht sein durfte und deshalb auch nicht so richtig wagte zu sein. Zwar hatten viele Bundesbürger nach dem Sieg freudig erregt verkündet: »Wir sind Weltmeister«, aber das hatten auch einige DDR-Bürger getan, denn für sie gab es nur eine deutsche Fußballmannschaft. Sicherlich war der Freude über das »Wunder von Bern« auch Genugtuung beigemischt. Doch von einem Wir-sind-wieder-wer-Gefühl zu sprechen, schien reichlich vermessen. Das Wirtschaftswunder war noch weit, auch wenn die »Helden von Bern« bei ihrer triumphalen Heimkehr mit zahlreichen Konsumgütern beschenkt wurden, die den wirtschaftlichen Aufschwung und den Aufbruch in die Konsumwelt ankündigten. Noch schielten die Deutschen auf das Land, in dem Milch und Honig floß und jeder vom Tellerwäscher zum Millionär werden konnte, doch der amerikanische Traum war kein deutscher. Der deutsche war in Bern geboren worden, und seine Repräsentanten hatten mit Kameradschaft, Fleiß und Bescheidenheit etwas erreicht, was die übrigen Millionen Deutschen erst noch erreichen mußten. Das »Wunder von Bern« war aus deutschen Tugenden geboren worden und hatte der Welt gezeigt, daß es die Deutschen noch gab. Dadurch keimte Hoffnung auf, die man erzählbar machen mußte.

Das gelang mit dem Mythos des »Wir sind wieder wer!«, der nicht einem Zustand, sondern einer Aufbruchstimmung symbolischen Ausdruck verlieh. Ob die Hoffnung Realität werden konnte, mußte sich erst noch zeigen. Und ob die »Helden von Bern« auch in Zukunft hielten, was sie am 4. Juli 1954 versprochen hatten, das mußte sich vier Jahre später bei der WM in Schweden erweisen.

Nach der Weltmeisterschaft sollte sich herausstellen, was der Sieg von Bern auch sportlich wert war. Auf den Gipfeln des Sports weht bekanntlich ein besonders kalter Wind. Die Erwartungen an das »Wunderteam« von Bern waren hoch. Aber zunächst einmal hagelte es Niederlagen. Herberger konnte auch nicht auf alle seine Männer aus Spiez zurückgreifen. So stand Toni Turek nach der WM nur noch einmal im Tor der deutschen Nationalelf, in Hannover bei der 1:3-Niederlage gegen Frankreich. Aber nicht sein Ersatz Kwiatkowski spielte, sondern Fritz Herkenrath, der schon bald Stammkeeper wurde. Fritz Walter sorgte für Schlagzeilen, denn er erklärte seinen Rücktritt. Das hatte offenbar nichts mit der großen Flut von Publikationen zu tun, die nun unter seinem Namen erschienen, sondern er fühlte sich der »nervlichen Belastung« nicht mehr gewachsen. Auch sein väterlicher Freund Sepp Herberger konnte ihn zunächst nicht umstimmen. Von den vier Länderspielen, die noch im WM-Jahr 1954 stattfanden, gingen drei verloren, unter anderem gegen das international zweitklassige Belgien. Zwar konnte Herberger zu Beginn des folgenden Jahres Fritz Walter zu einem Comeback überreden, doch das nutzte nicht viel. Das Spiel gegen Italien im März ging trotz Fritz Walter mit 1:2 verloren. Auch Rahn und Schäfer waren wieder dabei, aber von dem »dollen Wirbel«, den man noch in der Schweiz veranstaltet hatte, war nichts mehr zu sehen, und Fritz Walter wurde anschließend Fadheit bescheinigt.

Immerhin hatte Herberger seinen Fritz wieder, auf den er sein Nationalmannschaftskonzept immer abstimmte. Doch der wollte nicht so, wie er sollte. In regelmäßigen Abständen erklärte er seinen Rücktritt aus der Nationalelf, um dann doch wieder zurückzukehren. Doch seine Leistungen rechtfertigten seine Aufstellung oft in keiner Weise. Im Spiel gegen die Schweiz im November 1956 war er ein Totalausfall, und die Presse befand: »Jetzt reicht's.« Wieder einmal trat Fritz Walter zurück. Am Ende des Nach-WM-Jahres sah die Länderspielbilanz reichlich trostlos aus, in sechs Spielen hatte es nur zwei Siege gegeben. Das sollte sich auch 1956 nicht ändern, diesmal mußten die zwei Siege aber in acht Spielen mühsam errungen werden. Der »Chef« suchte noch nach einer geeigneten Formation, die neben Fritz Walter aus einigen alten Spielern und einigen jungen Talenten bestehen sollte. Noch 1954 hatte Uwe Seeler sein Debüt in der Nationalelf gegeben, doch schien seine internationale Karriere zunächst auf wackligen Beinen zu stehen, denn in den beiden folgenden Jahren bestritt er nur jeweils ein Länderspiel und lief dann erst wieder beim WM-Turnier 1958 im deutschen Dreß auf.

Aufgrund der zahlreichen Niederlagen machte die Rede von der Krise die Runde. Offenbar schien die deutsche Elf darunter zu leiden, daß der »Geist von Spiez« verflogen war. Gute spielerische Leistungen waren anscheinend nur unter Turnierbedingungen zu erzielen. Die wenigen guten Spieler mußten in den fünf Oberligen (Süd, Südwest, West, Nord und Berlin) ausfindig gemacht werden. Zudem war das Leistungsgefälle in den Oberligen recht hoch, da hier wirtschaftlich gesunde Vereine, die guten Spielern eine berufliche Zukunft bieten konnten, gegen wirtschaftlich und sportlich eher benachteiligte Klubs antreten mußten. Die Diskussion um eine einheitliche starke Liga schwelte ständig und flammte immer mal wieder auf. Herberger gehörte zu denjenigen, die sich für eine Bundesliga aussprachen, eine Forderung, die er erstmals bereits 1939 gestellt hatte. Im Hinblick auf das bevorstehende WM-Turnier 1958 in Schweden, für das sich Deutschland als Titelverteidiger nicht qualifizieren mußte, versuchte er seine Idee weiter voranzutreiben. Dabei paßten die schlechten Spiele seiner Mannschaft auf internationalem Parkett gut in seine Argumentation. »Eines steht fest«, erklärte Herberger, »wenn die Einführung der Bundesliga auch keinen Stilwechsel mit sich bringen würde, so steht doch außer Zweifel, daß das technische, taktische und konditionelle Rüstzeug unserer Spieler wie der Mannschaften es mit sich brächten, daß die Leistung beachtlich gesteigert würde. Der deutsche Fußball ist hier rückständig. Auf der Ebene der Länderspiele treten die Mängel besonders deutlich in Erscheinung. Sie können nur behoben werden, wenn härteste Konkurrenz und schärfste Rivalität am Werk sind.« Auch wenn Herbergers Worte nach dem Gewinn der WM 1954 im Deutschen Fußball-Bund größeres Gewicht bekamen, als sie ohnehin schon hatten, ließ der DFB in der Frage der Einführung einer Bundesliga kaum mit sich reden. Nur zögerlich ging man die Sache an. Zunächst hieß es, eine Bundesliga, verbunden mit der Einführung des Profitums, würde die Gemeinnützigkeit der Vereine gefährden. Sie müßten sich dann auf eine andere wirtschaftliche Basis stellen. Doch Ende 1956 hatte der *Kicker* in einer Serie von Artikeln die DFB-Argumente zu entkräften versucht und sich dabei dorthin begeben, wohin Fußballer normalerweise nicht gehen – aufs politische Parkett. Die Redakteure der Zeitschrift waren in Bonn beim Bundesfinanzministerium vorstellig geworden und hatten in Erfahrung gebracht, daß »nicht einmal die Einführung des reinen Profitums . . . die Gemeinnützigkeit grundsätzlich in Frage stellen« würde. Doch der DFB tat sich weiterhin schwer.

Es war nicht nur Fritz Walter, der mit Traumangeboten aus dem Ausland umworben wurde. Im ganzen Land erfreute man sich der immer härter werdenden D-Mark, aber den Fußballern winkten Lire und Peseten. In der Frage der Einführung der Bundesliga und der damit verbundenen Einführung des Berufsspielertums zeigte sich die widersprüchliche Haltung Herbergers. Aus rein sportlichen Gründen war er für die Bundesliga, das Berufsspielertum lehnte er aber ab, da war er konservativ. Materialismus hatte seiner Ansicht nach nichts im Fußballsport zu suchen. Seine Sturheit in dieser Frage sollte Jahre später für öffentliche Diskussionen sorgen, als er die Nationalspieler, die im Ausland als Berufsspieler tätig waren, aus dem Kader verbannte. Aber bereits Ende der 50er Jahre wurde deutlich, daß die Zeit dabei war, den guten Seppl zu überholen.

Aufgrund der zögerlichen Haltung des DFB war bis zur WM 1958 in Schweden kein Gedanke an eine Einführung der Bundesliga zu verschwenden. Herberger mußte sich seine Truppe für das Turnier erneut aus den Oberliga-Teams zusammensuchen. Dank seiner Überredungskünste war auch Fritz Walter, mittlerweile stattliche 37 Jahre alt, wieder dabei. Das erste Spiel in Malmö am 8. Juni 1958 endete mit einem verheißungsvollen 3:1-Sieg über Argentinien, zu dem »Boß« Rahn zwei Tore beisteuerte. Das dritte schoß Uwe Seeler, der damit ein erfolgreiches Comeback in der Nationalelf feierte. In den beiden weiteren Vorrundenspielen kam man gegen die Tschechoslowakei und Nordirland nicht über ein 2:2 hinaus. Doch das reichte zum Erreichen des Viertelfinales. Dort hieß der Gegner, wie bereits 1954, Jugoslawien. Einmal mehr war es Helmut Rahn, der ein Spiel zugunsten der deutschen Elf entschied. Dank seines »goldenen« Tores, das bereits in der 12. Minute gefallen war, und einer guten Leistung der Abwehr gewann Deutschland 1:0. Das Team schien auf dem Weg zu einer erfolgreichen Titelverteidigung, doch dazu mußte im Halbfinale zunächst noch der Gastgeber Schweden besiegt werden, der gegen die Sowjetunion mit 2:0 gewonnen hatte.

Das Spiel fand am 24. Juni in Göteborg statt und wurde in mehrfacher Hinsicht zu einem Schicksalsspiel. Schon vor dem Anpfiff rutschte den deutschen Spielern das Herz in die Hose, erschallten im Göteborger Ullevi-Stadion aus 52 000 schwedischen Kehlen »Heja, heja, heja«-Schlachtrufe. Der Anpfiff des Schiedsrichters ging in diesem Getöse fast unter. Jede Aktion der schwedischen Mannschaft erfuhr lautstarke Unterstützung. Die Ereignisse überschlugen sich. Nachdem ein Elfmeter für Deutschland nach einem Foul an Rahn und ein Tor der Schweden wegen Abseits nicht gegeben worden waren, erzielte Schäfer das 1:0 für Deutschland. Das gab der deutschen Nationalelf Auftrieb. In der Folge waren sie dem 2:0 näher als die Schweden dem Ausgleich. Vor allem Fritz Walter lief zu großer Form auf und machte nach Auffassung vieler Experten sein wohl bestes Länderspiel. Es sollte zugleich sein letztes sein. Knapp eine Viertelstunde vor dem Ende der Partie wurde er durch ein Foul des schwedischen Läufers Parling schwer am Knöchel verletzt. Nach fünfminütiger Behandlung kam er humpelnd auf das Spielfeld zurück, der Spielfluß der Elf war unterbrochen. Bereits zwanzig Minuten zuvor hatten sie Verteidiger Juskowiak durch Platzverweis verloren, da er gegen den schwedischen Stürmer Hamrin nachgetreten hatte. Bis zum Ausscheiden von Fritz Walter stand es 1:1, aber gegen neuneinhalb deutsche Spieler dominierte in den letzten Minuten dann die schwedische Elf, die auch prompt noch zwei Tore markierte. Am Ende hieß es 3:1 für Schweden, das dann im Finale Brasilien mit 2:5 unterlag. Im Spiel um Platz drei gab Herberger einigen Ersatzspielern eine Chance. Ihm war bereits klar, daß er nach der WM mit dem Neuaufbau der Mannschaft beginnen mußte. Fritz Walter hatte endlich, noch auf dem Krankenbett, seinen endgültigen Rücktritt verkündet.

Auch wenn das Spiel um den dritten Platz gegen Frankreich mit 3:6 verlorenging, hatte sich das Wunderteam von Bern, durch ein paar neue Talente verjüngt, ganz gut geschlagen. »Die innere Struktur der Mannschaft«, schrieb später Ludger Schulze, »unterschied sich kaum vom Weltmeisterteam von 1954. Die Spieler waren brave, biedere Kerle mit dem Bundesadler nicht nur auf der Brust, sondern auch im Herzen, die mit 150 Mark pro WM-Einsatz zufrieden waren. Aber auch sie waren schon geprägt vom Wirtschaftswunder, trugen Selbstbewußtsein und den Stolz, etwas ›geschafft‹ zu haben, deutlich zur Schau. Sepp Herberger sorgte dafür, daß diese Eigenschaften nicht allzusehr herausgekehrt wurden, daß seine Leute nicht in den Verdacht der Arroganz und Ignoranz gerieten.« Es wuchs eine neue Spielergeneration heran, die in gewissem Sinn Kind des Wirtschaftswunders war, das mittlerweile in voller Blüte stand. Ludwig Erhard, im gleichen Jahr wie Sepp Herberger geboren, war nicht mehr nur Wirtschaftsminister, sondern inzwischen auch Vizekanzler. Aber auch die Kehrseite des Wirtschaftswunders, der Materialismus, gewann in Deutschland immer mehr an Boden. Das war Herbergers Sache nicht.

Wunder geschehen immer nur unerwartet, sie lassen sich

nicht erzwingen und auch nicht wiederholen. Sepp Herberger war bereits vor dem Turnier klar, daß es sehr schwer werden würde, den Titel erfolgreich zu verteidigen. Nach der WM mußte er direkt mit dem Neuaufbau beginnen. Abgesehen davon, daß der Rücktritt Fritz Walters diesmal endgültig war und Sepp Herberger einen richtigen Ersatz finden mußte und daß die deutsche Elf nach der WM und im folgenden Jahr eine ausgeglichene Bilanz vorweisen konnte, war die Situation nicht so sehr verschieden von der nach der Weltmeisterschaft in der Schweiz. Das Projekt Bundesliga wurde weiter vorangetrieben, doch der DFB verhielt sich nach wie vor zögerlich. Herberger suchte nach neuen Talenten und war bestrebt, sie nicht für viel Geld ins Ausland abwandern zu lassen. Talente wie Helmut Haller, Karl-Heinz Schnellinger und Albert Brülls waren in Italien sehr begehrt. Auf diese jungen Talente setzte Herberger, als 1960 die Qualifikation zur WM 1962 in Chile begann. In Sachen Bundesliga tat sich immer noch nicht viel, die Qualifikationsspiele wurden gewonnen, und das deutsche Team reiste 1962 zur WM nach Südamerika.

Diesmal glich das Team nicht mehr der Elf von 1954. Die neuen Zeiten hatten dem Bundestrainer übel mitgespielt, seine Autorität bröckelte. Eine für ihn nicht ungefährliche Situation, zumal die neuen Zeiten nicht nur brave, biedere Spieler erforderten. Die alten Charaktere, zu denen Herberger selbst gehörte, standen den neuen Zeiten ängstlich reserviert gegenüber. Und so sollte die deutsche Elf denn auch in Chile auftreten. Nicht ein gnadenlos wirbelnder Angriff veranstaltete Budenzauber auf dem Rasen, sondern eine starke Abwehr versuchte gegnerische Tore zu verhindern. Herberger selbst war vom Leistungsvermögen seiner Männer nicht richtig überzeugt. Zu stark setzte er auf Defensive. Zwar überstand die deutsche Elf die Vorrunde, aber im Viertelfinale, wo es erneut gegen Jugoslawien ging, war dann Schluß. Das Spiel war bereits fast 90 Minuten lang torlos dahingeplätschert, als die Jugoslawen fünf Minuten vor dem Ende das Führungstor erzielten. Für die Niederlage wurde Herbergers Mauerkonzept verantwortlich gemacht, er selbst sah die Misere im Sturm und gab an, zu einer erstklassigen Mannschaft fehlten ihm vor allem zwei hervorragende Flügelstürmer.

Doch vor allem der »Weise von Bern« selbst hatte Fehler gemacht. Nicht nur, daß er auf Defensive setzte, sein taktisches und spielerisches Konzept war ihm abhanden gekommen. Er hatte noch keinen Spieler entdeckt, der ihm seinen Fritz Walter ersetzen konnte, diesen braven Erfüllungsgehilfen. Um diese Person hatte er früher sein ganzes Spielkonzept gebaut, ohne eine solche Person gab es plötzlich kein Konzept mehr. In seiner Verzweiflung hatte Herberger im Hinblick auf die WM bereits im Oktober 1961 den Versuch unternommen, den inzwischen 41jährigen Fritz Walter für die Spiele in Chile zu reaktivieren. Doch der wollte nicht mehr. In einem Brief, den er zwei Monate nach der WM an Fritz Walter schrieb, bereute Herberger zutiefst, seinen Fritz nicht dabei gehabt zu haben, und grämte sich, ihn nicht doch umgestimmt zu haben: »In Santiago, als so manches in unserem Angriff gar nicht klappen wollte, hab ich mir die bittersten Vorwürfe gemacht. Warum hatte ich mein Vorhaben nicht in die Tat umgesetzt?« Hier zeigte sich bereits ein neuer Herberger, aus Sturheit war Unflexibilität geworden, er war offenbar nicht mehr in der Lage, sich auf neue Situationen einzustellen; vielleicht wollte er es auch nicht mehr. Der »kluge Kopf« Sepp Herberger, der in der Schweiz noch den »Geist von Spiez« beschworen und sich als geschickter Psychologe entpuppt hatte, säte auf einmal Zwietracht in der Mannschaft. Hatte er noch vor der WM dem Torwart Hans Tilkowski versprochen: »Du bist meine Nummer eins«, ließ er ihn in Chile dann auf der Ersatzbank Platz nehmen; es spielte in allen Spielen Wolfgang Fahrian. Nach der WM erklärte Tilkowski denn auch erbost seinen Rücktritt aus der Nationalmannschaft, den er erst zwei Jahre später wieder rückgängig machte. Im Vorrundenspiel gegen Chile hatte Herberger Helmut Haller nicht aufgestellt, und der revanchierte sich nach der WM mit öffentlicher Kritik am Trainer. So ließ sich bestimmt nicht die von Herberger als ein Element des Erfolges ausgemachte Kameradschaft verwirklichen. Können hatten die Spieler zweifellos. Aber das nötige Glück fehlte ihnen, das bekanntlich nur dem Tüchtigen hold ist. Und Sepp Herberger, inzwischen 65 Jahre alt, war offenbar von allen guten Fußballgeistern verlassen worden.

Doch das allein war es nicht. Es war deutlich geworden, daß die wenigen Lehrgänge, die die Nationalspieler zusammen absolvierten, nicht ausreichten, um ein gutes, eingespieltes Team zu formen. Es fehlte die Bundesliga. Inzwischen hatten dies auch die fortschrittlicheren Kräfte im DFB eingesehen. Knapp sechs Wochen nach dem Ausscheiden der deutschen Elf in Chile wurde auf dem Bundestag des DFB in der Dortmunder Westfalenhalle die Gründung der Bundesliga beschlossen. 18 Mannschaften sollte die einheitliche deutsche Liga zählen und in der Saison 1963/64 den Spielbetrieb aufnehmen. In sportlicher Hinsicht war eine Idee Wirklichkeit geworden, die Herberger seit seiner Zeit als Reichstrainer immer wieder in die Diskussion gebracht hatte. Aber nun, da es soweit war, war seine Zeit schon fast vorbei. Wie bereits nach den beiden anderen Weltmeisterschaften experimentierte Herberger in den folgenden Länderspielen mit neuen Spielern und neuen Konstellationen. Obwohl er keine wesentlichen Entdeckungen mehr machte, gaben im September 1963 mit Reinhard »Stan« Libuda und Wolfgang Overath zwei Spieler ihr Debüt, die später noch lange in der Nationalelf spielen sollten. Die Länderspielbilanz in der Nach-WM-Zeit war ausgeglichen. Herberger hatte sich bereits nach der WM entschieden, sein Amt als Bundestrainer noch vor der nächsten WM zur Verfügung zu stellen. Sein Nachfolger sollte bereits die Qualifikation bestreiten. Doch zweifelte er immer wieder, ob er es tatsächlich wagen sollte. Vielleicht überkam ihn auch einfach nur die Angst vor dem Rentnerdasein, fürchtete er, in Untätigkeit zu darben. Seine Zweifel keimten auch immer dann wieder besonders auf, wenn sein Wunschkandidat, Fritz Walter, mal wieder nicht zu überzeugen war. Penetrant versuchte er seinen ehemaligen Spielmacher zu dem Amt zu überreden. Herberger hielt stur an dieser Idee fest, ohne auch nur einen Gedanken daran zu verschwenden, ob jemand, der insbesondere durch Gehorsam und bescheidene Intelligenz aufgefallen war, überhaupt ein solches

Amt würde ausfüllen können. Fritz Walter scheute die Verantwortung – sicher zu Recht. So mußte nach einer Alternative gesucht werden. Sie wurde in Helmut Schön gefunden, dem langjährigen Assistenten Herbergers. Die Wahl sollte sich als nicht schlecht erweisen, denn der Schüler wurde ein erfolgreicherer Trainer als sein Lehrer.

Die Entscheidung war bereits 1963 gefallen. Der Präsident des Saarländischen Verbandes, Hermann Neuberger, der bereits bei der Gründung der Bundesliga eine entscheidende Rolle gespielt hatte, setzte sich auch mit seinem Vorschlag für die Nachfolge von Sepp Herberger gegenüber dem DFB-Präsidenten, Hermann Gösmann, durch.

Seinen offiziellen Abschied gab Herberger dann am 12. Mai 1964 in Hannover, nach dem Länderspiel gegen Schottland, bekannt. Eine Ära ging zu Ende. Herberger hatte dem deutschen Fußball zu internationalem Ansehen verholfen, er hatte alles getan, um das »Wunder von Bem« möglich zu machen, und damit dem deutschen Wirtschaftswunder unbeabsichtigt mit auf die Beine geholfen. Die Journalisten bedauerten seinen Entschluß und lobten ihn noch einmal über den grünen Klee. Herberger sei »der deutsche Fußball schlechthin« gewesen, war da zu lesen, und seine Taten wurden noch einmal hervorgehoben. Fast gleichzeitig mit dem Wechsel der Verantwortung für die Nationalmannschaft hatte auch auf der politischen Bühne ein Wechsel stattgefunden, Konrad Adenauer hatte seinen Hut genommen, Ludwig Erhard, der »Vater des Wirtschaftswunders«, war Bundeskanzler geworden. Während Erhard auf dem Gipfel seiner politischen Karriere angekommen war, trat der gleichaltrige Sepp Herberger nun ab. Die Zeiten hatten sich endgültig geändert, nicht mehr Kameradschaft war gefragt, sondern materialistisch orientiertes Leistungsstreben. Herbergers Zeiten waren vorüber. Eine Schonfrist bekam er aber noch. Da er sein Debüt als Internationaler gegen Finnland gegeben hatte, durfte er vier Wochen später im Spiel gegen den gleichen Gegner ein letztes Mal auf der Trainerbank Platz nehmen; und die Spieler schenkten ihm zum Abschied einen 4:1-Sieg.

Nach Herbergers Rücktrittserklärung im Mai hatte Georg Meurer im *Hamburger Abendblatt* in seiner Würdigung der Person Sepp Herbergers geschrieben: »Sein Name wurde zur Legende. Er, dem die Sprache der Diplomaten gegeben ist, in vielen Worten seine Gedanken zu verbergen, regierte mehr als 25 Jahre praktisch als Alleinherrscher den deutschen Fußball. Er vertrug keinen Widerspruch, vertrat seine Meinung manchmal grantig mit kompromißloser Beharrlichkeit und blieb dabei doch meist der verbindliche Plauderer.« Diesem seinem Ruf sollte Herberger noch einmal gerecht werden. In der Presse war am 12. Mai 1964, dem Tag des Schottland-Spiels, unter der Schlagzeile »Ich war ein Besessener« ein offener Abschiedsbrief von Sepp Herberger an die Fußballfreunde abgedruckt worden. Dort hieß es: »Mit dem Abpfiff des Länderspiels gegen Schottland ist für mich das Ende als Trainer der deutschen Nationalmannschaft gekommen. Nun lege ich meinem Nachfolger Helmut Schön die ganze Bürde der Verantwortung eines Nationaltrainers in die Hände. Obwohl ich mich noch keineswegs alt fühle, halte ich es für richtig, einem jüngeren Mann Platz zu machen. Nun ist es auch an der Zeit, Ihnen, lieber Fußball-Leser, zu danken für das Vertrauen und die große Begeisterung, ohne die meine Laufbahn nicht möglich gewesen wäre. Über Sie ist nie geschrieben worden. Ihre Begeisterung hat sich immer nur in den Zuschauerzahlen der Zeitungsberichte niedergeschlagen. Trotzdem sind Sie es, die den Siegeszug des Fußballspiels ermöglichten. Über mich war dagegen vieles zu lesen – Wahres und Unwahres. Doch eines, hoffe ich, ist immer spürbar geblieben: daß ich ein Besessener meines Berufs war. Als mir 1936 die deutsche Nationalmannschaft anvertraut wurde, habe ich mir von vornherein ausbedungen, meine Entscheidungen allein zu fällen. Verantwortung kann man nicht teilen. So war ich in schwierigen Stunden der Entscheidung oft allein. Ich habe es nie bereut. Hunderte von Namen standen schon in meinem kleinen Notizbuch. Ich glaube, daß mir kaum ein Talent entgangen ist. Viele von ihnen haben in der Nationalmannschaft gespielt. Für mich stand aber immer eines über dem fußballerischen Können: die menschlichen Qualitäten des einzelnen. Jetzt ziehe ich mich zurück, werde reisen, ein Buch schreiben, mich um meine Briefmarken kümmern und viel mehr Zeit für meine Frau haben. Doch solange ich lebe, werde ich versuchen, den Spielern und ihrem neuen Trainer mit Rat und Tat zur Seite zu stehen. Wenn ich an dieser Stelle einen Wunsch äußern darf. Bringen Sie auch Helmut Schön, meinem langjährigen Schüler und Freund, das Vertrauen und die Freundschaft entgegen, die Sie mir so lange bewahrt haben. Es geht um eine gute Sache, um das Wohl des deutschen Fußballsports und unserer Nationalmannschaft. Ihr Seppl Herberger.«

Kapitel 8
Der »Chef« und die vaterlose Gesellschaft

Als der *Spiegel in* seiner Ausgabe 28/1954 mit dem »Triumph von Bern« aufmachte, zeigte das Titelbild einen großväterlichen Sepp Herberger. Tiefe Falten auf der Stirn und ein gutmütig-verschmitztes Lächeln in den Mundwinkeln. So sah man ihn gern, den Vater des identitätsstiftenden Fußballsieges der Deutschen.

Das 3:2 war irgendwo hinter diesen Falten ersonnen worden. Der »Weise aus Hohensachsen« wurde er fortan genannt oder der »Alte von der Bergstraße«. Das war unüberhörbar eine Anspielung auf den »Alten«, Konrad Adenauer, und schnell waren weitere Parallelen zum betagten Bundeskanzler zur Hand. Beide waren konservativ und katholisch. Rosenzüchter der eine, Gladiolenliebhaber der andere, beide bekannt für ihre Starrköpfigkeit und eine bis zum Geiz reichende Sparsamkeit. Dabei waren die Unterschiede nicht zu übersehen. Adenauer, 21 Jahre älter als Herberger, hätte dessen Vater seien können. Seine markante Physiognomie, die nicht zuletzt auf einen schweren Unfall in jungen Jahren zurückzuführen war, zeugte von einem bewegten, bisweilen gefahrenvollen politischen Leben. Vorübergehend hatten die Nazis Adenauer in Gestapohaft genommen. Obwohl er als Bürgermeister von Köln den Bau des Müngersdorfer Stadions und die Gründung einer Sporthochschule durchgesetzt hatte, war ihm sportliche Ekstase wesensfremd. Das Abschätzen einer Wurfentfernung und das gefühlvolle Wiegen der Bocciakugeln in seiner Hand hatte für den Mann mit dem Pepita-Hut nichts mit Sport zu tun. Die Reaktion des 78jährigen Adenauer auf den Sieg von Bern war geschäftsmäßig nüchtern ausgefallen. Ein Glückwunschtelegramm, sonst nichts. Noch waren Politiker weit davon entfernt, sich verschwitzte Männerjerseys an die Brust zu drücken. Adenauer sowieso. Nicht eine Sekunde hatte er einen Gedanken daran verschwendet, daß ein Fußballspiel in der Schweiz seinen Landsleuten mehr Selbstbewußtsein einzupflanzen vermochte als seine emsigen Bemühungen um Deutschlands Westanbindung und Ludwig Erhards Formel vom »Wohlstand für alle«. Das bundesrepublikanische Wirtschaftswunder – eine Sache des Fußballs? Adenauer hätte es für einen Jeckenwitz gehalten. Die beiden deutschen Vaterfiguren der Nachkriegszeit waren doch sehr verschiedene Brüder. Daß sie häufig miteinander verglichen wurden, lag vielleicht auch daran, daß Herberger wiederholt seine Bewunderung für den konservativen CDU-Politiker zum Ausdruck gebracht hatte.

Trotz der Rentnergemütlichkeit, die Herbergers faltendurchfurchtes Gesicht ausstrahlte, basierte die Vaterrolle, die man ihm nach 1954 zugedachte und in der er sich vielleicht selbst gerne sah, mehr auf Zuschreibungen, als daß sie seiner tatsächlichen Erscheinung entsprach. »Elf Freunde müßt ihr sein«, hatte er verfügt, nicht: elf Brüder. Betrachtet man Fotos vom alten Herberger, den man liebevoll den »Bundessepp« nannte, dann fällt auf, daß noch dem 80jährigen etwas sehr Jungenhaftes anhaftet. Das liegt nicht bloß am Trainingsanzug mit dem Bundesadler, in dem er sich gerne fotografieren ließ. Zu seiner juvenilen Erscheinung kam hinzu, daß er die öffentliche Beibehaltung des Namens Sepp gepflegt hatte. In Unterschriften schrieb er sogar »Seppl«, die Niedlichkeitsform der im Süddeutschen gebräuchlichen Version seines Vornamens Josef. Das war vielleicht dem jähen Verlust der Kindheit geschuldet, den er mit dem Tod des Vaters im Alter von zwölf Jahren hinnehmen mußte. Seppl Herberger hatte rasch erwachsen werden müssen. Wie die älteren Geschwister mußte er der Mutter zur Hand gehen, um zum Unterhalt der Familie beizutragen. Wenig später zog er als junger Soldat in den Ersten Weltkrieg. Auch wenn er keine unmittelbare Fronterfahrung machen mußte, zählte das ohne Zweifel zu den prägenden Erlebnissen seiner Jugend. In der Nachkriegszeit organisierten sich zahlreiche Kampfbünde und Kriegervereine. Uniformen prägten das öffentliche Bild. Die Gesellschaft der Weimarer Republik, die Zeit zwischen den

Kriegen, war stark von militärischen Zeichen durchsetzt. Herberger war damit aufgewachsen, und er maß ihnen zeitlebens große Bedeutung bei. Er las Clausewitz und Moltke und bezog daraus reichlich Anregungen für seine taktischen und strategischen Überlegungen zum Fußball. Für einen Lehrer für Leibesübungen gehörten soldatische Tugenden in jenen Jahren zum pädagogischen Repertoire.

Herberger kam aus einer traditionellen Welt. Pflichtgefühl, Gehorsam gegenüber Ranghöheren, Pünktlichkeit, Härte gegen sich selbst, Unterwürfigkeit, aber auch Kameradschaft, all dies war für Herberger unabdingbare Voraussetzung zu einem anständigen Leben. Es gab für ihn keinen Grund, die Hochschätzung solcher Tugenden zu verbergen. Er sah sich gern in der Rolle des Feldwebels. Die Fußballsprache machte und macht reichlich Anleihen beim militärischen Jargon. »Schlachtenbummler« erobern den Platz des »Gegners« nach einer »Invasion«, und ein »Bombentor« fällt nach dem anderen. Nicht ahnend, daß er sich dafür eine journalistische Rüge einhandeln könnte, reagierte Herberger auf ein Glückwunschtelegramm von Verteidigungsminister Franz Josef Strauß während der Fußballweltmeisterschaft 1958 in Schweden mit den Worten: »Mich hat das Telegramm besonders gefreut. Man kann nie wissen, wie man den Minister bald mal braucht. Ich habe jedenfalls jetzt schon beste Beziehungen zu den verantwortlichen Stellen der Bundeswehr. Nach meinen früheren Erfahrungen kann das sehr nützlich sein . . .«

Das war gewiß redselig und arglos, aber aus vollem Herzen gesprochen. Sein Umgang mit den Offizieren des Hitler-Krieges war ihm tatsächlich noch in bester Erinnerung. Mehrfach hatte er gerade von ihnen die beste Unterstützung erhalten. Schließlich konnte er für sich beanspruchen, durch geschicktes Intervenieren und Bittstellen einigen seiner Spieler den Weg an die Front, vielleicht den Tod erspart zu haben. Es ist denkbar, daß sich Herberger bei seiner Aussage nicht darüber im klaren war, daß er einen sensiblen Punkt der bundesrepublikanischen Öffenflichkeit angesprochen hatte. Möglich ist aber auch, daß er ein offenes Bekenntnis zur Wiederaufrüstung abgeben wollte. An der Notwendigkeit einer Bundeswehr, über die zu diesem Zeitpunkt noch immer heftig gestritten wurde, wird er nicht die Spur eines Zweifels gehabt haben. Daß er von seinen Spielern soldatische Tugenden einforderte und mit Argusaugen ihre Einhaltung überwachte, dafür lassen sich viele Beispiele finden. In den Sekunden der Trübsal, nach einer Niederlage, wurde zur Hebung der Stimmung ein Lied angeordnet. Auch auf dem Trainingsplatz konnte es den Fußballern passieren, daß sie ein flottes Lied durch die Kehlen pressen mußten. Der »Geist von Spiez« basierte auf einem strengen Sittenkodex. Zu seinen festen Bestandteilen zählte ein striktes Alkoholverbot. Noch Jahre später zuckten einige der Weltmeister bei dem bloßen Gedanken zusammen, Herberger hätte sie bei einem Glas Bier erwischt. Sie erschraken im Augenblick des Erwischtwerdens vor ihm wie vor einem zürnenden Kompaniechef. Heimlichkeiten halfen dagegen wenig. Unter den Spielern herrschte die ehrfürchtige Ahnung: Der »Chef« kriegt alles raus.

In den Erzählungen und Berichten früherer Spieler haben die Länderspielreisen der Nationalmannschaft mitunter den Charakter einer permanenten Klassenfahrt, und Herberger war ihr Klassenlehrer und Herbergsvater in einer Person. Die respektvolle Anrede »Chef«, die Herberger sich gern gefallen ließ, hatte zudem etwas Bandenhaftes. Im Gegensatz zum Vorgesetzten mit Rang und Titel hat der Name Chef etwas verschworen Basisnahes. Und immer an der Quelle der Aktion zu sein war Herberger ein großes Anliegen. Wenn es darauf ankam, war der »Chef« auch Stationsarzt. Kleine Wehwehchen wurden sofort therapiert. Neben Schnaps und Bier waren alkoholfreie Getränke aufgrund falscher medizinischer Annahmen ebenfalls verpönt. Herberger glaubte wie schon sein Vorgänger Otto Nerz, daß zuviel Flüssigkeit dem Körper schade. Wenn in den Aufenthaltsräumen zu viele Mineralwasserflaschen gesichtet wurden, meldeten die eifrigen Fußballministranten artig einen »feuchten Tisch«. Herberger fürchtete aufgeschwemmte Sportlerkörper. Eine weitere Basiskategorie seines uneingeschränkten Regiments war unbedingte Pünktlichkeit. Zu den gemeinsamen Mahlzeiten war es nicht gestattet, zu spät zu kommen. Ein kollektives Züchtigungsmittel dagegen war der »Heilige Geist«, jenes derb-fröhliche Abstrafungsritual, bei dem der Delinquent von allen Kameraden mit der flachen Hand auf den nackten Hintern gehauen bekam. Aber es gab auch subtilere Methoden. Als Herbergers Assistent Hennes Weisweiler sich mit einem verabredeten Anruf einmal um wenige Minuten verspätete, schrieb der Bundestrainer in sein Notizbuch, er habe ihn »in den Senkel gestellt... Ich sage ihm, daß er die wichtigsten Voraussetzungen für seine Aufgabe nicht mitbringt.« Selbst einer wie Weisweiler, der zu einem der erfolgreichsten deutschen Trainer überhaupt avancierte, dürfte zu solch einer Zurechtweisung nur stumm genickt haben.

Herbergers stures Beharren auf Prinzipien ließ keinen Widerspruch zu. Bezeichnend das Eingeständnis von Jupp Posipal, einem der Weltmeister von 1954: »Wir waren ihm alle hörig. Er hätte bei mir nachts um zwölf anrufen und verlangen können: Jupp, gehen Sie jetzt auf die Aschenbahn. Ich hätte es gemacht.« Das war keineswegs nur so dahergesagt. Als Fritz Walter während eines Telefonats von Herberger aufgefordert wurde, mit aller Kraft gegen den Schreibtisch zu treten, holte er ohne weiteres Fragen aus. Der skurrile Befehl diente zur Feststellung einer Verletzung. Nach dem Tritt gegen den Tisch schmerzte Walters Knie, und er kam beim nächsten Spiel nicht zum Einsatz. Das Anrücken von Ärzte- und Therapeutenteams konnte so auf einfache Weise vermieden werden. Für Herberger war diese Form von Gehorsam eine Grundvoraussetzung seiner Arbeit. Wer bei Herberger vorn sein wollte, der machte es am besten wie Max Morlock, der schriftlich meldete: »Herr Herberger, ich habe das Pensum, das Sie vorgeschrieben haben, heute zweimal erledigt und fühle mich in der Form, die Sie wünschen. Mit sportlichem Gruß, Ihr Max Morlock.« Solche Folgsamkeit war ein unverzichtbarer Bestandteil seiner milden Tyrannei, zu der der überraschende Einsatz von Fürsorge und Nachsicht durchaus dazugehörte. Wenn die Disziplin stimmte, war Zeit für Verständnis und Zuneigung. Rückschauend meinte Herberger: »Ich habe immer das Gefühl haben dürfen, daß sich meine Männer – und es waren fast 300 im Lauf der fast drei

Jahrzehnte – jederzeit in der Nationalmannschaft wohl gefühlt haben. Jeder konnte zu mir kommen, wenn er Sorgen hatte.« Dabei konnte es dann zu erstaunlichen Szenen der Zärtlichkeit kommen. Einen Tag nach dem Gewinn der Weltmeisterschaft suchte ihn sein früherer Spieler und Auswahltrainer des Saarlands, Helmut Schön, im Hotel auf. Der »Chef« war gerade dabei, seine Koffer zu packen, und pfiff vor sich hin. »Da hat es mich vor Rührung überwältigt«, schreibt Schön. »Ich habe seinen Kopf genommen und Seppl Herberger umarmt. Wir müssen ein schönes Paar abgegeben haben: der Kurze und der Lange, innig vereint.« So geht es wirklich nicht in einer Kaserne zu. Herbergers Nationalelf als Abziehbild einer soldatischen Truppe zu betrachten, die ausgezogen ist, auf dem Rasen von Bern sich für Ehre und Vaterland ins Zeug zu legen, verfehlt denn auch den Kern jenes eifrigen Jungmännerbundes. Der »Geist von Spiez« war trotz seiner Anleihen bei soldatischen Tugenden kein militärischer.

Die Weltmeistermannschaft von 1954 gehört zum festen Bestand des kollektiven Selbstbildes der Deutschen. Abgekämpfte junge Männer in kurzen Hosen, die einen alten Mann im Trenchcoat auf den Schultern tragen – glücklich. Die Bilder vermitteln nichts Heroisches. Wie ein Kleinod halten die Männer bescheiden den Jules-Rimet-Cup als Zeichen der Belohnung in den Händen, der 1974 durch ein gewichtiges Ungetüm ersetzt wurde. Die auffällige Zurückhaltung macht den Mythos der verschworenen Gemeinschaft erst aus, die seither viele erfolgreiche Sportmannschaften für sich reklamieren. Davon ging bereits kurz nach Eintreten des Ereignisses auch etwas Bedrohliches aus. Jene Gruppenphantasie, der »Geist von Spiez«, ähnelte mit ihrem unbedingten Siegeswillen auf den ersten Blick der Idee von der Volksgemeinschaft, die wenige Jahre zuvor Europa in Schutt und Asche gelegt hatte. Kritische Zeitzeugen haben das »Wunder von Bern« als plötzliches Wiederaufbäumen des nationalen Größenwahns erlebt und beschrieben. Dabei waren die »Helden von Bern« alles andere als stramme Soldaten. Die meisten von ihnen hatten die letzten Kriegstage zwar noch als junge Soldaten miterlebt, aber sie gehörten bis auf wenige Ausnahmen zu Hitlers »letzten Helden«, die als Flakhelfer rücksichtslos verheizt worden waren. Die Jahrgänge 1926 bis 1930 hatten militärischen Drill nicht in der Armee kennengelernt, sondern in den Gliederungen der HJ, die von 1936 an die jugendlichen Jahrgangsweise zwangsrekrutierte. Antreten, Marschieren und Exerzieren gehörte zum Tagespensum auch der Mädchen, und die Jungen übten sich darüber hinaus in Geländeorientierung und Kleinkaliber-Schießen. Als Reichstrainer hatte Herberger seine Nachwuchsarbeit an den Bedürfnissen der HJ zu orientieren. Bald konnte sich auch die Vereinsarbeit nicht mehr der Kontrolle durch die HJ entziehen. Von 1942 an wurden in Wehrertüchtigungslagern fünfzehnjährige Hitlerjungen in dreiwöchigen Kursen für die Infanterie gedrillt. Die Jugendlichen wurden auf ihren Beitrag zum Endsieg vorbereitet. Als der Krieg zu Ende war, standen sie nicht nur vor dem großen Scherbenhaufen zerstörter Städte.

In seiner Arbeit über die Flakhelfer-Generation schreibt der Soziologe Heinz Bude: »Ende 1945 kamen die meisten wieder nach Hause. Sie fanden ein ruiniertes Land vor. Äußerlich: die Verkehrswege, die Städte, die Wohnungen waren zerstört. Innerlich: die andere Wahrheit des deutschen Faschismus, Auschwitz, lag zutage. Wie war zu leben? Die meisten von den Flakhelfern gingen wieder zur Schule. Es war eine merkwürdige Situation, daß die Schüler-Soldaten sich nun wieder in die Schülerrolle fügen mußten. Wer sollte ihnen etwas beibringen, nach dem, was sie erlebt hatten? Die durch den Krieg früh Gereiften hatten Schwierigkeiten mit den Lehrern. Das hinderte sie aber nicht daran, in möglichst kurzer Zeit ihr Abitur zu machen. Einige studierten dann, andere erlernten erst mal einen Beruf, wieder andere nahmen eine Stelle an, die sich ihnen gerade bot. Irgendwas tun, egal was, das sei der Lebensimpuls gewesen. Man hätte versucht, irgendwie durchzukommen.« Was Bude hier über die Lage der ganzen Generation sagt, traf auf die talentierten Fußballer im besonderen zu. Vielleicht wußten sie sogar schon etwas besser, was zu tun war. Wenn die Leistung stimmte, konnte man mit Fußballspielen einigermaßen über die Runden kommen. Wer Fußball spielte, brauchte nicht zu hungern. Manch einer brachte nach einem Spiel gleich die Verpflegung für die ganze Familie mit. Durch die Spiele waren die Kalorienzuteilungen, 1500 pro Tag, leicht zu übertreffen.

Es ging aber nicht bloß allein um die alltägliche Versorgung oder ums nackte Überleben. Das unerhörte Tempo und die Geschäftigkeit, mit der man sich nach dem Krieg daran machte, die Fußballvereine wieder zum Leben zu erwecken und am Spielbetrieb teilnehmen zu lassen, zeugen von einem großen inneren Drang, nach allem, was passiert war, einfach weiterzumachen. Eine Durcharbeitung des Erlebten fand nicht statt. Wie vieles andere auch, waren Fußballspiele die überstürzte Aktivität von Noch-einmal-Davongekommenen. Hubert Schierth, Mittelstürmer von Eintracht Frankfurt, brachte das in einer Rückschau auf den »Endkampf um Berlin« sehr plastisch zum Ausdruck: »Wir zogen am Olympiastadion vorbei, die Russen waren schon sehr nah, und die Abendsonne ging unter. Am nächsten Tag war Hitler tot, das war wie eine Untergangsstimmung. Ich dachte immer nur: Hoffentlich verlierst du nicht noch ein Bein, dann kannst du nie mehr Fußball spielen.« Man dachte primär nicht daran, große Siege, schon gar keine nationalen, zu erringen oder irgendeinem Führer zu dienen. Die Zeit des Überschwangs und der Eroberungsgelüste war erst einmal vorbei. Ein grundsätzlicher Skeptizismus prägte die Generation, die dem Soziologen Helmut Schelsky zufolge ein »Ohne mich-Charakter« ausmachte und die schließlich den Namen Skeptische Generation erhielt. »Der Skeptizismus war, nach Schelskys Verständnis, die praktische Bilanz«, schreibt Bude, »welche diese Generation aus der Situation von 1945 zog – und zwar die gesamte Generation, unabhängig vom sozialen Milieu, dem die einzelnen entstammten. Man war im Namen einer politisch-ideologischen Größenidee vereinnahmt, vergewaltigt und zuletzt noch verheizt worden. Man mußte erkennen, wohin politische Glaubensbereitschaft und Weltverbesserungsengagement geführt hatten: in eine immense Zerstörung. Skeptizismus bedeutete in erster Linie Entideologisierung und Entpolitisierung des Bewußtseins. ›Ohne uns‹ signalisierte man jenen, die einen zum öffentlichen Engagement und zur politischen Parteinahme aufforderten. Die jüngeren Jahrgänge unter ihnen taten dies vielleicht etwas lautstärker als die Flakhelfer, die sich eher schweigend von der Politik abwandten. Man konzentrierte sich statt dessen auf die persönliche und private Welt des Alltags. Hier lagen die vordringlichen Probleme der Lebensbewältigung.« Die kühlen, pragmatischen Vertreter der Flakhelfer-Generation, bei denen Abgeklärtheit und Opportunismus nicht immer genau zu unterscheiden waren, wurden mit ihrem Gespür für Nützlichkeit in der Geschichte der Bundesrepublik zu den Repräsentanten des wunderbaren Aufstiegs nach 1945, dessen erstes herausragendes Symbol der Gewinn der Fußball-Weltmeisterschaft von 1954 war.

Die Flakhelfer-Generation, der nicht nur die »Helden von Bern«, sondern auch ein Großteil ihrer begeisterten Anhänger angehörten, kann auch als vaterlose Generation beschrieben werden. Tatsächlich, meint Hans Blickensdörfer, sei die WM von 1954 ja ein Jugend-Ereignis gewesen, und Reporter wie er hätten darüber in einem Jung-Siegfried-Stil berichtet. Mehr noch als ihre eigenen Kriegserlebnisse hatte diese Jugendlichen die Rückkehr ihrer Väter erschüttert, die ausgezogen waren, den »Lebensraum für den deutschen Herrenmenschen« zu erobern, und geschlagen und erniedrigt zurückkehrten. Die aus dem Krieg heimkehrenden Väter waren, wenn nicht körperlich versehrt, stellungslos und seelisch zerrüttet. Es war erschütternd, sie in ihrem erbarmungswürdigen Zustand erleben zu müssen. Eigenartigerweise kam es nicht zum Aufstand der Söhne gegen die Väter. Aber gegen wen hätten sie sich auch auflehnen sollen, fragte Karl Markus Michel vor 30 Jahren im *Kursbuch:* »Wenn die Söhne sich auflehnen, sind die Väter gemeint, die Welt die sie repräsentieren, also eine zumindest äußerlich noch intakte Welt. Nach 1945 aber fanden die jungen Männer in Deutschland nur Trümmer vor. Was die Väter geschaffen hatten, war so ungeheuerlich, daß es jeder Anprangerung spottete. Und die Väter selbst waren keineswegs große Verbrecher, gegen die man sich hätte empören mögen, sondern erbärmliche Verführte, feige Mitmacher, willige Opfer eines Systems von Irrsinn und Barbarei, das jetzt zusammengebrochen war ...«

In der nachfaschistischen Gesellschaft der 50er Jahre traten die Risse und Brüche noch überall offen zutage. Viele Städte waren zerbombt, und nur langsam wurden die Trümmer beseitigt. Das Wirtschaftswunder ließ sich sehr viel mehr Zeit als der Wimpernschlag einer guten Fee. Ersatz und Behelf gehörten zu den gebräuchlichsten Vokabeln. Improvisationskunst und handwerkliche Begabung waren gefragt. Man arrangierte sich in kargen Lebensverhältnissen und organisierte ein Weiterleben im Provisorium. Alles wurde nach Nützlichkeitswerten befragt, und das Zweckmäßige gestaltete die gesellschaftlichen Phantasien. Das führte bisweilen zu eigenartigen Traumgebilden. Mehrzweckprodukte hatten nach der Währungsreform Konjunktur, Teetischchen, die gleichzeitig als Bücherständer fungierten, oder Rührgeräte, die auch als Staubsauger zu verwenden waren. Es war die Zeit der kleinen Warenproduzenten, die Dinge erfanden wie die »Eilenriede 35«, einen Fahrradhilfsmotor mit Haftrollenantrieb, der Ausdruck einer wieder in Schwung kommenden sozialen Mobilität war. Es kam nicht darauf an, große Sprünge zu machen, es reichte aus, in bescheidenem Tempo von hier nach da zu kommen. Tüchtigkeit und Zurückhaltung schienen die angemessenen Eigenschaften zu sein, um wieder in den Lauf der Geschichte zurückzufinden. Ein realitätsbezogener Pragmatismus gehörte zu den Basiskategorien, um gut durch den Alltag zu kommen. Man richtete sich häuslich ein mit Tütenlampen und Nierentischen, die zwischen experimentierfreudiger Modernität und vorsichtiger Formfreude pendelten. Bloß nicht zu weit gehen, war die Devise, die von Herbergers Fußballern vor ihrem Auftritt in der Schweiz geradezu mustergültig verkörpert wurde. Aber wenn man sich nach oben in eine andere Klasse hineinbewegt, kann man schnell die Selbstverständlichkeit seines Habitus verlieren. Die frühen 50er Jahre standen im Zeichen allgemeiner Verunsicherung. Selbst Adenauer wunderte sich über sein »komisches Volk«. »Wir meinen, wir haben es (den Nationalsozialismus und den Krieg, d. Vf.) vergessen, und jetzt müßte das auch bei den anderen vergessen sein.« Dem war natürlich nicht so, und die Fixiertheit auf Ordnung und Moral entsprang dem Glauben, jene monströse Zwischenzeit vergessen machen zu können. Der Alltag war durchdrungen von Enge und Biedersinn, es roch nach Mottenpulver und schweißdurchtränkten Nyltesthemden. Der beherrschende Gedanke der Zeit lautete, so Michael Rutschky: Wir müssen zurück. Die kulturelle Restauration verlief über zwei Schienen: die Antike und das Christentum. Man müsse, sei die Auffassung gewesen, vor die Moderne zurück, die Seinsvergessenheit aufheben, dann gehe es schon wieder gut.

Herberger war der ideale Repräsentant einer solchen Haltung. Als guter Katholik und Verfechter hoher Sittlichkeit hätte er einem der vielen Ratgeber für gutes Benehmen entsprungen sein können. Mit seiner autoritätsgläubigen Angepaßtheit hatte er es weit gebracht, ohne erkennbar seine Unschuld verloren zu haben. Grenzverletzungen hatte er zugegeben, aber im Grunde immer nur dem Sportwesen gedient, das war so etwas Ähnliches wie Christentum und Antike. Der sich als unpolitisch inszenierende Zeitgenosse Herberger, der passionierte Briefmarkensammler, war ein Beweis dafür, wie mit Bravheit und Redlichkeit die besten Stücke des Lebens zu bekommen waren. Dabei war es freilich immer darauf angekommen, nicht aufzufallen. Wer den Regelkanon befolgte, und sei es den einer Fußballmannschaft, der würde es zu etwas bringen.

Vor diesem Hintergrund stellte der Gewinn der Weltmeisterschaft ein seltsam widersprüchliches Sinnbild dar. Der Titelgewinn beendete jenes stille, beinahe unbemerkte Zurücktasten Deutschlands in die Mitte Europas abrupt. Der Erfolg von 1954 erlaubte den mit der Schuld des Holocaust belasteten Deutschen plötzlich wieder die Verwendung triumphaler Symbole, und sie machten davon spontan Gebrauch. Im Stadion wurden Fahnen geschwenkt, und beim Absingen der Nationalhymne die erste mit der noch ungeübten dritten Strophe verwechselt. Das blieb auch ausländischen Beobachtern nicht verborgen. Die junge Bundesrepublik tat sich sichtlich schwer im Umgang mit ihrem symbolischen Inventar, das aus einer anderen Epoche stammte. Adenauer hatte sich bei der Suche nach einer neuen Hymne mit seiner Meinung durchgesetzt, das Lied Hoffmann von Fallerslebens dürfe nicht den nationalen Strömungen zum Opfer fallen. Die Nationalhymne blieb. Der Bundeskanzler hatte seine Meinung diesbezüglich übrigens nach einem Sportwettkampf gebildet, dessen Hergang man ihm zugetragen hatte. Bei einer Begegnung Belgien gegen Deutschland sei zunächst die belgische Hymne und dann das Lied »Wir sind die Eingeborenen von Trizonesien« gespielt worden. Die Belgier hielten das dann für die deutsche Hymne und salutierten. Adenauer witterte die Gefahr, daß Deutschland so der Lächerlichkeit preisgegeben werden könne. Andere gingen noch ein paar Schritte weiter. Sie glaubten, mit dem Weltmeisterschaftsgewinn den gesamten Komplex der Vergangenheitsbewältigung im Handumdrehen erledigen zu können. Allen voran jene, die 1945 nicht nur mit dem Leben, sondern auch ohne die Vergegenwärtigung des Geschehenen davongekommen waren.

Hier hatte sich das große Vorbild der Deutschen, Adenauer, als wenig vorbildlich erwiesen. Ohne Skrupel hatte er Hans Globke, den Kommentator der Nürnberger Rassengesetze, zum Kanzleramtschef gemacht. Es scherte Adenauer wenig, schreibt Christian Graf von Krockow in seinem Buch *Die Deutschen in ihrem Jahrhundert*, »welche Leichen die Leute in ihren Vorgärten oder Kellern vergraben hatten«. Nach der Scham, die zum Verstummen führt, regte sich ein unbeholfenes Herumdrucksen. Der DFB-Vorsitzende »Peco« Bauwens befleißigte sich im Überschießen seiner Glücksgefühle gleich eines ganzen Schwalls rhetorischen Ungeschicks, aber der Ton ließ auf anderes als eine selbstbewußte Rückkehr zu nationalen Phantasmagorien schließen. Seine Phrasen, so das berühmte Schlacken-Zitat, rangen nach Sinn. Nichts als ehrlich sollte man es mit den sporttreibenden Deutschen meinen. Ihre Tragödie bestand also darin, auf eine überwältigende Täuschung hereingefallen zu sein. Die Befürchtung, im Gefolge der Fußballsensation würden auch nationale Töne zurückkehren – Bauwens wurde für seine Rede sogar vom Bundespräsidenten Theodor Heuss gerügt –, war nur die eine Seite der Medaille. Die andere brachte die vorangegangene Niedergeschlagenheit zutage. Der Generationszusammenhang der meisten Akteure brachte es mit sich, daß sie sich selbst in einem tiefen Zwiespalt von Täter- und Opferrolle sehen mußten. Selbst Delegationsleiter Bauwens schien nicht ganz wohl in seiner Rednerhaut zu sein. Seine überbordenden Äußerungen nach der Rückkehr der Mannschaft verrieten, bei allen chauvinistischen Anklängen, spürbar die Unsicherheit, das Erlebte in den Geisteshaushalt einzuordnen. In der Stunde des Sieges lauerten allerorten Spielverderber, denen man Klares und Entschiedenes zurufen wollte, aber was? »Es (der Fußballsieg, d. Vf.) war eine Antwort auf vieles, was sich im Welt-Fußball nicht auf einer Linie mit uns bewegt.« Bauwens' vielgeschmähte Worte strotzten nicht vor nationaler Erneuerung, sondern waren eher so dahingenörgelt, unterhalb der Schwelle zur Artikulation. Mehr noch als ein Zeichen der allgemeinen Aufstiegsbewegung war der Gewinn der Weltmeisterschaft von 1954 Antwort auf eine unermeßliche narzißtische Kränkung. Der Satz »Wir sind wieder wer« war so stolz gesprochen nicht. Bei aller Freude über die Gewißheit des Erreichten drückt sich in ihm also neben der Aufbruchstimmung auch die Erfahrung der Identitätslosigkeit aus. Eben war man noch Niemand. Der Titelgewinn war, so gesehen, einer im primären Wortsinn. Er verhalf unverhofft zu einer Anrede, die politisch weithin wahrgenommen wurde. Wenn 1954 die eigentliche Geburtsstunde der Bundesrepublik war, dann war sie eine Frühgeburt mit allzu lautem Getöse. Man wollte sich nach dem Zusammenbruch, wie das Kriegsende im Jargon der Eigentlichkeit gern umschrieben wurde, still und heimlich wieder aufrichten. Ein Weltmeister aber kommt mit Hymne und Fahne, das mußte zu Konflikten führen. Die WM-Teilnahme war denn auch zu keiner Sekunde als ein Unternehmen zur Aufrichtung des deutschen Selbstwertgefühls durch den sportlichen Triumph geplant gewesen. Es hatte sich eher zufällig so ergeben. Der große Stratege Herberger, mit all seiner List, war in letzter Konsequenz bloß ein glücklich Siegender gewesen. In dem Bemühen, gute, angepaßte Deutsche abzugeben, war der Mannschaft Herbergers gewissermaßen das Ungeschick widerfahren, sich mit einem lauten Knall in Szene zu setzen. Der Gewinn der Fußballweltmeisterschaft war, so gesehen, ein Produkt der Überanpassung. Das war das ganze Geheimnis des Erfolges. Man hatte es nicht gewollt. Eine wichtige Voraussetzung zur Mythisierung hatte der Fußballsieg allerdings erfüllt. Er erwuchs aus kargem Anfangsgrund, aus dem ein Mythos überhaupt erst hervorgehen kann. Phönix muß aus der Asche aufsteigen. Und Herberger und seine Mannen stiegen aus der Asche auf.

In dieser Anordnung trat der Bundestrainer seinen Spielern weniger als Vater denn als eine Art Verbündeter gegenüber. Eine innere Übereinstimmung mit seinen Spielern bestand wohl auch darin, daß er eine sehr ähnliche Generationserfahrung wie sie gemacht hatte. Er war als Jugendlicher als Soldat eingezogen worden und mußte nach dem Krieg ein in wirtschaftlicher und politischer Hinsicht demoralisiertes Deutschland erleben. Für ihn wie für seine Spieler war Fußball nicht bloß das Ergebnis einer Wahl, seine Freizeit zu gestalten. Der Sport bot die Chance zu einer grundsätzlichen Veränderung der sozialen Position und war zugleich Ausdruck einer unpolitischen Hingabe. Herberger gehörte zu jener Generation, um die sich der Langemarck-Mythos rankte. Das Dorf Langemarck war eine stark verteidigte britische Stellung an der westlichen Verteidigungslinie der Alliierten. Mit dem Deutschlandlied auf den Lippen, sollten im November 1914 circa 40000 Schüler, Lehrlinge und Studenten die Verteidigungslinie durchbrechen. Das war ein ebenso zweckloses Unterfangen wie der Einsatz von »Hitlers letzten Helden« 1945. Der Langemarck-Mythos von der todesmutigen deutschen Jugend, die sich singend für das Vaterland geopfert hatte, wurde von den Nazis wiederbelebt. Beide Generationen hatten also die Erfahrung gemacht, Helden und Opfer einer wahnhaften politischen Macht gewesen zu sein.

Das Vaterbild war völlig zerstört, und es war weder zu restaurieren noch zu ersetzen. Herberger trat seinen zahlreichen Spielern – mit allen Lehrgangsteilnehmern, die dann nicht in die Kader aufgenommen wurden, dürften es weit über 1000 gewesen sein – als eine Art Gruppenführer gegenüber, den der Psychologe Heinz Kohut in drei Kategorien unterscheidet. Der messianische Gruppenführer erzeugt ein Gefühl unerreichbarer Überlegenheit, während der charismatische Typ Gefühl und Stärke vermittelt. Dem dritten Typ des Gruppenführers geht es vor allem um Funktionserfüllung und Realitätsanpassung.

In dieser Typologie ist Herberger nicht als reine Figur unterzubringen, am ehesten entspricht er dem dritten Typ, der seine Gruppe realitätsbezogen zu leiten versucht. Er war ein pragmatischer Organisator, der keine Nebensache unbedacht ließ. Vieles Zufällige ist ihm nachträglich als weise Vorausplanung zugeschrieben worden. Von einem Perfektionismus, der bisweilen zwanghafte Züge annehmen konnte, war er fraglos beseelt. Das bekamen sogar die sportlichen Gegner zu spüren. »Jeden Tag schickte er in unser Quartier einen Kundschafter«, schreibt Gyula Loránt, ungarischer Endspielgegner der Deutschen von 1954, »den ehemaligen Nationalspieler Albert Sing. Der schrieb alles auf, was wir machten, was wir aßen, wann wir tafelten, wann und wie wir trainierten, wann wir zu Bett gingen, ob allein oder nicht, und was wir abends tranken ... Herberger kannte unsere Stimmung, unsere Kondition, unsere Sorgen, unsere Zuversicht, unsere Stärken und unsere Schwächen ... Wir kamen wie die Sieger auf den Platz und hatten schon verloren.« Von Herbergers penibler Spielvorbereitung ging natürlich auch ein gewisses Charisma aus.

Vertieft man den Aspekt der Gruppenphantasie, die ja die gesamte, über den Fußballsieg jubelnde Nation inspirierte, so stößt man auf Freuds Bemerkungen über die Urhorde, deren Basis für ihr Zusammenleben die Vatertötung war. Die Urhorde, so erzählt es Freud, schritt zur Vatertötung, weil die libidinösen Energien nicht verausgabt werden konnten. Der despotische Vater nahm alle Frauen für sich und brachte die als Rivalen heranwachsenden Söhne um. In bezug auf die Generation von »Hitlers letzten Helden« wird der Gedanke der Vatertötung evident. Trotz ihres ungeheuerlichen Plans bietet die Gruppe, die im Kern ein weibliches Gebilde ist, Sicherheit und Geborgenheit. Das gepriesene und beschworene Gruppenleben ist auf eine Utopie hin ausgerichtet. Das Gruppenziel ist ein intensives Gemeinschaftserlebnis, das dauerhaft nicht zu haben ist. Das Unternehmen führt zu einem Ergebnis, nach dem man wieder auseinandergeht, um erneut zusammenzukommen. Bei aller Autorität war der Gruppenführer Herberger kein despotischer Anführer. Die Generation der Flakhelfer hatte ihren Vater nicht umgebracht, in einem selbstmörderischen Krieg war er ihnen abhanden gekommen. Die Sonne war untergegangen, und plötzlich war Hitler tot, hatte der Fußballer Schierth gesagt. Der Gruppenführer hielt, so gesehen, eine Leerstelle besetzt, wie ohnehin die Gruppe nur ein vorübergehendes Bündnis zur Tat sein kann. Ein Gebilde, auf das sich eine stabile soziale Ordnung aufbauen läßt, ist sie nicht. Ein bemerkenswertes, bis heute mit Herberger in Verbindung gebrachtes Moment dieser Gruppenphantasie ist die erstaunliche Tatsache, daß deutsche Fußballmannschaften häufig zu ungeahnter Turnierstärke auflaufen. Das mündete kürzlich in den bewundernd resignierenden Satz des britischen Fußballers Gary Linneker: Fußball ist ein Spiel, bei dem 22 Mann dem Ball hinterherjagen, und am Ende gewinnen immer die Deutschen. Erst im Gruppenleben, so die verborgene Überzeugung, sammeln sie ungeahnte Kräfte und wachsen über sich hinaus. Eine Zuschreibung nationaler Tugenden setzt freilich immer schon die Annahme eines Gruppencharakters voraus.

Das Unternehmen Nationalmannschaft war auffällig durch die Abwesenheit von Frauen gekennzeichnet. Als die Helden gegen Bern zogen, war es ein wenig wie bei der Abfahrt an die Front. »Wenige Meter vom Omnibus entfernt steht Fritz Walter«, heißt es im vom DFB herausgegebenen Band *Deutschland Weltmeister im Fußball 1954*. »Gerade drückt er Frau Italia einen scheuen Abschiedskuß auf die Lippen. Noch kann sie ihren Fritz nicht mitnehmen, noch spielt Deutschland im Konzert der Großen mit.« Am Prinzip Männerklausur hat sich wenig geändert, auch wenn man es den Spielerfrauen auf Kosten des Fußballbunds gestattet, in der Nähe ihrer Ehemänner ein Hotel zu beziehen. Fußballspieler auf Weltmeisterschaftsexkursion befinden sich in einem Zustand temporären Zölibats. Über die Unmöglichkeit, ihren Mann einmal ein paar Minuten für sich zu haben, beklagte sich schon damals die Frau von Hans Schäfer, die, wie die *Bild*-Zeitung in jenen Tagen befand, »ganz allerliebst anzusehen« sei. Wenn sie einmal eine Chance zum intimen Gespräch mit ihrem tapferen Fußballhelden witterte, tauchte in der nächsten Minute sein Zimmergenosse Horst Eckel auf. Der »Chef« hatte alles so angeordnet, daß die Seinen in den gefährlichsten Augenblicken, in denen Verführung drohte, nicht unbeobachtet waren. Er selbst legte Wert darauf, daß ihm seine Ehefrau Eva nicht in die Quere kam. Weder zu Spielen der Mannschaft noch zu festlichen Anlässen nach Spielende war sie zugegen. Sie kochte allenfalls ein Süppchen oder schmierte Brote, wenn Spieler wie Fritz Walter ohne große Vorankündigung in den häuslichen Frieden der Herbergers hineinplatzten. Eva war ein Kamerad des »Chefs«, darin entsprach sie genau jener Gruppenphantasie, in die die Jahnsche Turnideologie umgearbeitet worden war, seit sich die Teilnahme von Frauen am Sport nicht mehr aufhalten ließ. Die Frau als Kamerad war zuallererst die entsexualisierte Frau. Wenn also die Spielerfrauen am Rande vorkamen, so galt richtige Freundschaft doch nur unter Männern. Aus dem Satz »Elf Freunde müßt ihr sein« ist die Distanz des Sprechers deutlich herauszuhören. Der Imperativ zeigt an, daß die Aussage keineswegs selbstverständlich ist. In der verschworenen Gemeinschaft von 1954, die durch regelmäßige Treffen im Vierjahresrhythmus später bekräftigt, ja vielleicht überhaupt erst errichtet wurde, konnte innige Freundschaft allenfalls für Fritz Walter und Sepp Herberger gelten, und auch die nur auf der Basis des vorhandenen Machtgefälles. F.W. hatte immer schon als treuer Adjutant über den Zusammenhalt der Gruppe gewacht. Wenn jugendlicher Übermut ins Spiel kam und der »Chef« ob seiner knorrigen Gestalt »Muckl« genannt wurde, dann unterband der Kapitän solche Anflüge juveniler Respektlosigkeit mit einem harschen: »Bitte nicht in meiner Gegenwart.« Erlaubt war dagegen der eine oder andere Herrenwitz, damit vergewisserte man sich trotz der Abwesenheit der Frauen der biologischen Zweckbestimmung der Männer.

Der »Geist von Spiez«, das hat Herberger in Interviews später wiederholt betont, war keine Phrase. Die Spieler konnten sich auf ihren Gruppenführer über die aktive Laufbahn hinaus verlassen. Das Ideal einer verschworenen Gemeinschaft nahm der Gruppenführer so ernst, daß er selbst nicht vor einem Solidaritätsakt zurückschreckte, als es an sein Gespartes ging. Zur Gründung eines Sportgeschäfts lieh sich Max Morlock bei Herberger 10000 Mark, zu drei Prozent Zinsen, versteht sich. Wer sich allerdings widerborstig zeigte, der hatte kaum eine Chance, in den Kreis aufgenommen zu werden. Der erstklassige Fußballer Max Michallek wußte zu berichten, daß er das »Jackenziehen«, wie er es nannte, das »Herberger hier, Herberger da«, nicht mitgemacht habe. Er habe auch schon einmal seine Meinung gesagt und sei dafür prompt aus weiteren Überlegungen gestrichen worden. In Herbergers Gruppenpsychologie sollten die einzelnen Mitglieder zueinander passen. Elf Könner, das wußte Herberger genau, ergeben noch keine Mannschaft, aber eine eingespielte, vor allem in ihren Typen aufeinander abgestimmte Mannschaft kann auf begabte Individualisten verzichten. Eigensinn wurde denn auch schon per Zimmerverteilung unterbunden. Herberger verteilte die Spieler nach seinem Plan auf Zweibettzimmer mit der Möglichkeit, sich »bis in die Träume hinein fachlich zu unterhalten«, so Fritz Walter.

Die Kontrolle über die Gruppe, der anzugehören eine Auszeichnung für bereits Geleistetes war, und der angeschlagene Umgangston mochten sich gar nicht so sehr von den einstigen HJ-Praktiken unterscheiden. In einem hob sich der Zusammenschluß von Herbergers Männern ganz deutlich davon ab: Die Gruppe, die Herberger führte, sollte ihr Bestes geben und nach Möglichkeit auch Weltmeister werden, aber sie war nicht auf einen Endsieg aus. Es gab auch keinen zu erringen. In diesem Sinne war Herbergers Satz: »Nach dem Spiel ist vor dem Spiel« eine eindeutige Absage an alle Totalitätsansprüche. Nach einem Sieg gab es immer wieder ein nächstes Spiel. Bei allen Indizien für den Untertanengeist der Mannschaft tritt in ihr ausdrücklich ein Egalitätsprinzip zutage. Adenauers Politik der Westanbindung war längst durchgesetzt, und kein Führerprinzip konnte mehr den Siegeszug westdeutscher Konsumorientierung aufhalten. Die Mannschaft von 1954 war eben nicht nur zum Symbol deutscher Tugenden wie Siegeswillen und Kampfkraft geworden, sondern auch zum ersten Zeichen der auf Modernisierung setzenden Bundesrepublik.

Das deckte sich mit dem Begriff der vaterlosen Gesellschaft, den Alexander Mitscherlich geprägt hat. In seinem Sinne bezog sich die Vaterlosigkeit nicht allein auf die unmittelbare Situation nach dem Krieg. Das Arbeitsbild des Vaters und die Möglichkeit, sich an ihm zu orientieren und zu reiben, war im Zuge der Industrialisierung verlorengegangen. Die vaterlose Gesellschaft war eine durch die Konformität des Gruppenmenschen gelenkte Gesellschaft. Ein signifikantes Bild dafür bot der Triumphzug, mit dem Herbergers Mannschaft per Bundesbahn die Rückreise aus der Schweiz antrat. An jeder Station hagelte es Geschenke, die Gaben der jungen Wirtschaftsnation wurden aufgeboten. Die Bundesrepublik genoß sich in ihrem ersten Potlatsch, einer exzessiven Verausgabung des Schenkens und Wiederschenkens. Das hatte durchaus einen ökonomischen Hintergrund. Ganze Branchen, Fernseh- und Rundfunkgerätehersteller sowie die Auto- und Zweiradindustrie, hatten durch die Spiele in der Schweiz einen direkten Aufschwung erfahren. Zum Endspiel hatte Bern einen Ansturm der Goggomobile und Roller erlebt. Das Endspiel stand im Zeichen eines Wiedererlangens individueller Mobilität. Allerorten klappten Kühlschranktüren auf und Kaffeeservices wurden überreicht. Die Mannschaft war die Empfängerin der Gaben, aber es ging vor allem um das Herzeigen der Produkte. Die Weltmeister von 1954 waren weniger das Symbol wiedererstarkter nationaler Größe als vielmehr Zielobjekt eines schwungvollen Wirtschaftslebens. Sepp Herberger hatte diesbezüglich Schlimmes geahnt. Der Geist des Materialismus drohte seine Männer zu überwältigen und den Fußball seiner Prägung zu zerstören. Wehrhaft schritt er ein, als die Werbeindustrie mit ihren Offerten lockte. Daß Toni Turek sein Haar mit Brisk in Form brachte, war nicht zu verhindern gewesen, aber als auch Berni Klodt von seinem Friseur korrumpiert werden sollte, sprang der »Chef« schützend in die Bresche. Aber es half nicht mehr viel. Wenige Jahre später traten die besten Spieler an, um im Namen des Fußballs die Knorr-Suppe auszulöffeln.

Vielleicht ahnte Herberger schon wenige Wochen nach dem 4. Juli 1954, daß seine Fußballwelt nichts als ein trügerischer Zwischenraum war, das 3:2 kaum mehr als eine Omnipotenzphantasien beflügelnde narzißtische Großtat. Herberger entzog sich dieser Frage, indem er versuchte, seine Spieler nach Kräften vor drohenden Außeneinflüssen zu bewahren. Der Umstieg vom Fußballstar zum kleinen Gewerbetreibenden, für jemanden aus Herbergers Generation die Vollendung der Karriere, gelang schließlich nur wenigen. Mit Kiosk, Tankstelle oder Lottoladen war nicht glücklich zu werden, nachdem man im Wankdorf-Stadion das Höchste erreicht hatte. Die einer so erfolgreichen Generation angehörenden Fußballstars von 1954 mußten erstaunlich viele Abstiegskarrieren erleben. Werner Kohlmeyer verspielte und vertrank sein Haus, ehe er 1974 im Alter von 49 Jahren starb. Ottmar Walter, körperlich und seelisch im Grunde robuster als sein Bruder Fritz, hatte ebenfalls Alkoholprobleme und unternahm 1969 einen Selbstmordversuch. Die Stadt Kaiserslautern half ihrem gestrauchelten Fußballsohn schließlich wieder auf die Beine. Helmut Rahn scheiterte mit diversen geschäftlichen Unternehmungen, nach einem Autounfall mit Fahrerflucht war er vorübergehend sogar im Gefängnis gelandet. Vom Kreis der Freunde zog er sich mehr und mehr zurück. Jupp Posipal, Hans Schäfer und Horst Eckel schafften es immerhin, sich als Möbelkaufmann, Geschenkartikel-Vertreter und Sportlehrer gesicherte Existenzen aufzubauen. Toni Turek betrieb zunächst ein Lottogeschäft und leitete später die Registratur der Rheinbahn AG. Bis auf Fritz Walter, der zunächst mit einer kleinen Wäscherei ebenfalls wenig erfolgreich war, konnte sich keiner anhaltend im Lichte des Ruhms wärmen.

Geblieben ist also wenig mehr als das emphatische Zeichen einer grandiosen Gruppenphantasie. Der Sieg von Bern als Symbol wirtschaftlichen Aufschwungs und der Wiedererlangung kollektiver Vollständigkeit. Die Befürchtungen, an solchen Symbolen könnten sich nationale Phantasmen wieder aufrichten, hat sich als unbegründet erwiesen. Gegen die reaktionären Kräfte seiner Institutionen hatte sich der Fußball seit seinen frühen Tagen als eine Veranstaltung der Moderne bewiesen. Herbergers Gemeinschaftssinn sollte vielleicht eine Bastion gegen die Kälte der äußeren Welt darstellen. Aber schon in den frühen 60er Jahren stellte sich heraus, daß das Fußballsystem für solche überkommenen Projektionen keine Fläche bot. Mit dem Fußball ging es nicht zu Ende, wie Herberger in einem Anflug von Kulturpessimismus geraunt hatte. Vorbei war die Zeit seines Fußballideals, das im Zeichen seines faltigen Trenchcoats und Gesichts auf wunderbare Weise aufgehoben war.

Kapitel 9
Fußball, Fernsehen und kluge Sprüche: Sepp Herberger und die Medien

Die Erinnerung an das legendäre 3:2, das Wunder von Bern, ist in vielen Zeitgenossen noch lebendig. Einen nicht unwesentlichen Anteil daran haben die Medien, die mit ihren Berichten das kollektive Gedächtnis immer wieder auffrischten. Über das Medienerlebnis werden Ereignisse in subjektiv erlebte Geschichte überführt. Kaum eine Fußball-Weltmeisterschaft ist seit 1954 vergangen, bei der die Allgewaltigen des Fernsehsports nicht wieder die historischen Bilder von 1954 ausgruben und den legendären Kommentar des Rundfunkreporters Herbert Zimmermann hören ließen, der als grandioses Beispiel hoher Reporterkunst Geschichte gemacht hat.

»Aus! Aus! Aus! Deutschland ist Weltmeister!« Diese Worte von Herbert Zimmermann haben sich in das kollektive Gedächtnis der Deutschen gegraben, auch derjenigen, die 1954 noch gar nicht dabei waren. Für viele Millionen Menschen an den heimischen Radiogeräten erlaubte Zimmermanns Reportage eine Teilhabe an dem Ereignis im Berner Wankdorf-Stadion. Die Straßen waren leergefegt. Man saß daheim vor dem Rundfunkempfangsgerät, wie das Radio damals noch hieß, oder man saß in überfüllten Kneipensälen, wo die ersten Fernseher liefen. Dabei strahlte an diesem 4. Juli 1954, einem Sonntag, in Deutschland die Sonne aus allen Knopflöchern. In Bern dagegen war »Fritz-Walter-Wetter«, es regnete. Davon sah man auf den Bildschirmen aber nicht allzuviel. Das lag nicht nur an der – an heutigen Maßstäben gemessen – schlechten Qualität des Bildes, sondern auch an den zum Teil vom Alkohol benebelten Blicken der Zuschauer.

Wolfgang Ley, der es in seinem Berufsleben zum Chefredakteur des Fernsehsenders Eurosport gebracht hat, erinnert sich an das Fernsehereignis, das für ihn eine Art Initialzündung bedeutete. Für Ley war es 1954 die erste Fußball-Weltmeisterschaft, die er bewußt erlebte. »Ich saß als kleiner Junge in der Dorfstube eines Bauern, der glücklicher Besitzer des einzigen Fernsehgerätes am Ort war – und mußte miterleben, wie beim 3:2 von Helmut Rahn mehrere Stühle und Fensterscheiben zu Bruch gingen.« Hier wurde keiner unterdrückten Aggressivität freien Lauf gelassen, sondern die unkontrollierten Bewegungen des Freudentaumels ließen Scheiben und Stühle zerbersten. Ein Gastwirt aus Alsfeld weiß zu berichten: »Es gab einen enormen Verzehr damals, aber der Andrang war so groß, daß viele Gläser und Geschirr zu Bruch gingen. In dem Saal, der normalerweise für 60 Personen gedacht war, waren 130 drin; der Bedienung wurde vor lauter Aufregung und Gedränge öfters das Tablett aus der Hand geschlagen.« Ganz so dramatisch ging es in den Dorfgaststätten nicht zu. In den Sälen wurde damals an den Wochentagen Sport getrieben, Tischtennis zum Beispiel, denn Sporthallen gab es kaum. An den Wochenenden war »Schwoof«. Aber am 4. Juli 1954 versammelte man sich um den Fernseher.

Etwa 40 Männer seien dort gewesen, erinnert sich Karl M.: »Wir hatten uns da verabredet, Arbeitskollegen, der Walter K. war auch dabei. Vorne stand der Fernseher und davor Stuhlreihen, zu Hause hatten wir ja noch keinen, so zehn fünfzehn Stühle in einer Reihe. Das Bier haben wir unter den Stühlen in Sicherheit gebracht. Da war was los.« Karl M. war damals 31 Jahre alt. Besonders die jüngeren waren von der Fußball-Weltmeisterschaft begeistert. Ein damals 35jähriger Arbeiter weiß es noch wie heute: »Da haben wir uns dann am Sonntag getroffen, in 'ner Gaststätte, weil da das Fernsehn war. Die Älteren waren meistenteils zu Hause geblieben, und wir als Jüngere sind in die Gaststätte gegangen. Da haben wir zwei Mark Eintritt bezahlt, dafür gab's dann Karten, für die Karten hat's dann Bier gegeben. Das Bier hat damals vierzig Pfennig gekostet. Wir waren ungefähr mit 60 Mann da drin in dem Saal. Das Fernseh'n wurde hochgestellt, das stand über zwei Tische hoch, damit jeder sehen konnte. Dann begann das Fußballspiel.« Und die *Westdeutsche Allgemeine Zeitung* wußte einen Tag später zu berichten, daß die Gasthäuser übervoll gewesen seien. Deshalb habe man schon gute Augen haben müssen, »um auf den kleinen, vom Rauch unzähliger Zigaretten vernebelten Bildschirmen« überhaupt etwas sehen zu können.

Mit dem 4. Juli 1954 war die unheilige Allianz zwischen Fußball und Fernsehen geboren. Das 3:2 von Bern bedeutete in der noch jungen Bundesrepublik sowohl den Durchbruch des Fußballs, der sich dann 1963 mit der Gründung der Bundesliga endgültig einen Spitzenplatz unter den Sportarten eroberte, als auch des Fernsehens, das nach den ersten Sendungen in den 30er Jahren nicht weit über eine Testphase hinausgekommen war. Für die Geräteindustrie war mit der Weltmeisterschaft das Eis gebrochen, Überstunden mußten geleistet werden, um die gestiegene Nachfrage bedienen zu können – und die Gerätehändler avancierten zu gerngesehenen Helfern bei der Installation von Gerät und Antenne; binnen weniger Jahre stieg ihr Ansehen gegenüber dem traditioneller Handwerker enorm. Der *Spiegel* wußte am 7. Juli 1954 zu berichten, daß die »erregenden Weltmeisterschafts-Übertragungen« einen Run auf Fernsehgeräte ausgelöst hatten. »Drei Firmen (Telefunken, Saba und Mende) setzten ihre gesamten Lagerbestände ab, Philips 1000 Tischgeräte in vierzehn Tagen«, schrieb das Blatt. Die Firma Saba hatte noch kurz vor der Weltmeisterschaft eine Anzeige im Fußball-Magazin *Kicker* geschaltet. Für das Modell Schauinsland wurde mit den Worten geworben: »Fußballweltmeisterschaft – Mit dabei . . . ? Auch Sie können am unmittelbaren Geschehen dieser mit Spannung erwarteten Großereignisse teilhaben! Saba-Schauinsland W III – ein Schwarzwälder Qualitätserzeugnis – enthebt Sie jeder Karten- und Wettersorgen.« Mit Beginn der Spiele in der Schweiz zog man die Anzeige zurück, weil die Nachfrage sonst nicht mehr zu bewältigen gewesen wäre. Für Hermann Brunner-Schwer, den letzten deutschen Eigentümer der Saba-Werke, verhalf die Weltmeisterschaft dem Fernsehen zum endgültigen Durchbruch: »Alle Spiele wurden über die Fernsehsender ausgestrahlt«, erinnert er sich, »und mit jedem Sieg der deutschen Kicker schnellte die Nachfrage nach Fernsehgeräten nach oben. Handel und Industrie waren schon zum Zeitpunkt des Halbfinals restlos ausverkauft. In den Geschäften spielten sich turbulente Szenen ab. Man schlug sich beinahe um die letzten noch vorrätigen Empfänger. Die Techniker des Handels legten Sonderschichten ein und installierten Fernsehantennen am laufenden Meter.« Zu dem Boom trugen auch die Spieler bei, die Herberger nicht mit in die Schweiz genommen hatte. Der Berliner Helmut Jonas, der zum erweiterten Kader für die Weltmeisterschaft gehört hatte und während der Spiele in Berlin auf Abruf bereitstand, legte sich einen Fernseher zu.

Das läßt sich auch in Zahlen belegen. Im Jahr 1954 stieg die Zahl der bei der Bundespost angemeldeten Fernsehgeräte in der Bundesrepublik von 11 658 am 1. Januar des Jahres bis auf 84 278 am 31. Dezember. Nach Angaben des Medienwissenschaftlers Siegfried Zielinski wies der Juli mit »einem Zuwachs an Teilnehmern von über 22 Prozent die höchste Steigerungsrate in der gesamten Geschichte des Nachkriegsfernsehens auf«. Das sollte Folgen haben, denn dieser offensichtliche Zusammenhang zwischen Fernsehen und Fußball wurde zum Trauma. Alle vier Jahre wieder, zur Fußballweltmeisterschaft, träumen Industrie und Händler von ähnlichen Zuwachsraten – natürlich gemessen am heutigen Stand der Vollversorgung, wo in 99 Prozent aller Haushalte mindestens ein Fernsehgerät vorhanden ist. Aber irgendwann sollten ja die Schwarzweiß- durch Farbgeräte ersetzt werden, da kam die Fußball-WM 1970 gerade recht, und die Ehefrauen sollten durch das Zweitgerät von der Fußballbesessenheit ihrer Männer entlastet werden.

In den folgenden Jahren stieg die Zahl der Gerätebesitzer schnell weiter an. Hatten sich in den ersten Jahren des Fernsehens vor allem Selbständige ein Gerät leisten können – 1953 machten sie 78,2 Prozent der Gerätebesitzer aus, darunter 25,3 Prozent Gastwirte und 21,6 Prozent Rundfunkhändler –, so verbreitete es sich zunehmend auch in anderen Schichten. Immerhin waren die Geräte in den frühen 50er Jahren noch recht teuer. Für ein Tischgerät mußten etwa 1200 Mark auf den Tisch gelegt werden, für eine komfortablere Truhe mehr als 2000 Mark. Das war viel Geld in einer Zeit, in der ein VW Käfer schon für 3950 Mark zu haben war und der nicht selbständig arbeitende Bundesbürger durchschnittlich 267 Mark pro Monat nach Hause brachte – Ende der 50er Jahre waren es dann bereits 442 Mark pro Monat. Der Fernseher als »Fenster zur Welt« hielt in den Jahren nach 1954 steten Einzug in die Wohnstuben, die nach 1956 auch immer mehr in Eigenheimen standen. Denn in diesem Jahr war das zweite Wohnungsbaugesetz zur Förderung des Familienheim-Eigentums in Kraft getreten. In der Folge der Eigenheimbewegung verringerte sich der Kontakt zum sozialen Umfeld, das um das neue Heim herum erst noch entstehen mußte, dafür kam der Fernseher ins Haus. Die Zahl der Arbeiter und kleinen Angestellten unter den Gerätebesitzern wuchs denn in den folgenden Jahren auch schnell. Und die Sportereignisse lieferten immer wieder Gründe, einen Fernseher anzuschaffen. Allerdings war es nicht nur der Fußball, sondern auch das Eiskunstlaufen mit der damaligen deutschen Weltmeisterin Gundi Busch, das sich als Zuschauermagnet entpuppte. Aber mit dem 3:2 von Bern verdrängte der Fußball immer mehr die anderen Sportarten und wurde zu *dem* Fernsehsport schlechthin. Die Ligaspiele am Sonntag wurden übertragen, und wer nicht mehr ins Stadion gehen konnte, sah sie sich daheim an. Daß man das nicht allein tat, war selbstverständlich. »Wir haben dann gesehen, als die ersten Eislaufmeisterschaften waren«, erinnert sich ein kriegsbeschädigter Rentner aus Dortmund. »Da haben wir natürlich die Bude vollgehabt. Wir haben sogar damals vom Hauswirt eine Mahnung gekriegt. Da wurde Borussia Dortmund Deutscher Fußballmeister. Zweimal hintereinander die gleiche Mannschaft. Da hatten wir beim ersten Spiel die Wohnung voll, und da haben wir eine Mahnung gekriegt, weil's zu laut war.« Der Historiker Horst Steffens vom Mannheimer Museum für Technik und Arbeit hat denn auch zu Recht festgestellt: »Das Medium Fernsehen brauchte eine Lokomotive, um sich durchzusetzen, brauchte den Massenabsatz, um die enormen Kosten der Serienproduktion zu amortisieren – und diese Lokomotive war der Sport, vor allem der Fußball.«

Die Fußballweltmeisterschaft 1954 war für das noch junge deutsche Fernsehen auch in programmpolitischer Hinsicht bedeutsam. Das Zweite Deutsche Fernsehen gab es damals noch nicht, und es war erst vier Jahre her, daß sich der Bayerische Rundfunk, der Hessische Rundfunk, Radio Bremen, der Süddeutsche Rundfunk, der Südwestfunk und der Nordwestdeutsche Rundfunk zur Arbeitsgemeinschaft der Rundfunkanstalten Deutschlands (ARD) zusammengeschlossen hatten. Mit dem Gemeinschaftsprogramm für die Bundesrepublik begann man allerdings erst am 1. November 1954. Doch bereits zuvor hatte man Kooperationsverträge mit anderen Rundfunkanstalten in Europa geschlossen. Die »Eurovision« war geboren. Als erstes Eurovisions-Ereignis wurde 1953 in Großbritannien, Frankreich, den Niederlanden und der Bundesrepublik gleichzeitig die Krönung von Elizabeth II. aus London übertragen. Ein Jahr später wurden dann die ersten vier »internationalen Programmwochen« veranstaltet, an denen sich bereits acht Länder beteiligten. Im Mittelpunkt dieser Programmwochen vom 6. Juni bis zum 4. Juli 1954 stand ein Sportereignis – die Fußballweltmeisterschaft in der Schweiz.

Der Historiker Horst Steffens sieht einen »mentalen Wandel«, der sich in dieser Zeit vollzog. Die Deutschen wurden von »einer Nation der ›Ohren-Zeugen‹ zu einem Volk der ›Augenzeugen‹«. Wie sehr die Fußball-Weltmeisterschaft 1954 in diesem Sinn als Schwellenereignis gesehen werden kann, mag die Tatsache verdeutlichen, daß im kollektiven Gedächtnis der Bundesrepublik lediglich einige wenige Bilder vom Spiel und der Kommentar des Radioreporters Herbert Zimmermann als Bestandteile eines Ereignisses gelten. Da es damals noch keine magnetische Bildaufzeichnung gab, konnten keine Bilder, die vom Fernsehen übertragen wurden, gespeichert werden. Das einzig erhaltene Bildmaterial waren die Filmausschnitte, die später in den Kino-Wochenschauen gezeigt wurden. Der Fernsehkommentar der Live-Übertragung von Dr. Bernhard Ernst wurde ebensowenig aufgezeichnet. Die mediale Erinnerung an das Endspiel setzt sich aus dem Radiokommentar von Herbert Zimmermann und den Wochenschaubildern zusammen, ergänzt durch die in Zeitungen und Zeitschriften veröffentlichten Fotos. Die Zuschauer waren damals noch eher »Ohren-Zeugen« denn »Augenzeugen«, aber sie waren dabei. Da Medien dazu tendieren, Ereignisse zu personalisieren, waren aus deutscher Sicht zwei Männer schnell ins Zentrum des Medienereignisses Fußball-Weltmeisterschaft gerückt: der »Weise von Bern« und »Vater des Erfolgs« Sepp Herberger und überraschenderweise nicht der Schütze des Siegertores, Helmut »Boß« Rahn, sondern der sensible Spielmacher Fritz Walter.

Sepp Herberger, mehr noch als Fritz Walter, wurde zum ersten Fernsehsportstar in der Bundesrepublik. Wer hätte das von einem kleinen O-beinigen 57jährigen Männchen mit zerfurchtem Gesicht gedacht. Aber Sepp Herberger war im Umgang mit den Medien geübt. Außerdem verkörperte er einen Sozialtypus, der in der Kultur der 50er Jahre verankert war. Kurz gesagt: Er hatte das Zeug zum Star. Die Bedeutung der Medien für den Sport hatte er schon früh erfahren. Abgesehen davon, daß der junge Herberger stolz war, über seine spielerischen Qualitäten und Erfolge in der Lokalpresse zu lesen, hatte er bemerkt, daß diese Presse auch für den Spielermarkt bedeutsam war. Zwar galten Journalisten nicht unbedingt als neutrale Beobachter der Fußballspiele, doch konnten sie durch Kritik oder Lob Mannschaftsaufstellungen beeinflussen, und sie rückten insbesondere die guten Spieler in ein helleres öffentliches Licht, das nicht nur über dem heimischen Fußballplatz leuchtete. Personalstorys wie in der heutigen Zeit gab es jedoch noch nicht, Spieler kamen lediglich in Spielberichten vor. Wer häufig vermerkt wurde, konnte sich im Glanz lokaler Berühmtheit sonnen. Vor allem in seiner Berliner Zeit hatte Herberger erfahren, welche Rolle und welche Macht den Medien zukam. Insbesondere die propagandistische Gleichschaltung durch die Nationalsozialisten wertete die Medien enorm auf. Das dürfte Herberger, der zu dieser Zeit bereits als Reichstrainer tätig war, nicht entgangen sein. Zumal er 1941 erste Erfahrungen mit dem Film sammeln konnte.

In dem Jahr wurde in Berlin und Dresden bei der Bavaria der Spielfilm *Das große Spiel* gedreht. Die Vorlage für das Drehbuch hatte Toni Huppertz geliefert, ausgearbeitet worden war es von dem bekannten Sportjournalisten Richard Kim und dem Regisseur Robert A. Stemmle. Als Fachberater hatte man den Reichstrainer Sepp Herberger verpflichtet. Dieser wiederum brachte einige der verfügbaren Nationalspieler als Statisten in dem Film unter. Und das in einer Zeit, als der Reichssportführer von Tschammer und Osten großen Wert darauf legte, bekannte deutsche Sportler als leuchtendes Beispiel herauszustellen, indem er sie bevorzugt an die Front schicken ließ. Herberger holte sie von da für den Einsatz im Film zurück. Davon profitierten unter anderem sein Lieblingsschüler Fritz Walter, Ernst Lehner, Anderl Kupfer und sein Neffe Johann Herberger, der nach dem Krieg in die USA auswanderte und dort als Trainer arbeitete. Gustav Knuth und René Deltgen standen so neben Herberger, Walter und Lehner im Sturm der Filmmannschaft, die Herberger gewissenhaft auf ihre sportlichen Anforderungen einstellte. Unter den Schauspielern befand sich auch der Regisseur später so bedeutender Nachkriegsfilme wie *Rosen für den Staatsanwalt* und *Die Mörder sind unter uns*, Wolfgang Staudte.

Sportfilme wurden damals für besonders geeignet erachtet, der jungen, heranwachsenden Generation erzieherische Ideale zu vermitteln. Beliebt waren dabei auch vor allem Jugendfilme »über das Lagerleben bei den von der NSDAP und der Hitlerjugend organisierten Lehrgängen«, schreibt der Filmhistoriker Jerzy Toeplitz. »In diesen Filmen wird gezeigt, wie schnell den Lagerteilnehmern die Zeit vergeht, wie ihre Disziplin wächst und die Freundschaft gefestigt wird. Die – meistens zuerst widerspenstigen und asozialen – Einzelgänger ändern sich unter dem Einfluß des Milieus. Diese Filme enthalten viel Bewegung und Sport (besonders das Flugwesen und Segelfliegen sind in Mode); dem physischen Einsatz gebührt ein Ehrenplatz, während die intellektuellen Neigungen als Zeichen von Schwäche bewertet werden.« Robert A. Stemmle hatte, bevor er sich in *Das große Spiel* dem Thema Fußball widmete, mit *Jungens* so einen Jugendfilm gedreht. Die expliziten Sportfilme richteten sich jedoch nicht nur an Jugendliche, sondern auch an Erwachsene. In ihnen konnte der Gemeinschaftsgedanke gepriesen und der Fußballspieler als körperlich ertüchtigtes Vorbild inszeniert werden. Als der Film 1952 wieder in die deutschen Kinos kam, schrieb das *Göttinger Tageblatt:* »In erster Linie wird es die Jugend sein, die sich diesen großen deutschen Fußballfilm ansehen wird. Und vielleicht wird diese Jugend dann auch feststellen, daß es nicht nur im Wilden Westen, sondern auch auf den Fußballfeldern ganze Kerle gibt, denen nachzueifern lobenswerter ist.«

Die Handlung des Films wurde in der Zeitung als »gelungenes Gemisch von Liebe und Sport, von Eifersucht und Endspielfieber« beschrieben, die der Regisseur Robert A. Stemmle »volkstümlich zu inszenieren« verstanden habe. Der Film zeichnete sich unter anderem dadurch aus, daß die Szenen des Endspiels um die deutsche Meisterschaft in Farbe gedreht waren, alle anderen in Schwarzweiß. Ein Novum zu der Zeit, denn erst am 31. Oktober 1941 war der erste lange deutsche Farbfilm *Frauen sind doch bessere Diplomaten* mit Marika Rökk uraufgeführt worden. Der Sportreporter und Co-Autor Richard Kirn, der dem Regisseur wohl Sepp Herberger als Berater empfohlen hatte, erinnerte sich noch 1974 freudig an die Filmarbeiten: »Ich hatte das Vergnügen, im Sommer 1940 an einem Stemmle-Drehbuch mitarbeiten zu dürfen, das unter dem Titel ›Das große Spiel‹ eine harmlose Handlung um Fußball kreisen ließ.« Trotz »harmloser Handlung« dauerte es mehr als eine halbe Stunde, bis im Film der erste Ball rollte. Die Rahmenhandlung dieses Fußballfilms ist schnell erzählt. Werner Fehling, gespielt von René Deltgen, ist neuer, weil zugewanderter Mittelstürmer beim fiktiven Ruhrgebietsverein FC Gloria 03 Wupperbrück, hinter dem unschwer der FC Schalke 04 als Vorbild zu erkennen ist. Als Obersteiger unter Tage hat er nur Probleme. Mit einer guten Leistung als Mittelstürmer kann er das vielleicht kompensieren. Er wittert seine Chance, die er sportlich auch zu nutzen versteht. Liebestechnisch ist er scharf auf Grete (Hilde Jansen), die Tochter des Vereinsseniors Gabler (Josef Sieber), aber die ist bereits mit dem Torwart Jupp, gespielt vom späteren Kommissar in der Stahlnetz-Serie, Heinz Engelmann, verlobt. Die Verwicklungen nehmen ihren Lauf, an deren Ende Werner sich mit seiner früheren Freundin Annemarie (Maria Andergast) aussöhnt – natürlich erst, nachdem er im Endspiel das entscheidende Tor geschossen und Torwart Jupp seine Grete geheiratet hat.

Die bekannten Nationalspieler durften den »realistischen« Fußballrahmen für die Liebesgeschichte abgeben. Die fiktive Mannschaft bestand aus Schauspielern, den Nationalspielern und Mitgliedern des Berliner Künstlerklubs »Oase«. Sepp Herberger beriet Robert A. Stemmle in Fachfragen des Fußballs. Er hatte maßgeblichen Einfluß auf die Dramaturgie des Endspiels, das im Berliner Olympiastadion ausgetragen wurde. Natürlich sollte es ein spannendes Spiel werden. Es war vorgesehen, daß nicht der spätere Sieger, sondern die gegnerische Mannschaft zur Halbzeit mit 2:0 führen sollte – ursprünglich hatte der Film auch »Halbzeit 2:0« heißen sollen. Nun konnte man für die zweite Halbzeit eine dramatische Aufholjagd von Gloria 03 inszenieren. Die für das Endspiel in dem Film festgelegte fiktive Torfolge entsprach genau der, die dann 1954 im Endspiel um die Weltmeisterschaft in Bern der deutschen Elf gegen Ungarn Sieg und Titel bringen sollte. Das veranlaßte denn auch den Filmkritiker Ulrich von Berg noch 1992 zu der Vermutung, der »Chef« Herberger habe bei seiner fachlichen Beratung »einfach den Standpunkt vertreten, daß ein 3:2 (nach einem 0:2-Rückstand) den ultimativen Erfolg auf dem grünen Rasen angemessen zum Ausdruck« bringe. Sollte die von Herberger ausgedachte fiktive Torfolge also ein erster Hinweis darauf sein, daß der »Chef« hellseherische Fähigkeiten besaß? Oder war es nur ein Zeichen für seine genaue Kenntnis des Fußballs und seiner dramaturgischen Qualitäten? Auf jeden Fall entpuppte sich Herberger bei den Dreharbeiten als unerbittlicher Kritiker und Perfektionist.

Fritz Walter, der als Spieler dabei war, erinnerte sich später, daß Herberger zu der Zeit »sehr ehrgeizig« gewesen sei. »Hier wie überall leistete er gründliche Arbeit«, schreibt Walter in *Der Chef*, »Schlamperei war ihm verhaßt. Er studierte das Drehbuch eingehend, bevor er seine Anweisungen gab. Szenen, die dramaturgisch zwar wichtig, spielerisch aber nicht zu realisieren waren, mußten gestrichen oder geändert werden. Regisseur Stemmle ließ sich mehr oder weniger willig überzeugen.«

Herberger spielte nicht nur die Rolle des Co-Regisseurs und Co-Autors, er konnte es sich auch nicht verkneifen, selbst als Spieler seine »Männer« zu unterstützen. Die hatten aber eher darunter zu leiden. »Es war gar nicht so leicht, dem Chef beim Spielen alles recht zu machen«, erinnerte sich später Fritz Walter. »Wenn ihm der Ball nicht so zugepaßt wurde, wie er sich das vorstellte, schimpfte er, und zwar nicht knapp. Da bekam jeder sein Teil ab, sowohl wir Fußballer als auch die Filmleute.« Wieder und wieder wurden Szenen geprobt, bis auch der Reichstrainer Herberger Zufriedenheit zeigte. Auf Zelluloid durfte nur gebannt werden, was der »Chef« für perfekt hielt. Und er hatte seine Leute im Griff, offenbar einschließlich des Regisseurs. Die Fußballszenen in *Das große Spiel* waren zumindest das Werk Sepp Herbergers, der eigentlich nicht nur die Bezeichnung »Fachberater« verdient gehabt hätte, denn er hatte seinen Beitrag als Autor und Regisseur geleistet. Wieder einmal war es ihm gelungen, die Medienarbeit zu kontrollieren.

Sepp Herberger war als Perfektionist bestrebt, nichts an die Öffentlichkeit dringen zu lassen, was er nicht wollte. Sei es, daß Spekulationen über Spieler die Arbeit im Training gestört, sei es, daß eigene Charakterzüge plötzlich Beachtung fanden, die nicht in das öffentliche Bild paßten, das er gern selbst von sich zeichnete, oder sei es, daß er durch Kritik von Journalisten seine Kompetenz in Frage gestellt sah. Herberger war davon überzeugt, daß er fußballerischen Erfolg nur garantieren konnte, wenn alle für ihn vorstellbaren Risiken minimiert, wenn nicht gar ausgeschaltet waren. Dazu gehörte, daß die Spieler seinen Anweisungen folgten und daß die Journalisten beschäftigt waren, ohne daß sie ihm in seine Pläne funkten. Auf Kritik reagierte er äußerst unwirsch. Der ZDF-Sportreporter Oskar Wark bemerkte noch jüngst mit einem anerkennenden Unterton, daß Herberger seine Leute von Presse, Funk und Fernsehen »fest im Griff« hatte. »Kritik – selbst nach Niederlagen – galt als Einmischung, ihm unpassend erscheinende Fragen pflegte er erst gar nicht zu beantworten, und seine Männer nahm er grundsätzlich in Schutz.« So mancher Journalist habe sehr sorgfältig überlegt, so Wark weiter, was er denn zu Papier bringen würde.

Das galt auch für die in den 70er Jahren erschienene Herberger-Biographie des Journalisten Ludwig Maibohm. Über die eher kritischenPunkte in Herbergers Leben ist dort kaum etwas zu lesen. Die Kindheit und Jugend wird in wenigen unkonkreten Sätzen abgehandelt, bei der »Berufsspieler-Affäre« gibt Herberger ein junges, unschuldiges Opfer windiger Spielervermittler ab. Gezeichnet wird das Bild eines einigermaßen erfolgreichen Spielers und eines überaus erfolgreichen Trainers, so wie es Sepp Herberger haben wollte. Dabei galt Maibohm als durchaus kritischer Journalist. Was ihm nicht immer gut bekam. Der ehemalige Münchner »Löwen«-Spieler Jupp Lammers, ein gebürtiger Bocholter, erfuhr das hautnah bei einem Spiel der »Löwen« beim Mannheimer Vorortclub VfL Neckarau. »Ich erinnere mich an einen Fight beim VfL Neckarau in Mannheim. Da hat der Rundfunkreporter Ludwig Maibohm eine Reportage gemacht. Die Mannheimer verloren zwei Spieler durch Platzverweis. Den Anhängern des VfL Neckarau schien der Bericht von Maibohm zu schlecht, so daß sie ihn nachher angegriffen haben«, erzählte Lammers später. Maibohm war jedoch ein alter Freund Herbergers, der beim Sepp und seiner Eva in Hohensachsen, wo die beiden seit 1953 wohnten, ein und aus ging. Die 1973 erschienene Biographie ist sicherlich nicht absichtlich geschönt, aber sie enthält nur das, was Sepp Herberger von sich preisgeben wollte und was in das von ihm zu der Zeit vorhandene öffentliche Bild paßte.

Zu seinem Umgang mit den Medien gehörte, daß er sich vor seine Spieler stellte und öffentliche Kritik von ihnen fernhielt. Das war natürlich besonders bei so sensiblen Spielern wie Fritz Walter wichtig, der nach einem schlechten Spiel und entsprechender Erwähnung in Spielberichten schon mal in Erwägung zog, die Fußballstiefel an den Nagel zu hängen. Einer von Herbergers Standardsätzen bei Interviews lautete: »Was ich denen (den Spielern) zu sagen habe, sage ich in der Kabine.« Das brachte ihm natürlich auch die Solidarität der Spieler ein, die auf ihn zählen konnten. Allerdings kratzten sie auch nicht an seiner Autorität. »Hätte sich ein Spieler auch nur andeutungsweise zu Aufstellung und Taktik geäußert, selbst nach Siegen, hätte er seinen Koffer packen können – und zwar für immer«, heißt es bei Oskar Wark über die Zeit, »als Sepp Herberger im deutschen Fußball das Zepter schwang«. So gab es denn auch zahlreiche begabte Spieler, die von Herberger nie in den Kader der Nationalmannschaft berufen wurden, an anderen hielt er fest, obwohl sie stark kritisiert wurden.

Zu letzteren zählte auch »Boß« Helmut Rahn, der Schütze des Siegestores von Bern. Obwohl Rahn immer wieder mal durch Trunkenheit in Erscheinung trat, sogar betrunken mit dem Auto einen Unfall verursacht und Fahrerflucht begangen hatte, hielt Herberger zu ihm. Das ist um so höher zu bewerten, als Herberger nach Aussage des Berliner Auswahlspielers Helmut Jonas Leute, die tranken, nicht leiden konnte. Er selbst trank kein Bier und genehmigte sich nur in den heimischen vier Wänden einen guten badischen Wein. Außerdem wurde Rahn auch wegen seiner Spielkunst immer wieder kritisiert. Zwar lobten die Journalisten ihn, wenn er ein wichtiges Tor erzielt hatte, kritisierten ihn aber noch häufiger wegen seines Eigensinns. Doch Herberger hielt zu ihm und nominierte ihn weiter. »Wenn ich den Rahn nicht mehr bringe«, erklärte der »Chef« den Journalisten, »dann wollen die Leute wieder den Rahn. Ich weiß, was er kann und was er nicht kann. Aber in einer guten Form halte ich ihn eben für unentbehrlich, weil er, auch wenn er nicht – für die Zuschauer wenigstens nicht – mannschaftsdienlich spielt, trotzdem sehr wertvolle Dienste leisten kann.« Für Herberger war Rahn auch wichtig, weil er als einer der Spaßvögel im Team galt und für gute Stimmung sorgen konnte. Die öffentliche Kritik weitgehend von den Spielern fernzuhalten verschaffte Herberger den Freiraum, seine Spieler persönlich motivieren und psychologisch bearbeiten zu können.

Geschickt verstand es Herberger, für die Journalisten und die Öffentlichkeit Ereignisse und Anekdoten zu inszenieren. Ob es Kinder waren, die er zu sich ins Haus einlud, wenn Reporter der größten deutschen Tageszeitung rein zufällig zugegen waren, ob er »Sprüche« machte oder ob er die Spieler zu öffentlichkeitswirksamen Aktionen anregte. So ließ er beim ersten Länderspiel nach dem Krieg in Moskau gegen die Sowjetunion am

21. August 1955 die Spieler einen Kartengruß an den ehemaligen Internationalen Gottfried Fuchs schicken, eines seiner persönlichen großen Vorbilder. Beim Olympischen Turnier 1912 in Stockholm hatte Fuchs, Mittelstürmer des Karlsruher FV, allein zehn Tore erzielt. Gottfried Fuchs war Jude und durfte daher nach 1933 den »arisierten« deutschen Sportvereinen nicht mehr angehören. Er emigrierte 1937 nach Kanada, wo er 1972 starb. Herberger hatte sein Vorbild nicht vergessen. Mit dem Kartengruß setzte er ein öffentliches Zeichen, das weniger politisch gemeint war als vielmehr als Ehrerbietung seinem Idol gegenüber. Anläßlich der Fußball-EM 1996 wurden der Torrekord von Fuchs und die Ansichtskartenaktion von Sepp Herberger noch einmal vom Berliner *Tagesspiegel* ausgegraben. Vielleicht mag auch das bescheidene Abschneiden der deutschen Elf in Moskau, die mit 2:3 verlor, in Herberger eine schmerzliche Erinnerung an das 16:0 von Stockholm und die zehn Tore von Gottfried Fuchs wachgerufen haben. Wieder einmal war es ihm geglückt, sich in der Öffentlichkeit geschickt in Szene zu setzen.

Herberger hatte einst die Journalisten der schreibenden Zunft in drei Gruppen eingeteilt. Erstens gab es diejenigen, »die nur schreiben, wenn wir gewinnen«. Dann gab es die, »die nur schreiben, wenn wir verlieren«, und der dritten Gruppe seien diejenigen zugehörig, die »überhaupt nicht schreiben können«. Die Rundfunk- und Fernsehreporter sollten dieses Urteil später nicht wesentlich revidieren. Journalisten waren dem »Alten« trotz allem eigentlich immer eher lästig. Mit der Zeit hatte er ein einfaches Mittel entwickelt, um sie sich vom Leibe zu halten. Er beschäftigte sie mit seinen berühmten »einfachen Weisheiten«. Spieler und Trainer, die bei ihm eine Ausbildung genossen hatten, schätzten an Herberger, daß er komplexe Sachverhalte auf den Punkt bringen konnte. Diese Fähigkeit war ihm sicher zu eigen, weil er kein Intellektueller war, sondern jemand, der sich von der sicheren Warte der Bodenhaftung proletarischer Vergangenheit mit theoretischem Wissen auseinandergesetzt hatte und versuchte, dies praktisch umzusetzen. In diesem Sinn war er natürlich ein ausgezeichneter Pädagoge. Schnell hatte er erkannt, daß die Journalisten nur auf einen »Spruch« von ihm warteten. »Einer von euch hat mir mal gesagt, ich sei bares Geld, sobald ich nur den Mund aufmache«, entgegnete Herberger einmal einem Journalisten. Mit Sprüchen wie »Der Ball ist rund«, »Ein Spiel dauert 90 Minuten«, »Nach dem Spiel ist vor dem Spiel« oder »Der nächste Gegner ist immer der schwerste« trug er Wesentliches zum allgemeinen Zitatenschatz der Fußballsprache bei. Kaum ein Artikel zur Europameisterschaft 1996, der nicht mit einem Herberger-Zitat betitelt war, kaum eine Rundfunk- oder Fernsehreportage, bei der nicht eines der berühmten Zitate fiel oder abgewandelt wurde. Selbst ein neueres Werk zur »Fußballpsychologie« ist nach dem Herberger-Zitat »Nach dem Spiel ist vor dem Spiel« strukturiert und beginnt mit der ausführlichen Erklärung dieses Satzes, die Herberger selbst auf Nachfragen seinem Schüler Dettmar Cramer, Co-Autor des Buches, gegeben hat. »Die Fehler, die man unmittelbar nach dem Spiel macht, wirken sich nachteilig auf das nächste Spiel aus«, hatte der »Alte« da erklärt, »dies betrifft sowohl die körperliche als auch die psychologische Seite.« Und es folgten weitere Ausführungen, die dies präzisierten und am Beispiel verdeutlichten. Nur selten ließ er sich dazu hinreißen, seinen Sprüchen eine Erklärung folgen zu lassen. So verneinte er entschieden die Frage, ob der Spruch »Der nächste Gegner ist immer der schwerste« als Witz gemeint sei, und gab zu Protokoll: »Oh nein, es wäre ein Witz, wollte ich einen Witz machen. Selbst wenn wir einmal gegen einen allgemein leichter eingeschätzten Gegner verlieren, dann kann niemand sagen, er sei vorher zu leicht genommen worden.« Oft blieben die Sprüche im Raum stehen, standen so in der Zeitung oder waren so in die Mikrophone gesprochen worden – und das nicht nur einmal, sondern immer wieder.

Die Sprüche hatten einen ungemeinen Vorteil. Auf den ersten Blick konnte man die Ansicht eines Journalisten teilen, daß Herberger nur »Platitüden« von sich gebe, die nichts aussagten. Aber gerade darin bestand die Kunst. Es waren keine Platitüden, sondern »einfache Weisheiten«, die komplexe Sachverhalte des dynamischen Gruppenspiels auf den Punkt brachten. Durch die Reduktion auf vermeintlich banale, offensichtliche

Weisheiten war den Sprüchen eine Mehrdeutigkeit eigen. Sie ließen Raum für Projektionen, Spekulationen, Interpretationen. Erst durch die Journalisten entfalteten sie ihr semantisches Potential, die ihnen in immer wieder anderen Zusammenhängen andere Bedeutung zuwiesen. Zugleich zeigten diese Weisheiten des Bundessepps in den 50er und 60er Jahren seine Volksverbundenheit und leisteten damit Widerstand gegen erste Versuche der Pädagogisierung und Theoretisierung. Die theoretische Revolte hatte die bundesrepublikanische Gesellschaft noch vor sich. Doch das hinderte spätere Generationen nicht daran, die »philosophische Tiefe« der Sprüche von Sepp Herberger ausfindig zu machen. Der Soziologe Rolf Lindner hob den Lehrsatz »Der Ball ist rund« in den Stand der »unterschätzten volksphilosophischen Axiome«. Sein Kollege Rainer Paris sah sich veranlaßt der »volksphilosophischen« Weisheit des Sepp Herberger im Rahmen interaktionssoziologischer Überlegungen zum Fußball als Mannschaftsspiel die entsprechende intellektuelle Ehre zuteil werden zu lassen. Er bescheinigte dem Satz »Der Ball ist rund« nicht zuletzt »deshalb eine gewisse philosophische Tiefe, weil er in denkbar knappster Form den sehr komplexen Sachverhalt umschreibt, wie schwierig es letztlich doch eigentlich ist, im Rahmen der Dynamik eines mannschaftlich organisierten Kampfspiels den Ball so und so genau zu schlagen, daß er den vorausberechneten Punkt auf dem Spielfeld beziehungsweise den sich selbst bewegenden Mitspieler auch wirklich erreicht und weitergespielt werden kann. Jeder, der selbst einmal Fußball gespielt hat, weiß, wieviel eigene Körperbeherrschung, Ballgefühl und technische Perfektion dazu gehört, um etwa eine gute Flanke oder einen Steilpaß zu schlagen. Daß der Ball rund ist, heißt einfach, daß er einem immer wieder wegrollen kann, daß also sein wirklicher Verlauf nie bis ins letzte berechnet und kontrolliert werden kann«, schreibt Paris und sagt damit doch nicht viel mehr als Herberger oder der Schriftsteller Hermann Kasack, der bereits 1952 festgestellt hatte, daß der Ball mit den Menschen spielt.

Herbergers Satz inspirierte Wissenschaftler verschiedener Disziplinen, wie den Kunsthistoriker Horst Bredekamp, der in einem Aufsatz »Fußball als letztes Gesamtkunstwerk« befand: »Der Ball besitzt ein Eigenleben; er gehorcht nur dem, der sich auf seine Individualität einläßt und seine Psychologie nicht bricht, sondern auffängt und bewahrt.« Diese »runde Sache«, der Ball, veranlaßte auch Schriftsteller wie Ror Wolf oder Peter Handke zu Höhenflügen. Handke schreibt, ganz im Sinne Bredekamps, daß der Fußball »eine Seele« habe, um dann festzustellen, »aber wie jedes Objekt, ist auch der Ball tückisch«, und fährt dann fort – schon ausführlicher auf die Weisheit Herbergers eingehend, ohne diesen jedoch explizit zu erwähnen: »Er ist auch deshalb schwer unter die menschliche Kontrolle zu bringen, weil er rund ist. Die Kugelform des Fußballs ist gerade zu einem Symbol des unberechenbaren Zufalls geworden. Wir kennen die stereotypen Schlußsätze zu den Prognosen vor einem Fußballspiel: es sei zwar nach menschlicher Voraussicht dieser oder jener Ausgang zu erwarten, aber: man könne nie wissen, im Fußball sei alles möglich, denn das Leder sei *rund*.« Wenn Handke hier auf die Symbolkraft des Satzes von Herberger verweist, hat er damit eines der wesentlichen Merkmale der »einfachen Weisheiten« benannt. Nicht zuletzt deshalb sind sie heute noch gültig, auch wenn sich zaghafter Widerspruch regte. So ließ sich Max Merkel, der Sepp Herberger gerne im Sprücheklopfen übertroffen hätte, einst unter Anspielung auf die oft nicht allzustark ausgeprägte Intelligenz der Spieler zu dem Satz hinreißen: »Das Runde ist der Ball.« Der ehemalige Trainer von Bayern München, Zlatko »Tschik« Cajkovski, behauptete gar eines Tages. »Der Ball ist eine Kartoffel«, doch schenkte ihm niemand Glauben, nachdem Sepp Herberger bereits die ultimative Erkenntnis in dieser Sache verkündet hatte und der Verteidiger der Weltmeisterelf von 1954, Jupp Posipal, seinen »Chef« mit den Worten unterstützt hatte: »Der Fußball steht nicht still. Nichts auf der Welt ist beständig.«

Die Mehrdeutigkeit der Herbergerschen Weisheiten machte sie zu medialen Ereignissen, da die Journalisten so ihrer Kreativität freien Lauf lassen konnten. Die Sprüche wurden schnell zu seinem Markenzeichen, waren Bestandteil von Herbergers Selbstinszenierung als öffentlicher Person. Da sie im unklaren ließen, was er denn eigentlich genau damit gemeint hatte, wurde das, was in sie hineininterpretiert wurde, später ihm zugerechnet. Das entsprach durchaus dem von ihm spätestens 1954 während der Weltmeisterschaft entworfenen Selbstbild. Dort hatte er nach dem Sieg gegen die Türkei und der später so legitimierten taktischen Maßnahme, im ersten Spiel gegen die Ungarn nicht die besten Elf auflaufen zu lassen, die er für das nächste, entscheidende Spiel gegen die Türkei schonen wollte, gesagt: »Ja, ja, ich bin doch ein kluger Kopf.« Das brachte ihm auch den Spitznamen der »Weise von Bern« ein, aus dem später der »Weise von der Bergstraße« wurde. Zu dieser Inszenierung als »kluger Kopf« gehörten nicht nur seine Sprüche, sondern auch die Tatsache, daß er aus seiner Trainerarbeit ein vor der Öffentlichkeit wohlgehütetes Geheimnis machte. Wenig drang davon nach außen, lediglich die Spieler äußerten sich manchmal dazu. Doch was sie zu sagen hatten, bestand nur aus positiven Äußerungen über den »Chef« – und so wurde ihm natürlich großes psychologisches Geschick bescheinigt. Auf diese Weise hatte er sowohl die Spieler auf seiner Seite als auch die Journalisten unter Kontrolle. Zu dieser Selbstinszenierung paßt auch die bereits erwähnte Episode, daß Herberger sich 1956 nachträglich ein Diplomzeugnis der Sporthochschule in Köln ausstellen ließ, weil das Original von der »Deutschen Hochschule für Leibesübungen« in Berlin aus dem Jahr 1930 angeblich im Krieg verlorengegangen war. Damit war schwarz auf weiß bestätigt, daß tatsächlich ein »kluger Kopf« die deutsche Nationalmannschaft trainierte. Außerdem war für jeden Zeitungsleser, der ein Foto von Herberger sah, und für jeden Fernsehzuschauer klar, daß hinter den vielen Runzeln und Furchen im Gesicht des »Bundessepp« zweifelsohne eine tätige Hirnmasse stecken mußte, die kluge Gedanken formte.

Sepp Herberger inszenierte sich jedoch nicht nur als »kluger Kopf« und geschickter Psychologe, sondern auch als erfolgreicher Mann, der eine der wesentlichsten Eigenschaften der Nachkriegsdeutschen verkörperte: Bescheidenheit. Natürlich genoß er seinen Erfolg, ideell und materiell. Die soziale Anerkennung, die ihm so zuteil wurde, verschaffte dem Arbeiterkind

Genugtuung, hatte er doch einige Sprossen auf der sozialen Aufstiegsleiter erklommen. Die vergoldeten Initialen »S H« im schmiedeeisernen Tor seines Hauses in Hohensachsen zeugten in den 50er Jahren nicht gerade von Bescheidenheit. Hier wohnte jemand, der wer war und etwas auf sich hielt, auch wenn Herberger nach heutigem Verständnis kein luxuriöses Leben führte. Er gab sich volksnah, fuhr selten mit dem eigenen Opel, sondern lieber mit der Straßenbahn. Einen Benz, den man ihm schenken wollte, hatte er mit der Begründung abgelehnt, so ein Wagen passe nicht zu ihm. Mit den Leuten im Dorf feierte er in der Kneipe die Siege, und zu seinen bevorzugten Skatbrüdem gehörte ein Gemüsehändler aus dem benachbarten Weinheim.

Gerade in dieser Bescheidenheit sah er später seine Popularität begründet, als er einmal erklärte: »Ich weiß auch, warum ich populär bin. Mir sind die großen Siege niemals in den Kopf gestiegen. Ich glaube von mir sagen zu können, daß ich immer auf dem Boden der Tatsachen geblieben bin.« Mit dieser Begründung dürfte Herberger nicht ganz falsch gelegen haben.

Seine öffentlich inszenierte Bescheidenheit war eine der wichtigen Grundlagen für seinen Ruhm und seinen Status als einer der ersten großen Sportstars des beginnenden Fernsehzeitalters. Sportstars hatte es bis dahin erst wenige gegeben, Max Schmeling zum Beispiel oder Johnny Weissmüller, der allerdings mehr durch seine Tarzan-Filme berühmt geworden war als durch seine Schwimmerqualitäten. Stars kamen zu Beginn des Jahrhunderts noch vorwiegend aus der Politik oder der Wirtschaft. Das sollte sich ab etwa 1915 ändern, als die Filmindustrie das Starwesen entdeckte und begann, einzelne Schauspielerinnen wie das sogenannte »Biograph Girl« Florence Lawrence oder Mary Pickford und Schauspieler wie Charlie Chaplin als öffentliche Persönlichkeiten zu inszenieren. Von nun an kamen die Stars vorwiegend aus der Unterhaltungsindustrie. Stars sind mediale Figuren, die nach Auffassung der Filmwissenschaftlerin Christine Gledhill aus drei Komponenten bestehen: der realen Person, den Charakteren beziehungsweise den Rollen, die sie in Filmen spielen, und der öffentlichen Person, die unabhängig von den beiden anderen Komponenten existiert, aber Elemente aus beiden kombiniert. Es ist diese öffentliche Person, die dem Privatleben eine öffentliche Form gibt, basierend auf den Filmrollen und sozialen Typen. Ihre Authentizität erhält sie aus dem Umstand, daß es sich um eine reale Person handelt. Doch die reale oder richtige Persönlichkeit der Stars ist ebenso ein Konstrukt der Medien wie ihre Filmrollen. Wenn man dieses Konzept auf Sportstars überträgt, so basiert bei Fußballspielern oder -trainern ihre öffentliche Person auf der Rolle, die sie auf dem Rasen und am Rande des Spielfeldes spielen, und dem sozialen Typus, den sie verkörpern.

Doch nicht jede Schauspielerin und jeder Schauspieler, nicht jeder Fußballer und Trainer wurde zum Star. Stars konnten nicht einfach gemacht werden, sie mußten vom Publikum akzeptiert werden. Sie sind deshalb nicht nur ein Phänomen der Produktion, sondern mehr noch der Konsumtion, wie der Medienwissenschaftler Richard Dyer bemerkt hat. Das Publikum kreiert im Konsum den Star, indem es ihn in Alltagserzählungen integriert. Da gibt es die Geschichte des sozialen Aufsteigers, die des jugendlichen Rebellen, den zum Beispiel James Dean verkörperte, die der jungen unschuldigen Frau, die einen reichen Prinzen heiratet – eine Erzählung, die eine Zeitlang hervorragend von Lady Di in Szene gesetzt wurde, bis der Traum aus war und sie sich in einem Fernsehinterview als Figur einer anderen Alltagserzählung präsentierte, als betrogene Ehefrau. Es sind diese Alltagserzählungen, die die Stars dem Publikum näherbringen, sie gewissermaßen konsumierbar machen. Denn Stars dürfen nicht nur als unerreichbare Glamourwesen erscheinen. Das ist das Paradox in der Beziehung des Publikums zu den Stars, wie die Filmwissenschaftlerin Jackie Stacey in einer Untersuchung über die Beziehung von Frauen zu weiblichen Hollywoodstars festgestellt hat. Die Stars müssen zwar Glamour verkörpern, das Besondere, das Nichtalltägliche, müssen aber zugleich vom Publikum als glaubwürdig, realistisch, alltagsnah und authentisch erlebt werden. Oder anders ausgedrückt: Stars müssen auf der einen Seite eine Differenz zum Alltag des Publikums aufweisen, weil sie nur so zur Projektion von Wünschen und unbefriedigten Bedürfnissen einladen, und müssen auf der anderen Seite Eigenschaften haben, die dem Publikum aus dem eigenen Leben bekannt sind. Diese Nähe zum Alltag ergibt sich aus dem sozialen Typus, den Stars verkörpern und der sich in Alltagserzählungen integrieren läßt.

In unterschiedlichen historischen Kontexten können verschiedene Alltagserzählungen und soziale Typen populär sein. Ein Star muß also in seine Zeit passen, genauso wie er Produkt seiner Zeit ist. Sepp Herberger, als Sportstar der 50er und 60er Jahre, verkörperte alle Tugenden, die in jenen Jahren einen erfolgreichen Mann ausmachten. Er galt in der Öffentlichkeit als »kluger Kopf« und disziplinierter, harter Arbeiter, der Erfolg von der Solidarität des Trainers mit seinen elf Spielern abhängig machte, und er inszenierte sich als bescheidener Mann, der »auf dem Boden der Tatsachen« geblieben war. Aufsteigertypen waren in der Zeit nicht gefragt. Hätte sich Herberger als sozialer Aufsteiger inszeniert, der es über den Sonderweg Fußball vom Arbeiterkind in den Mittelstand geschafft hatte, wäre er nicht so populär geworden. Auf die gesellschaftliche Situation der Bundesrepublik übertragen, symbolisierte dieser Mann genau den Sozialtypus, der für das beginnende Wirtschaftswunder benötigt wurde. Einer, der keine großen Sprünge machte, mit allen zusammen anpackte und dabei fleißig und ehrgeizig war. Denn nur wenn alle mit anpackten und sich redlich mühten, konnte das Projekt Wirtschaftswunder gelingen. Nur wenn Bescheidenheit der Deutschen Zier war, hatte keine der Besatzungsmächte Grund, auf dieses Volk aufmerksam zu werden. Deutsche Großmannssucht war noch zu negativ in frischer Erinnerung. Sepp Herberger verkörperte in perfekter Weise diese Alltagserzählung vom strebsam bemühten, aber bescheidenen Deutschen der 50er und 60er Jahre. Er hatte 1954 einen großen Erfolg errungen, war also zugleich dem Alltag entrückt, aber er war, aufgrund der öffentlichen Inszenierung seiner Person, einer von ihnen. Das gefiel, und so wurde Sepp Herberger zu einem Sportstar. Die reale Person Sepp Herberger kannte wahrscheinlich nur seine Frau Eva, die öffentliche Person Herberger kannte dagegen Ende der 50er Jahre fast jedes Kind.

Das neue Medium Fernsehen hatte daran nicht unwesentlichen Anteil. War doch jetzt in erheblich größerem Umfang als zuvor auch eine bundesweite bildliche Präsenz möglich. Die Zuschauer bekamen gewissermaßen eine »Fernsicht« auf bedeutende Personen geboten, die sich nicht mehr nur auf die aus der Presse bekannten Momentaufnahmen der Fotografie beschränkte. Zumal die überregionale Presse nur in den höheren Schichten gelesen wurde. Fußballspieler und Trainer waren, wenn überhaupt, nur lokale Berühmtheiten, die man vom Fußballplatz und aus den Spielberichten in der Lokalpresse kannte. Sie genossen keine bundesweite Anerkennung, sondern waren in ihrem persönlichen sozialen Umfeld angesehene Persönlichkeiten. Im Mittelpunkt der Berichterstattung standen noch die Spiele und die Mannschaften. Spieler und Trainer fanden nur in den Spielberichten Erwähnung, sowohl in der Presse als auch im Radio.

Das änderte sich mit dem Fernsehen, denn dieses Medium lebt davon, Geschichten zu personalisieren, sie über Personen zu erzählen. Im Jahr der Fußball-Weltmeisterschaft wurde in dieser Hinsicht ein großer Schritt gewagt; die Sender legten sich Ansagerinnen zu, um die Zuschauer durch »eine möglichst attraktive Präsentation des Programms«, wie es damals hieß, an die Geräte zu locken. Tausende von Bewerberinnen hatten sich gemeldet, doch nur sieben wurden ausgewählt, darunter Ursula von Manescul und Annette von Aretin. Neben alten Filmstars, die nun in den damals noch live gesendeten Fernsehspielen auftraten, und den Spielleitern von Ratespielen waren es natürlich Sportler, mit denen sich der Personenkult des Mediums bedienen ließ. Zwar konnte ein Sepp Herberger mit den attraktiven Ansagerinnen in puncto Schönheit nicht mithalten, aber er hatte eben andere Qualitäten zu bieten. Der »Weise von Bern« war, als sich das neue Medium Fernsehen etablierte, bereits im Umgang mit den Medien erfahren und gewieft. Er nutzte dieses Medium genauso selbstverständlich wie Rundfunk und Presse zur Inszenierung seiner Person. Hinzu kam, daß an der Schwelle zur Mediengesellschaft auch die Werbung immer größere Bedeutung erlangte. Das konnte zu Beginn des anstehenden Wirtschaftswunders, das natürlich für die Bürger auch zum

Konsumwunder werden sollte, kaum überraschen. Allerdings war die Werbe- und Medienwelt noch gespalten. Während das Fernsehen noch weitgehend werbefrei war, wurde bundesweit nur in den Illustrierten für Konsumgüter geworben. Einer der ersten Werbeträger im Fernsehen war Sepp Herberger, der meist in einem Adidas-Sportanzug und Adidas-Sportschuhen zu sehen war. Adolf »Adi« Dassler, der Inhaber und Gründer von Adidas, war Ausstatter der Nationalelf. Wie eng diese Bindung war, zeigte sich auch darin, daß Dassler während der Weltmeisterschaft auf der Bank der deutschen Elf saß. Herberger selbst sprach von »Adi« Dassler als »unserem dritten Mann in der Betreuung der Mannschaft«.

Für die Werbung insbesondere der kleinen und mittelständischen Betriebe war die Lokalpresse bedeutender. Die Rückkehr der deutschen Nationalmannschaft aus der Schweiz zeigte dies deutlich. Alfred Georg Frei hat diesen Triumphzug der Weltmeister in seinem Buch *Finale Grande* eindrucksvoll beschrieben und bemerkt, daß in der Zeit des anbrechenden Wirtschaftswunders die triumphale Rückkehr mit dem Zug »die westdeutschen Träume« vorführte. Die Deutsche Bundesbahn hatte für die Heimfahrt der siegreichen Elf ihr neuestes und nobelstes Modell zur Verfügung gestellt, den Dieseltriebwagen VT 08. Dieser rote Sondertriebwagen mit der Aufschrift »Fußball-Weltmeister 1954« hielt auf seinem Weg nach München an vielen Kleinstadtbahnhöfen. Dort wurden den Spielern von Honoratioren der Stadt Urkunden und von den örtlichen Gewerbetreibenden Präsente überreicht. Am nächsten Tag stand natürlich in der Zeitung, welches Präsent von welcher Firma oder welche Torte von welchem Bäcker- oder Konditormeister gestiftet worden war. Hier wurde der lokalen Öffentlichkeit Lust auf Konsum gemacht. Natürlich ließ es sich die Firma Benz nicht nehmen, für die Fahrt der Spieler durch München offene Wagen eigener Herstellung zur Verfügung zu stellen. Die Spieler selbst wurden später in ihren Heimatorten wiederum sowohl von lokalen Betrieben geehrt als auch von den Betrieben, bei denen sie angestellt waren. Über diese Art der indirekten Werbung via Berichterstattung hinaus wurden die

Spieler auch für bundesweite Kampagnen entdeckt. Die Firma Glas in Dingolfing, die Goggomobile und Motorroller herstellte, lud die Nationalspieler in das niederbayerische Städtchen ein, um ihnen einen Goggo-Motorroller zu überreichen. Das Ereignis fand natürlich in der lokalen Presse gebührende Beachtung, doch darüber hinaus nutzte die Firma die Aktion für die erste bundesweite Werbekampagne mit den frischgebackenen Fußball-Weltmeistern. In den Anzeigen der Hans Glas Isaria-Vertriebs-KG hieß es: »11 Weltmeister haben nur *einen* Ball, aber jeder hat seinen *eigenen* Goggo.« Und die Elektroindustrie bedankte sich bei den Weltmeistern auf ihre Weise: Jeder Spieler erhielt einen Fernsehapparat. Allerdings wurde bei der Aktion die Gemeinschaft der Kameraden, die den Sieg in der Schweiz errungen hatten, auseinanderdividiert. Während die elf Spieler, die am 4. Juli auf dem Platz gestanden hatten, eine Schrankgarnitur überreicht bekamen, erhielten die elf Ersatzspieler »nur« ein Tischgerät. Nun konnte auch für die »Helden von Bern« das Fernsehzeitalter beginnen.

Bei der feierlichen Überreichung der Geräte sagte der Vorsitzende der Fachabteilung Rundfunk und Fernsehen im Zentralverband der Elektroindustrie, Erich Graetz: »Der deutsche Fußballsport hat durch das Fernsehen viele neue Freunde erhalten.« Aber umgekehrt hatte die Fußball-Weltmeisterschaft nicht unwesentlich zur Popularität des Fernsehens beigetragen. So offen wollte Graetz seine Dankbarkeit aber wohl nicht formulieren. Bedeutsamer als die gegenseitige Unterstützung von Fußball und Fernsehen bei ihrer Popularisierung war wohl eher ein Faktum, das den Weg in die künftige Mediengesellschaft vorzeichnete. Beim Endspiel um die Weltmeisterschaft am 4. Juli 1954 in Bern wurde die bundesrepublikanische Gesellschaft über ein Medienereignis zusammengeschlossen. Eine Gesellschaft, »kommunikativ geeint durch ein Fußball-Ereignis – vergleichbar vielleicht dem Mauerfall '89«, schreibt der Kommunikationswissenschaftler Franz R. Stuke. Die Deutschen waren zum ersten Male eine »Fernsehnation« – und Sepp Herberger wurde einer ihrer ersten Stars.

Kapitel 10
Der Mythos vom guten Deutschen

»Fußball ist mein Leben«, hat Sepp Herberger einst erklärt. Das zeigte sich auch nach seinem offiziellen Abschied als Bundestrainer. Seine Frau Eva beklagte sich, daß ihr guter Seppl nun noch seltener zu Hause sei als zu seiner aktiven Zeit. Über die Grenzen Deutschlands hinaus war er ein gerngesehener Gast, der seine Fußballweisheiten und seine Lehren zum besten geben mußte. Zahlreiche Ehrungen verlangten seine Anwesenheit, denn was wären sie ohne den Ordensträger beziehungsweise Jubilar gewesen. Der Deutsche Fußball-Bund heftete ihm erst die Goldene Verdienstnadel und dann die Goldene Ehrennadel ans Revers. Der Bundespräsident schmückte ihn mit dem Silbernen Lorbeerblatt. Nach dem Bundesverdienstkreuz Erster Klasse durfte sich der Jubilar an seinem 75. Geburtstag auch noch über das Große Bundesverdienstkreuz zum Verdienstorden der Bundesrepublik freuen und mit einem badischen Wein anstoßen. Seine Heimatstadt Mannheim ließ es sich nicht nehmen, ihn 1973 zum »Bloomaul« zu machen. Dieser Orden wird zur Faßnachtszeit an eine Person verliehen, die sich um die Stadt verdient gemacht hat oder als Mannheimer in die Welt ging und es dort zu Berühmtheit brachte. Ein »Bloomaul« ist jemand, der die heimische Mundart beherrscht und pflegt. So einer war der Sepp Herberger, ein echter »Mannemer«, ein Waldhof-Bub, der zeit seines Lebens in seiner Mundart plapperte. Lediglich Journalisten gegenüber wandte er ein »mannemerisch« gefärbtes Hochdeutsch an. Im Kreise seiner Spieler sprach er immer in badischem Dialekt.

All die Orden und Auszeichnungen waren wichtig für ihn, zeigten sie ihm doch, daß er es geschafft hatte. Aus dem Arbeiterjungen, geboren in der Waldhofer Spiegelkolonie, war ein angesehener Bürger geworden, den man ehrte und verehrte.

Mit dem »Bloomaul«-Orden hatte sich der Kreis geschlossen. Der Sepp war aus der »Spiggel« in die Welt gegangen und als Bürger Mannheims heimgekehrt.

Nachdem er beim Länderspiel gegen Finnland das letzte Mal am Spielfeldrand auf der Trainerbank gesessen hatte, konnte er es immer noch nicht lassen und blieb dem Fußball, seiner Obsession, weiter verbunden. Seine Sturheit und sein Eigensinn blieben gefürchtet. Als Pensionär entdeckte Sepp Herberger, daß die Medien für ihn nun noch wichtiger waren als zu seiner aktiven Zeit als Spieler und Trainer, wenn er nicht in Vergessenheit geraten wollte. Für die Presse war er nach wie vor eine schier unerschöpfliche Quelle für »banale Weisheiten« und »lebendige Erinnerungen«. Im Fernsehen begrüßte man ihn ob dieser seiner Fähigkeiten als gerngesehenen Gast. Zwei Jahre nach seinem Rücktritt, anläßlich der Weltmeisterschaft 1966 in England, fand der »Altbundestrainer« überaus großes Gehör in den Medien. Seine Meinung zur Arbeit seines Nachfolgers Helmut Schön war gefragt. Die Journalisten wollten ihn gar zum Berater der Nationalelf machen. Doch der amtierende Bundestrainer Helmut Schön intervenierte beim DFB, der nun den »sturen Bock« überzeugen mußte, die Arbeit doch bitte schön seinem Nachfolger zu überlassen. Ein wenig verbittert residierte Herberger während der WM nicht im offiziellen DFB-Quartier zusammen mit Funktionären, Spielern und dem Trainer Helmut Schön, sondern in einem Hotel zusammen mit den deutschen Journalisten. Für deren Arbeit fand er anerkennende Worte, wohl auch, weil die viel lieber ihn um seine Meinung fragten. Doch nach der WM ließ das Interesse der Medien an der Person Herberger stetig nach. Vereinzelte Auftritte im Fernsehen konnten die ständige Medienpräsenz, der er sich früher erfreut hatte, nicht ersetzen. So durfte er 1967 im Aktuellen Sportstudio des ZDF den Torjäger der Saison 1966/67 krönen. Nachdem Lothar Emmerich und Gerd Müller je 28 Tore erzielt hatten, wurde die Torjäger-»Kanone« an der legendären Torwand ausgeschossen. Emmerich traf einmal, Müller nicht, und Herberger überreichte dem Sieger die Trophäe. Schließlich brachte er sich 1973 mit der von seinem Journalisten-Freund

Ludwig Maibohm verfaßten Biographie wieder ein wenig ins Gespräch. Allerdings repetierte er in diesem Buch lediglich seine großen Erfolge und einige seiner Fußball-Weisheiten, biographische Zusammenhänge fanden nur am Rand und äußerst knapp Erwähnung. Überhaupt lebte der Sepp vor allem in und mit der Erinnerung. Sein Lieblingsschüler Fritz Walter fand oft den Weg nach Hohensachsen, mit ihm schwelgte er in den alten Fußballzeiten, die doch längst vorbei waren. Zu jedem »runden« Geburtstag lud er die gesamte Weltmeisterelf von 1954 ein, und alle kamen, bis auf Helmut Rahn, der diese Form der Geselligkeit als verlogen empfand. Bewirtet wurden die Gäste mit badischem Wein und Pellkartoffeln mit Quark.

Mit seiner Frau Eva, die gerne als »treue Gefährtin« betitelt wird, lebte er zu seiner aktiven Zeit den Deutschen eine Musterehe im Sinne der 50er-Jahre-Ideologie vor. Während der Ehemann auf den Sportplätzen der Bundesrepublik unterwegs war, hütete sie das Heim in Hohensachsen und packte ihm die Koffer mit der frisch gewaschenen Wäsche. Viel mußte sie ihm sowieso nicht einpacken, ein paar frische Hemden vielleicht, denn Sepp Herberger war als Träger von Adidas-Trainingsanzügen und Adidas-Sportschuhen bekannt – die erste wandelnde Werbesäule. Auf unzähligen Fotos war er in dieser Kluft zu sehen, auch auf denen, die bei ihm daheim entstanden, an seiner Schreibmaschine oder mit seiner Frau Eva auf der Hollywoodschaukel. Lediglich sein Kleppermantel wurde noch zu einer Art zweitem Markenzeichen. Frau Herberger beklagte sich nicht über ihr Schicksal, sondern fand immer nur unterstützende und lobende Worte für ihren weitgereisten Ehemann. Im Haus in Hohensachsen, in dem die Herbergers seit 1953 wohnten, hatte sie genug zu tun. Der Garten forderte sein Recht, und ihre Mutter, die bis zu ihrem Tod bei Tochter und Schwiegersohn wohnte, mußte gepflegt werden. Selbst zu den Empfängen, zu denen ihr Seppl eingeladen war, ging Eva Herberger nicht mit. Sie verkörperte annähernd das Idealbild einer an alten Werten orientierten Hausfrau der 50er Jahre, die trotz des Erfolges ihres Ehemannes weiter in Bescheidenheit lebte, sich aber mit den Zeichen der Wirtschaftswunder- und Konsumgesellschaft wie Musiktruhe und Couchgarnitur schmücken konnte. Zum richtigen 50er-Jahre-Familienglück fehlten ihnen lediglich eigene Kinder. Gründe für die Kinderlosigkeit der Herbergers sind nicht überliefert, und die Tatsache allein, daß der gute Seppl ja meistens unterwegs war und sich, wenn er denn schon daheim war, mit seinen Briefmarken beschäftigte oder sich seinem wahnwitzigen Aufschreibsystem hingab, dürfte als Grund nicht ausreichend sein. Das häusliche Leben der Herbergers war wohl nicht einfach. Zwar wußte Eva, wie sie mit ihrem Mann umzugehen hatte, doch der war nicht nur auf dem Trainingsplatz wegen seiner Sturheit, seines Perfektionismus und seiner Launenhaftigkeit gefürchtet. Das Zusammenleben mit ihm war sicher kein Kinderspiel. Die vielfach so bezeichnete Musterehe der Herbergers funktionierte nur so gut, weil er so viel auf Reisen und Eva eine gutmütige »Seele von Mensch« war, die seinen schwierigen Charakter ertragen konnte. Sie lebte in der Ehe das, was sie als junges Mädchen gelernt hatte, sie bediente eine Herrschaft, gegen die sie sich nicht auflehnte, da das die eigene Existenz gefährdet hätte. Das war so in den Zeiten, als sie noch als Dienstmädchen arbeitete, und das war später so, als sie mit dem berühmten Bundestrainer Sepp Herberger verheiratet war und ihm ein gemütliches Heim bereitete. In den letzten Jahren seines Lebens war sie ihm weiterhin die »treue Gefährtin« – ein Sozialtypus, der in den weitgehend entsexualisierten 50er Jahren neben der »guten Mutter« das Idealbild der Ehefrau verkörperte.

Als der Ruhestand noch frisch und der Seppl noch energiegeladen war, ging er mit seiner »Ev« auf eine Weltreise. Das hatte sie sich seiner Meinung nach, als ein verspätetes Hochzeitsgeschenk und als Anerkennung für das treue Gefährtinnendasein, verdient. Und er nahm sie sogar zu einem Länderspiel mit. Als die deutsche Nationalelf unter seinem Nachfolger Helmut Schön am 26. September 1965 in Stockholm das entscheidende Qualifikationsspiel zur WM 1966 in England bestritt, da saß der Seppl mit seiner Frau auf der Tribüne. Die Anwesenheit der beiden brachte der Elf Glück – dank eines 2:1-Sieges löste die Mannschaft die Fahrkarte nach England. Es war zudem der erste Sieg einer deutschen Elf gegen Schweden in einem schwedischen Stadion seit 1911. Vielleicht hätte der Sepp seine Eva häufiger mitnehmen sollen, wenn sie sich so gut als Maskottchen machte. Zuletzt saß sie mit ihrem Sepp vor dem Fernseher, um dort die Ereignisse in der Sportart zu verfolgen, die das Leben ihres Mannes – und damit auch ihres – bestimmt hatte. Während der Übertragung des Länderspiels der deutschen Elf am 27. April 1977 in Köln gegen Nordirland erlitt Sepp Herberger einen Herzanfall. Mit dem Unfallwagen wurde er in die Klinik gebracht. Ob er noch vom 5:0-Sieg der deutschen Elf erfahren hat, ist nicht überliefert. Sein Fußballherz blieb am folgenden Tag stehen. Der Legende zufolge gab er auf dem Totenbett noch ein echtes »Bloomaul«: »Man muß auch mal ein Spiel verlieren können«, sollen seine letzten Worte gewesen sein.

In den folgenden Jahren saß Eva Herberger wie eine Glucke auf dem Nachlaß ihres Seppl. Niemand, außer ein paar hohen Herren vom DFB und Fritz Walter, wurde an die Sachen ihres Mannes herangelassen. Sein Archiv blieb ebenso unter Verschluß wie seine Sammlung von Sportbriefmarken, von der es hieß, sie sei die größte der Welt. Zu Frau Herbergers 90. Geburtstag im Dezember 1986 veranstaltete der DFB einen Empfang, zu dem sie alle ihre Freunde einladen durfte – ein paar Freunde ihres Mannes, der inzwischen neun Jahre tot war, waren auch darunter. Als Wunsch für ihr weiteres Leben diktierte sie den Journalisten: »Ich will noch möglichst lange gesund bleiben.« Sie starb im Frühjahr 1989. Der Nachlaß von Herberger sowie das Haus in Hohensachsen, auch das »Adlernest« des deutschen Fußballs genannt, gingen in den Besitz der Sepp-Herberger-Stiftung über. Die Stiftung war 1979 mit dem Ziel gegründet worden, die Nachwuchsarbeit im deutschen Fußball – und das ist der Deutsche Fußball-Bund – zu fördern. Aber auch die Förderung des Fußballs in der sogenannten dritten Welt, der sportmedizinischen Forschung und die Hilfe für in Not geratene ehemalige Spieler gehören zu den Aufgaben der Stiftung. Das Archiv wurde inzwischen vom DFB in Frankfurt untergebracht, wo der öffentliche Zugang nur mit Genehmigung des DFB-Justitiars möglich ist. Das Haus in Hohensachsen ist seit dem Tod Eva Herbergers unbewohnt. Der DFB hatte es veräußert, doch stand es 1996 bereits wieder zum Verkauf. Neben den mehr als 350 Aktenordnern aus dem Archiv des »Weisen von Bern« und zahlreichen Andenken ist es vor allem die Erinnerung, in der Sepp Herberger weiterlebt. Der »Chef« wurde zum Bestandteil des kollektiven Gedächtnisses und des kollektiven Wissens der Deutschen und der Fußballexperten auf der ganzen Welt.

Bereits zu Lebzeiten strickte Sepp Herberger an seiner eigenen Legende. Er sah sich gern in der Rolle des Kontrolleurs der eigenen Biographie – selbst über seinen Tod hinaus. Aus seinen Aufzeichnungen, die in den über 350 Leitz-Ordnern im Kongreß- und Schulungszentrum des DFB einen Unterschlupf gefunden haben, hat er noch vor seinem Tod eigenhändig Seiten entfernt. Das zumindest behauptet der Sprecher des Vereins zur Pflege des Andenkens von Seppl Herberger, Karl-Heinz Schwarz-Pich. Insbesondere über seine Arbeit in der Zeit des Nationalsozialismus soll einiges fehlen, doch es geben auch andere Quellen Auskunft. An der Legende Sepp Herberger strickten auch Journalisten und Fußballexperten, ausgewiesene und selbsternannte. Dieses öffentliche Bild entspricht nicht in allem der realen Person Sepp Herberger, er war zugleich mehr und weniger.

Seine Leistung für den deutschen Fußball ist unbestritten. Auf den Grundlagen aufbauend, die sein Vorgänger Otto Nerz gelegt hatte, schuf er eine Nationalmannschaft, die von einer gewissen Kontinuität lebte. Er führte den deutschen Fußball aufs internationale Parkett. Zugleich legte er die Grundlagen des modernen Spielbetriebs und entwickelte Trainingsmethoden, die teilweise noch heute Gültigkeit beanspruchen. Eines seiner Lebensprojekte, eine eingleisige deutsche Eliteliga, wurde zwar noch zu seinen Lebzeiten in Form der Bundesliga Wirklichkeit, doch die damit einhergehende Kommerzialisierung des Fußballsports war nicht nach seinem Geschmack. Seine Ideale hatten sich überlebt, doch seine Weisheiten leben auch in der Fußballwelt von heute noch fort. Das liegt natürlich auch an seiner Fähigkeit, die Komplexität des Fußballspiels auf das Wesentliche zu reduzieren und dies auch noch in Lehr- und Leitsätze packen zu können. »Dabei ist der Spielgedanke so einfach, wenn man will, sogar primitiv und simpel: Tore schießen und Tore verhindern«, und danach habe sich Theorie und Praxis zu richten, faßte Herberger eine seiner Grundeinsichten zusammen. Die Ideale des Sepp Herberger in bezug auf die Spielkultur hatten sich bereits in seiner Jugend geformt und veränderten sich im Laufe seines Lebens kaum. Als Trainer legte er viel Wert auf die Arbeit mit dem Ball, denn den sollten die Spieler möglichst blind beherrschen – genauso wie der kleine Seppl Herberger das im Akazienwäldchen der Mannheimer Spiegelkolonie gelernt hatte, wenn er mit dem Ball am Fuß den nächsten Baum im Blick haben mußte, um ihn umkurven zu können. Für den Erfolg eines Teams war seiner Ansicht nach ein eingespielter Innensturm notwendig, wie er ihn in seiner Jugend beim Karlsruher FV mit Förderer, Fuchs und Hirsch erlebt und Jahre später selbst beim SV Waldhof mit dem H-Innensturm – Höger, Herberger und Hutter – praktiziert hatte. Diesem Ideal war es unter anderem zu verdanken, daß er 1954 an den Spielern des 1. FC Kaiserslautern als Kern der Nationalmannschaft festhielt. Diese »Blockbildung« ist noch heute eines der Kernstücke erfolgreicher Nationalmannschaften.

Die Welt des Fußballs ist klein, und sie schmort seit Herbergers Zeiten im eigenen Saft. Die Diskussionen über die Spielkultur in Deutschland und auf der Welt über Spieler und Spielertypen, über Taktik und Spielanalysen lassen sich fast alle auf Sepp Herberger zurückführen, auf seine Aussprüche gegenüber den Medien und auf seine Lehrsätze, die er an seine Schüler weitergab. Bereits 1962 gab er zu Protokoll: »Was Deutschland am meisten fehlt, sind Spielerpersönlichkeiten. Vom rein Spielerischen her sind uns die Südamerikaner überlegen, vielleicht auch bald die Afrikaner. Wir müssen versuchen, über eine starke mannschaftliche Leistung das auszugleichen, was uns die anderen an natürlicher Spielkultur voraus haben. Nur so werden wir in Zukunft unter den besten Mannschaften der Welt bestehen können.« Wie sehr Herberger mit dieser Prophezeiung recht behalten sollte, zeigt sich noch bis heute. Kaum ein Monat vergeht, in dem nicht über das Fehlen großer Spielerpersönlichkeiten im deutschen Fußball geklagt wird. Und die geschlossene Mannschaftsleistung feiert denn auch in den Worten von Berti Vogts anläßlich der Europameisterschaft 1996 wieder fröhliche Urständ, wenn dieser in bester Herberger-Tradition zum besten gibt: »Das Team ist der Star.« Aber ist dem Herberger-Zitat nicht ein Widerspruch in sich zu entnehmen? Schließen sich das Vorhandensein exorbitanter Spielerpersönlichkeiten und mannschaftliche Geschlossenheit nicht gegenseitig aus? Sind Spielerpersönlichkeiten nicht Individualisten? Nicht im Sinne eines Herberger. Als der »Altbundestrainer« das Fehlen der Spielerpersönlichkeiten beklagte, hatte er nicht nur einen besonderen Spielertypus im Kopf, sondern gar einen ganz konkreten, seinen Lieblingsschüler und -spieler Fritz Walter. Einen Spieler also, der auf dem Spielfeld aus dem Bauch heraus geniale Pässe schlagen und Spielzüge erfinden kann, der zugleich aber auch den verlängerten Arm des Trainers abgibt, dem er blindlings, wie ein gut dressierter Hund seinem Herrchen, gehorcht. Nicht der rebellische Typ war gemeint, der dem Trainer auch einmal Widerworte gibt; der hatte nach Ansicht von Herberger in der Nationalmannschaft nichts zu suchen.

Einer der genialsten Fußballer der 40er und 50er Jahre spielte wohl deshalb nie in Herbergers Nationalelf, Max »Spinne« Michallek von Borussia Dortmund. Er galt als Spielgestalter, der aus der jeweiligen Situation heraus handelte und ein Spiel entscheidend beeinflussen konnte. Der Erkenschwikker Stürmer »Jule« Ludorf, der noch selbst gegen Michallek gespielt hat, charakterisierte ihn mit den Worten: »Max Michallek war außergewöhnlich schnell, schien eine Pferdelunge zu haben und war ein gottbegnadeter Techniker. Was ihn aber zusätzlich auszeichnete, entgegen den sonstigen technisch ausgereiften Spielern: Er hatte einen ungewöhnlichen Bums, geradezu gefürchtet waren seine Schüsse aus der zweiten Reihe.« Aber Michallek hatte auch einen entscheidenden Charakterzug, durch den er für Sepp Herbergers höhere Aufgaben als nicht tauglich schien: Er ordnete sich nie der Disziplin eines Trainers unter.

Heinz Stock, damals Mittelstürmer beim VfL Altenbögge, sah in Michallek »auch als Persönlichkeit eine Ausnahmeerscheinung«, und er war überzeugt, »daß es für einen Trainer wichtig war, mit ihm auszukommen, nicht umgekehrt«. Klar, daß der sture Herberger, der auf seine absolute Autorität Wert legte, solch eine »Spielerpersönlichkeit« für seine Nationalelf nicht gebrauchen konnte. Immerhin war Michallek der unverbürgten Überlieferung zufolge einmal zu einem Lehrgang der Nationalmannschaft eingeladen, wo er zu Herberger gesagt haben soll: »Trainer, Fußball spielen lernen muß ich nicht, das kann ich bereits.« In Anspielung auf Michalleks Zigaretten- und Alkoholkonsum hat Herberger, wie es heißt, verärgert geantwortet: »Herr Michallek, von mir können Sie nicht erwarten, das ich Ihnen in der Halbzeit jeweils einen Asbach serviere und Ihnen die Zigarette anzünde.« Und das war's mit der internationalen Karriere des Max Michallek. Einer wie Fritz Walter, der immer schön seinen Mund hielt und nur ab und zu ein wenig Aufmunterung für sein sensibles Seelchen brauchte, paßte dem »Chef« da schon viel besser in den Kram. Und dieser Spielertypus ist bis heute dazu verdammt, an der Seite von braven Kollegen, die auf dem Platz fleißige Fußball-Arbeiter mimen, den deutschen Fußball international zu repräsentieren.

Die mannschaftliche Geschlossenheit bestand für Sepp Herberger nicht nur auf dem Platz. Zeit seines Trainerlebens hatte er fleißige Arbeiter um sich geschart, die an seine Autorität glaubten. Nur so konnte auch der Mythos von den »Elf Freunden« aufrechterhalten werden, weil jeder bereit war, sich dem Trainer und dem Gruppengedanken unterzuordnen. Noch nach seiner Pensionierung pflegte Herberger diesen Mythos, wenn sich die Spieler der WM-Elf von 1954 anläßlich der Geburtstage des »Chefs« in Hohensachsen trafen. Dabei ist dieser Gruppengedanke für die Mannschaft selbst ziemlich unerheblich, er gilt eher für den Trainer, der aus mehr als elf Spielern mit verschiedenen Persönlichkeiten eine funktionierende Einheit – die Mannschaft, das Team – formen muß. Wie schwer das ist, zeigt sich vor allem in den 90er Jahren bei den Teams, die aus teuer eingekauften Starspielem bestehen. Eine Mannschaft bilden sie in der Regel nicht. Die »Elf-Freunde«-Ideologie läßt sich natürlich besser aufrechterhalten, wenn sich die Spieler der Autorität des Trainers und seiner Idee von Kameradschaft unterordnen. Der vielbeschworene »Geist von Spiez«, der die Deutschen 1954 angeblich zu Weltmeistern gemacht hat, ist lediglich eine Erfindung des Trainers Herberger. Der Satz »Elf Freunde müßt ihr sein« entpuppt sich als populäre Phantasie, als idealistisch verklärte Gruppenphantasie, die so nicht existiert und nie existiert hat. Von den Weltmeistern des Jahres 1954 hat das offenbar nur der Schütze des damaligen Siegtores, Helmut »Boß« Rahn, begriffen. Und eine andere Spielerpersönlichkeit, mit der Herberger ihre Probleme gehabt hätte, Willi »Ente« Lippens, gab Ende der 80er Jahre dem »Boß« in dieser Sache recht: »Das gab es zu meiner Zeit nicht, das gab es auch '54 in Bern nicht. Manchmal sitze ich stundenlang mit Helmut Rahn zusammen. Nee, nee. Das gab es selbst bei den Weltmeistern nicht, das kann man sich vonne Backe putzen.« Das Herbergersche Ideal der »Elf Freunde« darf daher nicht mit dem Rehhagelschen Gedanken des Kollektivs verwechselt werden. Im Kollektiv arbeiten alle an einem gemeinsamen Ziel, die »Elf Freunde« zeichnen sich jedoch dadurch aus, daß sie dem Trainer gehorchen, daß sie seine Marionetten sind. Und der Puppenspieler hieß Sepp Herberger.

Sein Erfolg als Trainer beruhte einerseits darauf, gehorsame und fleißig arbeitende Spieler um sich zu versammeln, in deren Mitte sein verlängerter Arm Fritz Walter tätig war. Andererseits war Herberger aber auch selbst ein penibler Arbeiter und Perfektionist, der nicht gerne etwas dem Zufall überließ. Vor jedem Spiel wollte er alle Risikofaktoren weitgehend unter seine Kontrolle bringen. Dazu gehörten natürlich auch die Spieler. Der »Chef« war umfassend über seine »Männer« informiert, nicht nur über ihre spielerischen Qualitäten, sondern auch über ihren privaten Lebenswandel. Die Informationen wollten natürlich alle gespeichert werden, und so machte er sich an sein Aufschreibsystem. Das war ihm nicht nur Gedächtnisstütze, sondern auch Vergewisserung des eigenen Tuns. Der soziale Aufsteiger Sepp Herberger war kein Arbeiter mehr, der sein

Tagwerk vollbrachte und es anschließend als materielles Produkt oder quantifizierbare Arbeitsleistung bewundern konnte. Die Materialität seines Tuns war ihm abhanden gekommen. Mit dem Aufschreibsystem versuchte er, sie wiederzugewinnen. Seine Leistung konnte er so zumindest für sich selbst schwarz auf weiß festhalten. Seine Aktenordner waren ihm der Beweis seiner Tätigkeit, vorzeigbare Leistung, die er vollbracht hatte – sie waren nicht so flüchtig wie die Siege mit der Nationalelf, die nur in der Erinnerung blieben.

Diesem Bedürfnis entsprang sicher auch der Wunsch, sich das verlorengegangene Diplomzeugnis der Hochschule für Leibesübungen erneut ausstellen zu lassen. Herberger traute seiner Karriere nicht, er brauchte den Beweis. In seinem Arbeitszimmer an seiner Schreibmaschine fand er vor sich selbst Anerkennung. Er, der Fußball zu seinem Beruf gemacht hatte, weil er nichts anderes gelernt hatte, konnte so vor sich selbst bestehen. Dabei war Herberger nicht als Mann der Schrift, sondern der Rede bekannt. Da kann auch das Aufschreibsystem nicht als Gegenbeweis dienen, denn auf den in den zahlreichen Ordnern gesammelten Seiten schrieb er nicht, er schrieb auf, er notierte, kommentierte und bewertete. Während sein Lieblingsspieler Fritz Walter nach der WM 1954 eine Unmenge von Büchern unter seinem Namen publizieren ließ, hüllte sich Sepp Herberger weitgehend in Schweigen. Nur wenige theoretische Traktate und Erlebnisberichte des Fußballehrers Herberger sind überliefert. Alle Äußerungen von ihm erblickten, eingebettet in Spielberichte, journalistische Kommentare oder die von einem Journalisten verfaßte Biographie, das Licht der Öffentlichkeit. Offenbar gehörte das zur Kontrolle nicht nur seines Lebens, sondern auch seiner öffentlichen Inszenierung. Trotz aller Sturheit war Herberger auch ein geschickter Anpasser. Das hatte ihm bereits durch die verschiedenen Zeitläufte geholfen. Er arrangierte sich mit seiner Umgebung, mit dem sozialen Umfeld ebenso wie mit den politischen Systemen. Indem er nicht selbst publizierte oder unter seinem Namen publizieren ließ, sicherte er sich zugleich ab. So war er nicht auf bestimmte Äußerungen festzunageln, konnte er sie doch der journalistischen Bearbeitung zuschreiben. Außerdem schützte er sich so vor kritischen Reaktionen. Er wartete ab, und im Falle eines Falles behauptete er das Gegenteil, um sich ja nicht unbeliebt zu machen. Die Medien waren für ihn nicht nur Sprachrohr zur Welt, sondern zugleich auch eine Mauer, hinter der er sich verschanzen konnte.

Sepp Herberger war ein Meister in der öffentlichen Inszenierung seiner Person und seiner Persönlichkeit. Er pflegte einen bewußten und zielgerichteten Umgang mit den Medien. Herberger gab den Medien genügend Stoff, der sie beschäftigte. Er hatte als einer der ersten Sportler in Deutschland ihre Bedeutung erkannt und verstand es, sie sich zunutze zu machen. Allerdings war die enge Verbindung von Fußball und Fernsehen erst in den Anfängen begriffen. Fußballspiele wurden noch nicht vom Medium inszeniert, Superzeitlupen waren noch unbekannt, und die Spieler durften noch nicht jeden Unsinn in die Mikrofone stammeln. Das hätte dem Herbergerschen Bedürfnis nach Kontrolle widersprochen.

Er bestimmte selbst, was ins öffentliche Bild paßte und was nicht. Obwohl er seit seiner Jugend selbst Raucher war, blieb dies der Öffentlichkeit weitgehend verborgen. Denn das paßte nicht zu einem Trainer, der seinen »Männern« einen gesunden Lebenswandel predigte.

Auch seine Eitelkeit behielt Herberger für sich – obwohl kurzsichtig, posierte er immer ohne Brille für Fotos. Biographische Details, die seinem Renommee als Bundestrainer hätten Schaden zufügen können, wurden zwar nicht ganz unter den Teppich gekehrt, aber doch als randständige Phänomene ohne große Bedeutung behandelt. So blieben nach wie vor viele Ungereimtheiten über seine Berufsspieler-Affäre bestehen. Als Kontrolleur seiner eigenen Biographie gelang es ihm, sich selbst als Symbolfigur zu inszenieren, als guten Deutschen, auf den kein Schatten fiel und der mit Fleiß über den Umweg Fußballwunder seinen Beitrag zum Wirtschaftswunder geleistet hatte.

Die öffentliche Selbstinszenierung der Figur Herberger entspricht dem Helden in zahlreichen Sportfilmen. In denen wird häufig das »Porträt des braven kleinen Mannes« gezeichnet, »der seinen Ehrgeiz einsetzt um ›nach oben‹ zu kommen«, wie Johann Skocek bemerkt hat. »Der Weg setzt die Identifikation mit dem ›System‹ voraus. Wer die Dinge ändern will, wer zerstören will, wird kein Held, er wird kriminell. Ein Umstürzler sinnt nicht auf Jubel, er sinnt auf Rache, dem steht der Kopf nicht nach Sieg, sondern nach Krieg.« Die Karriere des Sportlers Sepp Herberger ist die eines Anpasslers, der sich zielbewußt in einem System bewegt, einem sportlichen wie einem politischen. Der soziale Aufsteiger aus dem Proletariat, wie ihn Herberger typisch verkörperte, muß sich nicht vom System korrumpieren lassen, denn er ist bereits in der Idee des Aufstiegs dem System verfallen. Diese »wahre« Geschichte des Sepp Herberger begleitet die von ihm selbst inszenierte öffentliche Lebensgeschichte als Subplot. Hinter dem Mythos des guten Deutschen Herberger, der sich über Charaktereigenschaften und Tugenden wie Arbeit, Fleiß, Bescheidenheit, Bodenständigkeit und Perfektionismus definiert, steckt aber eben auch die Geschichte, wie einer zu dem geworden ist, was er als Symbolfigur verkörpert. Der gute Deutsche ist weder eine anthropologische Konstante noch ein Naturereignis, sondern das Produkt gesellschaftlicher Verhältnisse im Spiegel subjektiver Biographien und damit historischem Wandel unterworfen. Die Symbolfigur Herberger war ein Produkt der 50er Jahre.

Er verkörperte seit dem Triumph von Bern das Idealbild des guten Deutschen, der für die Realisierung des Wirtschaftswunders vonnöten war. Einer, der sich unterordnet, nicht aufmuckt, aber strebsam und fleißig am Erfolg bastelt und dann im Erfolg auch noch bescheiden bleibt – einer, der maßhält. In diesem Punkt entsprach er den Maximen Ludwig Erhards, der Maßhalten als Grundlage für das Gelingen des Wirtschaftswunder-Projekts proklamierte. Gemeint war das Produktionswunder, das sich erst später auch als Konsumwunder entpuppte. Als Bundestrainer war Sepp Herberger viel in Deutschland unterwegs und nahm so die zunehmende Mobilität vorweg, auch wenn sein eigener Opel meist in der Garage stand. Als Symbol der Mobilität war das Gefährt nicht vonnöten, war doch der

»Bundessepp« selbst das Symbol. Das Wirtschaftswunder-Deutschland brauchte Typen wie Herberger, denn nur so konnte das Projekt nicht nur gelingen, sondern auch zu einem nationalen Ereignis werden. Das Selbstbewußtsein der Nation konnte sich nur aus eigener Leistung speisen und nicht aus der Tatsache, daß erst der Marshallplan den wirtschaftlichen Wiederaufbau möglich gemacht hatte. Wirtschaftswunder hieß, daß der amerikanische Traum der deutsche werden möge. Amerikanische Wirtschaft und Kultur dienten für viele Errungenschaften der 50er Jahre als Vorbild. Erst ein Jahrzehnt später sprach man vom amerikanischen Kulturimperialismus. In den 50er Jahren schimpfte man nur über Rock 'n' Roll und Halbstarke. Dabei war deren Vorbild James Dean eigentlich ein konservativer Rebell, der für die Werte der traditionellen Kleinfamilie eintrat. Immerhin zeigten sich hier erste Anzeichen eines Generationskonfliktes. Herberger zählte zu den Alten, auf die man bauen konnte, und er besaß bei der Jugend noch Autorität – zumindest bei der Fußballjugend.

Die Symbolfigur Herberger bezeugte, daß der gute Deutsche nicht nur ein schlechter Deutscher war, einer, der dem Nationalsozialismus den Weg geebnet und den Zweiten Weltkrieg mitverschuldet hatte. Die Tugenden und Charaktereigenschaften des »Bundessepp« hatten die Zeitläufte überstanden und waren nun wieder gefragt. Noch fragte niemand nach der Verantwortung der Väter, und Fußballspieler schon gar nicht. Anpacken, hieß die Devise, eine Qualität, die ein Arbeiterjunge durchaus besaß. Unter den Bedingungen im Wirtschaftswunder-Deutschland war selbst Herbergers Sturheit kein Makel, sondern konnte im Rahmen der inszenierten Lebensgeschichte als zielbewußtes Handeln uminterpretiert werden. Als Symbolfigur taugte Herberger nur in der Phase des beginnenden Wirtschaftswunders, denn da waren die von ihm verkörperten konservativen Werte gefragt. Bereits Anfang der 60er Jahre, als das Wirtschaftswunder zu einem Konsumwunder mutierte, war Bescheidenheit keine Zier mehr. Purer Materialismus war nicht die Sache Herbergers. Die Gesellschaft und mit ihr auch der Fußball entglitten seinen Wertvorstellungen.

Sein Rücktritt als Trainer kam gerade noch rechtzeitig zu einer Zeit, die ihn für die Fußballwelt als Symbolfigur konservierte. Möglich war das auch, weil der Fußball und der Deutsche Fußball-Bund eine kleine Welt für sich sind, in der traditionelle Werte länger überdauern. Fußball ist kein Spiegelbild der Gesellschaft, wie irrtümlich immer wieder behauptet wird, sondern eine Enklave, in der gesellschaftliche Veränderungen nur langsam ihren Niederschlag finden. So ist es kaum verwunderlich, daß im deutschen Fußball der 90er Jahre noch die Werte der 50er Jahre zählen. Arbeit und Fleiß sind die Kennzeichen der Spielweise, wie sich bei der Europameisterschaft 1996 erneut gezeigt hat. Die Rebellion, die das politische System Ende der 60er Jahre erschütterte, hat im Fußball nie stattgefunden. So konnten Herbergers Spielideen, Trainingsmethoden und Fußball-Weisheiten überdauern, während die Symbolfigur Herberger als guter Deutscher mittlerweile zum Inventar der 50er Jahre zählt, eines Jahrzehnts, das im kollektiven Gedächtnis als muffig und spießig verankert ist. Sepp Herberger war nicht einfach der »Weise von Bern«, sondern als Aufsteiger aus dem Proletariat ein strebsamer kleinbürgerlicher Biedermann, der erst in der Anpassung an ein gesellschaftliches System die Bedingung schafft, um Großes im Kleinen zu leisten. Er hatte das Glück, daß die bundesrepublikanische Gesellschaft der 50er Jahre Typen wie ihn als Symbolfigur benötigte, und der deutsche Fußball hatte das Glück, daß der begabte Spieler und sich berufen fühlende Trainer Herberger diesen Sport als Aufgabe entdeckte, für die er sich verantwortlich fühlte. Es ist seiner Obsession zu verdanken, daß es so etwas wie einen deutschen Fußball gibt. Die gedeihende Nationalelf und die blühende Bundesliga sind ein Ergebnis von Herbergers Streben. Der deutsche Fußball hat einen wie ihn gebraucht, aber die Bundesrepublik wäre auch ohne ihn ausgekommen.

Was bleibt, ist nicht der reale Herberger, sondern die Legende, Herberger als Erzählung. In diesem Sinn zählt er zum kulturellen Bestand der Bundesrepublik, als guter Deutscher und Symbolfigur der 50er Jahre ebenso wie als »Weiser von Bern«, Fußballehrer mit psychologischem Geschick und Fußballphilosoph mit einfachen, aber treffenden Weisheiten. Die Erzählung Sepp Herberger hat mythischen Charakter, sie stellt eine Form der Weltdeutung sowie der kollektiven Aneignung von Welt-, Zeit- und Lebensgeschichte dar. Das gilt auch für die reale Person Herberger, die an der Legende entscheidend mitgestrickt hat, um sich die Welt und die eigene Biographie anzueignen.

***

Mitte der 90er Jahre, knapp 20 Jahre nach dem Tod von Sepp Herberger, stricken andere an der Legende. Neben dem Verein zur Pflege des Andenkens von Seppl Herberger, der alljährlich zum Todestag das Grab auf dem Friedhof in Hohensachsen mit einem frischen Kranz bestückt, ist besonders die Deutsche Telekom sehr rührig. Im Telefonbuch 1995/96 für die Region Heidelberg ist unter der Gemeinde Weinheim Bergstraße, zu der Hohensachsen zählt, auf Seite 874 folgender Eintrag zu finden: »Herberger, Josef, Dipl. Turn- u. Sportlehrer, Sepp Herberger 9« sowie die Telefonnummer 51818. Zweifelsohne ist das die Adresse des »Adlernests« des deutschen Fußballs, in dem Sepp Herberger und seine Eva gewohnt haben. Bereits zu seinen Lebzeiten hatte die Gemeinde Hohensachsen die Straße, die zum örtlichen Friedhof führt, in Sepp-Herberger-Straße umbenannt. Nicht daß es sich um einen einfachen Eintrag im Telefonbuch handeln würde, der Anschluß ist auch noch geschaltet. Wer die Nummer wählt, bekommt ein gewöhnliches Freizeichen zu hören. Weder ein Ansagedienst noch ein moderner Anrufbeantworter weisen auf die wohl doch dauerhafte Abwesenheit des Anschlußinhabers hin. Nach mehrmaligem Klingeln legt der geneigte Anrufer enttäuscht auf. Offenbar ist Sepp Herberger vorübergehend verhindert, den Anruf entgegenzunehmen. Vielleicht wird der Anrufer es später noch einmal versuchen, denn die Legende lebt.

Nachwort
von Eckhard Henscheid

Es ist nicht zu leugnen, daß meine Begegnung mit dem damals schon 71jährigen ehemaligen Bundestrainer Sepp Herberger zu Regensburg 1969 zu den bemerkenswerten meines Lebens zählt, zu seinen Lichtmomenten, zu jenen nicht eben zahlreichen, in denen das Gefühl für eine gewisse Geschichtsmächtigkeit, ja Jahrhundertdimension sich einstellt. Obschon wir uns inhaltlich nicht ganz einigen konnten. Noch fünfzehn Jahre nach Bern 1954 wollte es mir nicht recht einleuchten, daß und warum der Bundestrainer damals Alfred Pfaff von der Frankfurter Eintracht, meinem Lieblingsverein, zwar zur Weltmeisterschaft in die Schweiz mitgenommen, aber nur einmal, in dem unerheblichen und nämlich pur taktischen ersten Ungarn-Spiel (3:8), eingesetzt hatte. Gut erinnere ich mich aber, daß es auch Herberger bei seinen sehr ernstlichen nachträglichen Erklärungsbemühungen noch immer selber schmerzte. Auch er sei ja ein großer Fan des deutschen »Don Alfredo« gewesen, seiner Spielmacherfähigkeiten und Freistoßkünste, seiner Torgefährlichkeit. Aber Fritz Walter, der Spielführer und Stammhalblinke, sei eben, so tragisch das sei oder jedenfalls gewesen sei, der noch unentbehrlichere Mann gewessen. Und quasi zweimal Fritz Walter – er selber und Pfaff – sei halt nicht gegangen, das werde ich, der offenbare Experte, doch um Gottes willen verstehen, setzte Herberger listig und fast dringlich nach, als befänden wir uns in einer Pressekonferenz vor dem 54er-Finale, ja als wollte ich ihm, Herberger, dafür eineinhalb Jahrzehnte nach dem triumphalen Gewinn des Weltmeistertitels ungerechtfertigterweise noch ans Leder.

Leicht vergrätzt gab ich es zu, und Herberger, daran erinnere ich mich noch genau, schmunzelte befriedigt. Fünfzehn Jahre nach der normativen Kraft des Faktischen hatte er da einen letzten zäh Zögernden auch noch argumentativ geschlagen. Vor allem vor dem Hintergrund auch der taktischen Familienbindung Fritz und Ottmar Walter und dessen auf die vertrauten Flanken seines Bruders gestützter Kopfballstärke. Und obgleich, wie gesagt, auch er, der verantwortliche Aufsteller, keinen lieber als Alfred Pfaff in jener Weltmeistermannschaft gesehen hätte – deren Berner definitive Formation zu Herbergers Befriedigung ich selbstverständlich noch alle elf Mann auswendig wußte und hersagte.

Und das im Schlaf, und das kann ich bis heute und bis ans Ende meiner Tage.

Die Begegnung fand statt im Regensburger Privathaus von Hans Jakob, dem Torwart der berühmten Breslauer Elf von 1936 ff., anläßlich dessen Geburtstag. Es gab zu Ehren des durchreisenden Ehepaars Sepp und Ev Herberger ein nicht enden wollendes Bratwurstfrühstück – und ich entsinne mich, daß nach getätigter Presse-PR-Mitesserei der alte Tormann den an der Donau volontierenden Journalvertreter gern wieder losgehabt hätte, um mit dem Trainer noch inniger und dringlicher über Heiner Stuhlfauth, Willibald Kress, Lutte Goldbrunner zu reden und das Nötigste abzufackeln – allein, Herberger hatte Feuer gefangen und scheint's Gefallen gefunden an mir, der von der strategischen Begabung her, wenn die Schicksalsfäden nur ein bißchen anders verlaufen wären, es sicherlich auch zum Bundestrainer gebracht hätte. Und noch einmal, unter Jakobs unwillig flackernden Blicken, erläuterte mir Herberger, wieso und warum er den damaligen Berner Sturm so und nur so habe zusammenfügen können, so schmerzhaft dies gleichzeitig für Berni Klodt, den ausgezeichneten Alternativrechtsaußen, gewesen sei und abermals noch schmerzender für ihn, Herberger. Und daß aber umgekehrt eine andere Zwickmühle, die Besetzung des Mittelläuferpostens durch den langjährigen Amtsinhaber Posipal oder aber durch Werner Liebrich außer von seinem, Herbergers, persönlichen Genius vom Fatum selber entschieden worden sei, nämlich durch die Verletzung des Rechtsverteidigers Erich Retter, auf dessen Posten Posipal eben kürzestfristig nachrückte und voll einschlug, infolgedessen Liebrich nun im Verein mit Eckel und Mai den damaligen ungarischen Wundersturm mit Kocsis/Hidegkuti/Puskas an die Kette habe legen können. Soweit, ich begriff, das bei derartig unheimlichen Kanonen überhaupt möglich sei.

Ich nickte. Das leuchtete ein. Und inhaltlich voll befriedigt, verabschiedete ich mich, nicht ohne Herberger alles Glück für seine künftigen schweren Aufgaben – am Abend in Bogen im Bayerischen Wald Anstoß zu einem Prominentenspiel, anderentags die Beobachtung des Amateur-Länderpokal-Finales in Straubing – zu wünschen.

Sepp Herberger hatte noch acht Jahre zu leben, und daß ihn der Fußball bis dahin und weit über seine Verabschiedung nach der Chile-Weltmeisterschaft (1962) im Jahr 1964 hinaus nie freigab: Wer es noch nicht oder nicht mehr wüßte, würde es wissenschaftlich ausreichend erhärtet aus der vorstehenden Biografie von Lothar Mikos und Harry Nutt erfahren. Er war ein Fußballbesessener ein Leben lang; ein Fußballdenker fast ebenso lang; und, man weiß es genauer erst seit einigen Jahren, seit einiger Einblick in seine Notizbücher und sonstigen Hinterlassenschaften gewährt wurde, in nicht unerheblichem Maß auch ein Fußballgeschädigter. Das freundlich ikonographische Legendenbild, so es denn je wirklich so bestand, ist etwas nachgedunkelt oder hat sogar unschöne Flecken gekriegt. Wie wahrscheinlich alle seines Fachs, wenn sie in vorderster Front dienen, übers Wohl und Wehe von 50 oder jetzt sogar 80 Millionen Sports- und Fußballfreunden entscheidend mitzuentscheiden haben, war Josef Herberger schon mit dem Beginn seiner Reichstrainerkarriere 1938 Opfer seines seltsamen Berufs, vielleicht ja auch seiner ihn dazu bestimmenden genetischen Ausrüstung – schwer zu entscheiden, was da Henne, was Ei. Erstaunlich und zum Teil beunruhigend alberne, regressive und infantile Aufzeichnungen gibt es da von ihm – daß er seiner Prägung und Überzeugung nach immer autoritär, eben der Fritz Waltersche »Chef«, war, wußte man ja immer, daß seine diesbezüglichen Aktivitäten das Pathologische, Paranoische und auch Phantasmahafte manchmal mehr als nur streiften, weiß man inzwischen genauer aus dem Datenspeicherwahn von 361 gefüllten Leitzordnern. Der

»penible Organisator seiner Karriere« (Mikos/Nutt) erweist sich darin etwa in Form recht irrationaler Machtphantasien und selbstauferlegter Kontrollausübungsmacken hinsichtlich der ihm temporär wie einem Anstaltsaufseher anvertrauten Männer zwischen 18 und 38 als durchaus »zwanghafter Charakter« (Mikos/Nutt), dem sadistisch-voyeuristische Züge evident ebenso eignen, wie sein auch noch nach dem Krieg unverblümt völkisch-nationalsozialistisches Vokabular den Zeitgenossen Kaiser Wilhelms wie Hindenburgs und Hitlers schnell verrät. Die schriftliche Offenlegung solcher Defizite eines Sportsmenschen mochte manchen überraschen. Sie zeigen Herberger mehr, als seiner Legende lieb sein konnte und jenseits aller insinuierten Kernigkeit und Knorrigkeit, als Produkt seines politischen Milieus und der eben davon schwerstens infizierten Sportlerwelt zumal: als sozusagen freundlicheres Komplement des wilhelminischen Professor Unrat wie dann späterhin das des autoritären Prototyps Adenauer, mit dem Herberger außerdem nicht zufällig das Legendenetikett des »schlauen Fuchses« teilt. Wenn in seiner griechischen Version der »Idiot« den vornehmen, von keinen politischen Unannehmlichkeiten belasteten Privatmann meinte, dann wäre Herberger – hier rundet sich ein semantischer Zirkel – in diesem Sinn der Sportidiot schlechthin; die unpolitische Version des ihm auch generationsmäßig nahen Typus Adenauer vor allem.

Wenn auch nicht vollständig so, aber ähnlich sehen es wohl auch die beiden Verfasser der vorliegenden recht kritischen, nämlich unterscheidenden, wenig hagiographischen Herberger-Biographie.

Ein Leit- und Vorbild, wie es letzten Endes heute noch sein Adlatus und Chefsprecher Fritz Walter sportlich-menschlich ungebrochen zu sein vermag, wie es auf ihre Art auch noch Seeler oder Netzer relativ unhinterfragbar sind: Ein solches zeit- und zeitgeistüberstrahlendes und -überdauerndes Inbild war und ist ausgerechnet der so volkstümliche und zur Identifikation einladende Josef Herberger insofern nur recht bedingt. So allürenfern er zeitlebens agierte, so ohne Maske und Fassade er offenbar meist mühelos auskam – so freundlich-partnerschaftsdemokratisch er in Regensburg meinen strategisch-taktischen Erwägungen lauschte.

Aber: Ein Guter war er unterm Strich wohl schon. Nicht gerade als aktiver Spieler; eindeutig aber als Stratege und – so wurde das jedenfalls genannt – »Psychologe« neben dem Spielfeld; und mehr noch: hinter ihm. Es war und ist das »Auratische«, was uns an Herberger vor allem anderen so anheimelt und letztlich doch für ihn sehr einnimmt, was ihn sogar in Maßen zu einem »Repräsentativmenschen seiner Zeit im Egon Friedellschen Sinne (Kulturgeschichte der Neuzeit) macht. Von »charismatischer Ausstrahlung« reden halb zitierend-wägend, halb zustimmend Lothar Mikos und Harry Nutt – dafür gab es dann auch immer Benennungsversuche, vom »Weisen von Bern« bis zum »Fußballmagier«, vom »Bundessepp« bis zum »Nationalheiligtum« und was dergleichen mythossuchende und mythosbenennende und mythosverfestigende Journalistensprüche mehr sind. Das »Auratische«: Von ihm zeugten und zeugen mehr noch als die bekannten Fotos mit den Spielern und vom Spielfeldrand vor allem des Schweizer Championats die vom anschließenden »Triumphheimreisezug« quer durch Südwestdeutschland nach München; die Bilder und Szenen der sich langsam steigernden, ja erst hier sich kristallisierenden Wir-sind-wieder-wer-Kollektivgenugtuung derer, die plötzlich den Krieg gar nicht mehr so sehr, nicht mehr gar so sehr verloren hatten.

Kamera- und Filmbilder, die sich übrigens natürlich nach heutigen hochmedialen Verwurstungsmaßstäben geradezu ärmlich und beinahe schäbig ausnehmen. Und gerade deshalb so seltsam für sich einnehmen. Wie für eine letzte moderne Idylle: 22 Männer, die da beinahe gratis und eben nur von Sports- und Vaterlandsliebe beseelt dafür gesorgt hatten, daß Deutschland eben doch wieder eine achtunggebietende Nation war; und die es nun zufrieden waren, nach vier Wochen Trainingslager und sechs auslaugenden Spielen noch einmal gute Miene zum schon gewonnenen Spiel zu machen und nochmals tagelang durch die dankbar winkenden Dörfer und Provinznester zu brummen, von nichts anderem bei Laune gehalten als von etwas Kartenspiel im Sonderzug-Speisewagen und von der beinahe schon ein wenig gespensterhaft erstarrten, nämlich immer noch väterlich-verschmitzten Miene des »Chefs«: der sich da wohl jetzt erst die Legenda aurea des Großstrategen als Familienvater mal Schalksnarr, ja Bauernschlau endgültig verdient hatte. Und offenbar hochzufrieden mit alldem war. Und allzeit einverständig schmunzelte. Worüber wohl? Nun, es ist schon ein Rarissimum in der bekannten Fußballgeschichte, daß nicht einmal so sehr ein gewonnenes Endspiel die Unsterblichkeit eines Trainers begründet, sondern ein zuvor mit Pauken und Trompeten haushoch verlorenes Vorrundenspiel gegen den nämlichen Gegner aus taktischen Motiven. Seither ist Herberger der »Fuchs«. Den vielleicht jedes Volk braucht, als mythische Gestalt, aber vor allem eins, das kurz zuvor auf den Schlachtfeldern baden gegangen war und 1954 angeblich noch immer nicht so genau wußte, daß seine Regierung zwei bis sechs Millionen Juden hatte ermorden lassen. Noch wissen wollte.

Im Mythos Herberger paaren sich, sicher nur halbwahr, aber wohl auch nicht gänzlich falsch, Schlauheit und Güte. Lobend erwähnt findet sich immer wieder Herbergers moralischer, fast sozialer Einsatz zugunsten des nach dem Bern-Rausch etwas auf Abwege geratenen Rechtsaußen und 3:2-Torschützen Helmut (»Boß«) Rahn, der dann, wiedergeboren, auch tatsächlich bei der WM in Schweden nochmals gut einschlug und etliche scharfe Einschläge zu verzeichnen hatte. War er, Herberger, mehr Stratege, Psychologe? Müßige Frage, das war bei ihm das gleiche. Zumal er eh vor allem ein Drittes war: der berühmte »Geist von Spiez«, dem sagenhaften Trainingslager.

Auf einen anderen, viel weniger bekannten Zusammenhang macht mich der Hamburger Sportpädagoge Armin Schreiber brieflich aufmerksam. Herberger wirkte gewiß völkerverbindend, aber auch, mehr als ihm wer weiß lieb war, völkererzieherisch. Und in der Folge im jedenfalls deutschen Interesse sogar kontraproduktiv:

Am Montag nach dem WM-Gewinn, berichtet Schreiber, sei er zu einer Radtour in die Niederlande, nach Enschede, aufgebrochen, da habe sich am Zoll ein Gespräch mit Holländern über Herberger und seine siegreichen Leute ergeben, da habe einer von denen in Not und Wut geschrien: »Noch schießen sie mit Bällen, bald wieder mit Kanonen!« Insofern habe Herberger, so deutet es Schreiber, bei den derart doppelt geschädigten Holländern ein Denen-werden-wir-es-zeigen-Gefühl ausgelöst und so den Grundstein für die holländische Fußballhochblüte in den 70er Jahren gelegt.

Gott sei Dank war dieses Fußballwunder beim Münchner Endspiel 1974 nicht gar zu übermächtig, und die Deutschen konnten die Cruyff und Neeskens etwas unverdient, aber so gerade noch einmal abwehren. Nein, zum internationalen Erneuerer und Erlöser war der Bundessepp denn doch nicht geboren. So weltumspannend dialektisch mochte der Fuchs mitnichten denken. Dazu war er denn doch zu klein und deutsch.

Literatur

Thomas Alkemeyer, *Körper, Kult und Politik*, Frankfurt 1996

Hans Dieter Baroth, *Des deutschen Fußballs wilde Jahre*, Essen 1991

Hans Dieter Baroth, *Als der Fußball laufen lernte. Tore, Triumphe, Tollheiten*, Essen 1992

Hans Dieter Baroth, *Anpfiff in Ruinen. Fußball in der Nachkriegszeit und die ersten Jahre der Oberligen Süd, Südwest, West, Nord und Berlin*, Essen 1993 (2.Aufl.)

Winfried Bergmann, Karl-Heinz Huba, *Die Geschichte der Fußball-WM*, München 1986

Hajo Bernett, *Guido von Mengden*, Berlin u.a. 1976

Hajo Bernett, *Der Weg des Sports in die nationalsozialistische Diktatur*, Schorndorf 1983

Herbert Beyer, *Hofmann vor, noch ein Tor! Das Leben Richard Hofmanns*, Berlin (Ost) 1958

Karl Bittmann, *25 Jahre Fabrikinspektion*, Karlsruhe 1905

Karl Bittmann, *Hausindustrie und Heimarbeit*, Karlsruhe 1907

Horst Bredekamp, »Fußball als letztes Gesamtkunstwerk«, in: *Konkret Sonderheft Sport*, 1982

Kai Budde, Jessen Oestergaard, *Mannheim. Ansichten einer Stadt*, Heidelberg 1991

Heinz Bude, *Deutsche Karrieren*, Frankfurt 1987

Heinz Bude, *Bilanz der Nachfolge*, Frankfurt 1992

Karl Bühn, *25 Jahre Mannheimer Rasensport*, Mannheim 1921

Dettmar Cramer, Birgit Jackschath, *Fußballpsychologie*, Aachen 1995

Deutscher Fußball-Bund (Hrsg.), *Deutsche Weltmeister im Fußball 1954*, Frankfurt am Main o.J. (1054)

Deutscher Sport-Bund, *Die Gründerjahre des Deutschen Sportbunds*, Band I+II,

Schorndorf 1990

Carl Diem, *Ein Leben für den Sport. Erinnerungen aus dem Nachlaß*, Ratingen u. a. 1974

Carl Diem, *Dokumente zum Aufbau des Deutschen Sports*, Sankt Augustin 1984
Sammy Drechsel, *Elf Freunde müßt ihr sein* Ravensburg (o.J.)
Richard Dyer, *Stars*, London 1986 (3. Aufl.)

Annette C. Eckert, Thomas Til Radevagen (Red.), *Sport und Film. Bewegte Körper – bewegte Bilder. Internationale Sportfilmtage Berlin*, Berlin 1993
Christiane Eisenberg, »Vom ›Arbeiter‹ zum ›Angestelltenfußball‹? Zur Sozialstruktur des deutschen Fußballsports 1890–1950«, in: *Sozial- und Zeitgeschichte des Sports*, 4. Jg., Heft 3, 1990
Götz Eisenberg, Hans-Jürgen Linke (Hrsg.), *Fuffziger Jahre*, Gießen 1980
Wilhelm Erbach, *Sportliche Jugendarbeit*, Duisburg 1952
Claus Eurich, Gerd Würzberg, *30 Jahre Fernsehalltag. Wie das Fernsehen unser Leben verändert hat*, Reinbek 1983

Hans-Friedrich Foltin, Gerd Hallenberger, »Vom Sport im Fernsehen zum Fernsehsport. Zur Geschichte und aktuellen Situation der Sportsendungen.« In: Hans-Dieter Erlinger, Hans-Friedrich Foltin (Hrsg.), *Geschichte des Fernsehens in der Bundesrepublik Deutschland*, Band 4: Unterhaltung, Werbung und Zielgruppenprogramme, München 1994
Alfred Georg Frei, *Finale Grande. Die Rückkehr der Fußballweltmeister 1954*, Berlin 1994
Wolfgang Friedrich, *Anekdoten um Sepp Herberger*, München/Esslingen 1967

Siegfried Gehrmann, *Fußball – Vereine – Politik. Zur Sportgeschichte des Reviers 1900–1940*, Essen 1988
Siegfried Gehrmann, »Ein Schritt nach Europa: Zur Gründungsgeschichte der Fußballbundesliga«, in: *Sozial- und Zeitgeschichte des Sports*, 6. Jg., Heft 1, 1992
Hans Geisow, *Deutscher Sportgeist*, Stuttgart 1925
Christine Gledhill (Hrsg.), *Stardom. Industry of Desire*, London/New York 1991
Bernhard Gnegel, *Das Fritz Walter Buch. Die Biographie eines großen Sportsmannes*, o. O. 1960

Arthur Heinrich, *Tooor! Toor! Tor! Vierzig Jahre 3:2*, Berlin 1994

Knut Hickethier, »Zwischen Einschalten und Ausschalten. Fernsehgeschichte als Geschichte des Zuschauens«, in: Werner Faulstich (Hrsg.), *Geschichte des Fernsehens in der Bundesrepublik Deutschland, Band* 5: Vom »Autor« zum Nutzer: Handlungsrollen im Fernsehen, München 1994

Bert Hogenkamp, *Bergarbeiter im Spielfilm*, Oberhausen 1982

Urich Homann, Ernst Thoman, *Als die Ente Amok lief. Geschichten aus den ersten 10 Jahren Fußball-Bundesliga 1963–1973*, Essen 1989

Wilhelm Hopf (Hrsg.), *Fußball. Soziologie und Sozialgeschichte einer populären Sportart*, Bensheim 1979

Nick Hornby, *Ballfieber. Die Geschichte eines Fans*, Hamburg 1996

Gerhard Huck (Hrsg.), *Sozialgeschichte der Freizeit*, Wuppertal 1982 (2.Aufl.)

Walter Jens, »Fußball – Versöhnung mitten im Streit?«, in: *Festprogramm zum 75jährigen Bestehen des DFB*, Frankfurt 1975

Thomas Kistner, »›Elf Freunde müßt ihr sein‹. Die Fußballnationalmannschaft von 1954«, in: *Deutsche Freunde*, Berlin 1995

Carl Koppehel, *Geschichte des Deutschen Fußballsports*, Frankfurt 1954

Rainer Kübert u. a., *Fußball, Medien und Gewalt. Medienpädagogische Beiträge zur Fußballfan-Forschung*, München 1994

Anna-Maria Lindemann, *Mannheim im Kaiserreich*, Mannheim 1988 (2., erw. Aufl.)

Rolf Lindner (Hrsg.), *Der Fußballfan. Ansichten vom Zuschauer.* Frankfurt 1980

Rolf Lindner, Heinrich Th. Breuer, *»Sind doch nicht alles Beckenbauers«. Zur Sozialgeschichte des Fußballs im Ruhrgebiet*, Frankfurt 1978

Ludwig Maibohm, *Sepp Herberger: Fußball – sein Leben*, Frankfurt 1973

H. G. Martin, *Deutschlands Fußball. Geschichte eines rasanten Aufstiegs*, Düsseldorf 1990

Lothar Meinzer (Hrsg.), *Zerrissene Lebenswelten. Alltag im Rhein-Neckar-Dreieck der zwanziger Jahre*, Mannheim 1994

Guido von Mengden, *Vom Umgang mit der Geschichte*, Berlin u. a. 1980

Karl Markus Michel, »Die sprachlose Intelligenz«, in: *Kursbuch* 4/1966

Rudi Michel (Hrsg.), *Fritz Walter, Die Legende des deutschen Fußballs*, Stuttgart 1995

Lothar Mikos, »Unterhaltung pur. Kulturelle Aspekte von Fußball und Femsehen«, in: *Medium*, 12. Jg., Heft 6, 1982
Lothar Mikos, »Überlegungen zur Erforschung des Veralltäglichungsprozesses der Medien Hörfunk und Fernsehen«, in: Ben Bachmair und andere, *Qualitative Medien- und Kommunikationsforschung*, Kassel 1984
Lothar Mikos, *Fernsehen im Erleben der Zuschauer. Vom lustvollen Umgang mit einem populären Medium*, Berlin/München 1994
Lothar Mikos, »Schaulust und Körperinszenierung. Überlegungen zur Erotik des Sports im Fernsehen«, in: *Medien Praktisch* 19. Jg., Heft 1, 1995
Alexander Mitscherlich, *Auf dem Weg in die vaterlose Gesellschaft*, München 1995
Modellversuch Journalisten-Weiterbildung der Freien Universität Berlin (Hrsg.), *Der Satz »Der Ball ist rund« hat eine gewisse philosophische Tiefe. Sport, Kultur, Zivilisation*, Berlin 1983
Rainer Moritz (Hrsg.), *Doppelpaß und Abseitsfalle*, Stuttgart 1995
Heidi Müller, *Dienstbare Geister. Leben und Arbeitswelt städtischer Dienstboten*, Berlin 1981

Lutz Niethammer, »Wie wohnten Arbeiter im Kaiserreich?«, in: *Archiv für Sozialgeschichte*, 16. Jg., 1976

Siegfried Reck, *Arbeiter nach der Arbeit. Sozialhistorische Studie zu den Wandlungen des Arbeiteralltags*, Lahn/Gießen 1977
Jürgen Reulecke, Wolfhard Weber (Hrsg.), *Fabrik, Familie, Feierabend. Beiträge zur Sozialgeschichte des Alltags im Industriezeitalter*, Wuppertal 1978
Karl Riha (Hrsg.), *Fußball literarisch oder Der Ball spielt mit den Menschen*, Frankfurt 1982
Jürgen Roth, Klaus Bittermann (Hrsg.), *Wieder keine Anspielstation. Fußballexperten – Die Kommentare des Grauens*, Berlin 1996

Helmut Schön, *Fußball*, Gütersloh 1978
Werner Schöne, *Als die Bilder ins Wohnzimmer liefen . . . Die ersten zehn Jahre Fernsehen in Berlin*, Berlin 1984
Dirk Schümer, *Gott ist rund. Die Kultur des Fußballs*, Berlin 1996
Ludger Schulze, *Die Mannschaft. Die Geschichte der Deutschen Fußball-Nationalmannschaft*, München 1986
Ludger Schulze, *Trainer. Die großen Fußballstrategen*, München 1989

Dietrich Schulze-Marmeling, *Der gezähmte Fußball. Zur Geschichte eines subversiven Sports*, Göttingen 1992

Karl-Heinz Schwarz-Pich, »Seppl Herberger – Kindheit und Jugend in Mannheim«, in: *Mannheimer Geschichtsblätter*, Neue Folge, Band 2, 1995

Norbert Seitz, *Bananenrepublik und Gurkentruppe. Die nahtlose Übereinstimmung von Fußball und Politik 1954–1987*, Frankfurt 1987

Johann Skocek, »Somebody Up There Likes Me. Ein Versuch über die gegenseitige Verdoppelung von Sport und Kino«, in: *Meteor. Texte zum Laufbild«*, Heft 4, 1996

Wemer Skrentny (Hrsg.), *Als Morlock noch den Mondschein traf. Die Geschichte der Oberliga Süd 1945–1963*, Essen 1993

Jackie Stacey: *Star Gazing. Hollywood Cinema and Female Spectatorship*, London/New York 1994

Steglitzer Förderverein Schwartze Villa (Hrsg.), *Falsche Fuffziger. Die 50er Jahre, ein Jahrzehnt zwischen Muff und Moderne*, Berlin 1989

Lothar Steinbach, *Mannheim. Erinnerungen aus einem halben Jahrhundert*, Stuttgart 1984

Franz R. Stuke (Hrsg.), *Spielmacher – Spielverderber. Sprechen über Fußball*, Münster/Hamburg 1994

Fritz Walter, *3:2. Die Spiele zur Wellmeisterschaft*, München 1954

Fritz Walter, *So war es. Fußball-Weltmeisterschaft in Schweden*, München 1958

Fritz Walter, *Elf rote Jäger*, München 1959

Fritz Walter, *Die Spiele in Chile. Fußball-Weltmeisterschaft 1962*, München 1962

Fritz Walter, *Der Chef*, München 1964

Ernst Werner, *Die Welt des Fußballs*, Berlin 1949

Friedrich Wörishoffer, *Die soziale Lage der Fabrikarbeiter in Mannheim und dessen nächster Umgebung*, Karlsruhe 1891

Ror Wolf, *Punkt ist Punkt. Alte und neue Fußballspiele*, Frankfurt 1971

Siegfried Zielinski, »Telewischen. Aspekte des Fernsehens in den 50er Jahren«, in: E. Siepmann (Red.), *Kalter Krieg und Capri-Sonne. Die fünfziger Jahre*, Berlin 1981

Siegfried Zielinski, *Audiovisionen. Kino und Fernsehen als Zwischenspiele in der Geschichte*, Reinbek 1989

Quellen

Festschrift 50 Jahre Tennis Borussia, Berlin 1952
75 Jahre Berliner Tennis-Club Borussia, Berlin 1977
1936 – Die Olympischen Spiele und der Nationalsozialismus, Berlin 1996
Bundesarchiv, Außenstelle Berlin-Zehlendorf
Fußball-Woche
Der Kicker
Der Spiegel
weitere Tages- und Wochenzeitungen

Für Hinweise und Gespräche sind wir zu Dank verpflichtet:

Thomas Alkemeyer, Gert Baum, Christoph Biermann, Heinz Bude, Karl Dold, Gerhard Fischer, Jürgen Fischer, Gertrud Hofmann, Juliane Hoidn, Helmut Jonas, Birte Lock, Karl Mikos, Robert Nerz, Karl-Heinz Schwarz-Pich, Jürgen Sundermann, Hans Weidener sowie den auskunftfreudigen Bürgern der Gemeinde Hohensachsen

Personenverzeichnis